Lost in Structure

Svea Korff

Lost in Structure

Abbruchgedanken von
NachwuchswissenschaftlerInnen
in der strukturierten Promotion

Svea Korff
Hildesheim, Deutschland

Zgl. Dissertation an der Universität Hildesheim, 2014

ISBN 978-3-658-09496-6   ISBN 978-3-658-09497-3 (eBook)
DOI 10.1007/978-3-658-09497-3

Die Deutsche Nationalbibliothek verzeichnet diese Publikation in der Deutschen Nationalbibliografie; detaillierte bibliografische Daten sind im Internet über http://dnb.d-nb.de abrufbar.

Springer VS
© Springer Fachmedien Wiesbaden 2015
Das Werk einschließlich aller seiner Teile ist urheberrechtlich geschützt. Jede Verwertung, die nicht ausdrücklich vom Urheberrechtsgesetz zugelassen ist, bedarf der vorherigen Zustimmung des Verlags. Das gilt insbesondere für Vervielfältigungen, Bearbeitungen, Übersetzungen, Mikroverfilmungen und die Einspeicherung und Verarbeitung in elektronischen Systemen.
Die Wiedergabe von Gebrauchsnamen, Handelsnamen, Warenbezeichnungen usw. in diesem Werk berechtigt auch ohne besondere Kennzeichnung nicht zu der Annahme, dass solche Namen im Sinne der Warenzeichen- und Markenschutz-Gesetzgebung als frei zu betrachten wären und daher von jedermann benutzt werden dürften.
Der Verlag, die Autoren und die Herausgeber gehen davon aus, dass die Angaben und Informationen in diesem Werk zum Zeitpunkt der Veröffentlichung vollständig und korrekt sind. Weder der Verlag noch die Autoren oder die Herausgeber übernehmen, ausdrücklich oder implizit, Gewähr für den Inhalt des Werkes, etwaige Fehler oder Äußerungen.

Gedruckt auf säurefreiem und chlorfrei gebleichtem Papier

Springer Fachmedien Wiesbaden ist Teil der Fachverlagsgruppe Springer Science+Business Media
(www.springer.com)

Inhaltsverzeichnis

1 **Dropouts in der strukturierten Promotionsförderung – Einleitung** 7
  1.1 Dropoutforschung 14
    1.1.1 Dropout – der tatsächliche Abbruch 14
    1.1.2 Intent to Leave – der potenzielle Abbruch 26
  1.2 Strukturierte Promotionsprogramme als Organisation(en) 31
    1.2.1 Ausstattung und Struktur der strukturierten Promotionsprogramme 32
    1.2.2 Mitgliedschaft in strukturierten Promotionsprogrammen 34
    1.2.3 Grenzen von strukturierten Promotionsprogrammen 35
    1.2.4 Ziele in strukturierten Promotionsprogrammen 36
  1.3 Konsequenzen für den Forschungsgegenstand 38
    1.3.1 Begriffsbestimmung des Forschungsgegenstandes 38
    1.3.2 Der potenzielle Abbruch als multifaktorielles Phänomen 39
    1.3.3 Untersuchungsdesign 40

2 **Mehr Struktur, weniger Abbruch? – Quantitative Analysen** 45
  2.1 Erhebungsmethode und Sample 46
    2.1.1 Operationalisierung von Abbruchgedanken 48
    2.1.2 Individualpromotion vs. strukturierte Promotion 49
  2.2 Wer promoviert strukturiert und denkt an den Abbruch der Promotion? – Rücklaufsample 51
    2.2.1 Fazit: Soziodemografie der Abbruchgedanken 59
  2.3 Mehr Struktur, weniger Abbruch? – Typen von strukturierten Promotionsprogrammen 60
    2.3.1 Analyseverfahren und -sample 62
    2.3.2 Drei Typen strukturierter Promotionsprogramme – Ergebnisse der Clusteranalyse 64
    2.3.3 Weitere Merkmale des „Bauplans" und der Mitglieder der drei Typen 69
    2.3.4 Fazit: (Neu-)Strukturierung und Abbruchgedanken 76

2.4 Wer denkt unter welchen Bedingungen an den Abbruch der Promotion?
  – Multivariate Analyse _____ 82
  2.4.1 Analyseverfahren und -sample _____ 83
  2.4.2 Operationalisierung und erste Ergebnisse _____ 85
  2.4.3 Das Vorhandensein von Abbruchgedanken _____ 107
  2.4.4 Zur Häufigkeit von Abbruchgedanken _____ 110
  2.4.5 Die Intensität von Abbruchgedanken _____ 113
  2.4.6 Fazit: Abbruchgedanken als strukturelles oder individuelles Defizit? _____ 115

3 Gemeinsam im gläsernen Käfig – Qualitative Analyse _____ 119
  3.1 Erhebungsmethode und Sample _____ 119
    3.1.1 Analysemethode und Datenkorpus _____ 121
  3.2 Abbruch als Tabu? _____ 122
  3.3 Strukturierte Promotionsprogramme als „gläserner Käfig" _____ 124
    3.3.1 Strukturierte Promotion eröffnet einen Raum _____ 125
    3.3.2 Strukturierte Promotion ermöglicht Kontrolle _____ 137
    3.3.3 Strukturierte Promotion bietet finanzielle Absicherung _____ 152
    3.3.4 Strukturierte Promotion bestimmt die Zeit _____ 158
    3.3.5 Fazit: (Neu-)Strukturierung von (Un-)Sicherheiten _____ 169

4 Lost in Structure? – Zusammenfassung und Diskussion _____ 173
  4.1 Gemeinsam statt einsam _____ 173
  4.2 Strukturierte Promotion(sprogramme) zwischen Organisation und Gruppe _____ 176
  4.3 Standardisierung durch die (Neu-)Organisation der Promotion _____ 178
  4.4 No Exit! _____ 181

5 Intent to Stay – Empfehlungen _____ 185

Literatur _____ 187
Abbildungsverzeichnis _____ 199
Tabellenverzeichnis _____ 201
Anhang _____ 203

1 Dropouts in der strukturierten Promotionsförderung – Einleitung

Die unterschiedlichsten Motive, so Münch (2006), bringen Menschen dazu, das Kreuz einer Promotion auf sich zu nehmen: das Ego, die Mutter, die (Familien-) Tradition oder auch die Verzweiflung, wie es Niels Gade, eine Figur aus Theodor Fontanes „Wanderungen durch die Mark Brandenburg", berichtet. Mit der Promotion und der damit verbundenen Verleihung des akademischen Grades „DoktorIn" „[...] wird institutionell durch eine Hochschule bescheinigt, dass der/die Promovierende die Befähigung zu eigenständiger Forschungsarbeit besitzt und mit seiner/ihrer Arbeit das Wissen in einem Wissenschaftsbereich verändert oder auch erweitert hat" (Wissenschaftsrat, 2002; Wissenschaftsrat, 2007). Der Titel „doctor" (von docere = lehren) war bis ins 15. Jahrhundert der Abschluss des Studiums und diente dem universitätsinternen Ziel der Nachwuchsgewinnung. Die Promotion war demnach lange Zeit die einzige Voraussetzung für die Professur. Dies änderte sich erst, als die Misswirtschaft bei der Vergabe der Titel – die Rekrutierung aus den eigenen Reihen – die Kapazität der Stellen überstieg und eine unbeschränkte Zulassung zum akademischen Lehramt nicht mehr tragbar war. So wurden 1816 die Forderungen nach einer weiteren Qualifikation – der Habilitation – als Voraussetzung für die Berufung auf eine Professur laut (Münch, 2006, S. 9 ff.). Thema dieser Arbeit sollen jedoch nicht die unterschiedlichen Motive sein, die Menschen dazu bringen, das Kreuz einer Promotion auf sich zu nehmen, sondern die unterschiedlichen Bedingungen, die Promovierende dazu bringen, den Abbruch ihrer Promotion in Erwägung zu ziehen.

Der Weg zur Promotion kann in Deutschland inzwischen nicht mehr nur auf dem „klassischen" Weg der Individualpromotion aufgenommen werden, sondern auch auf einem „strukturierten" Weg. Unter der individuellen Promotion „ist ein Verfahren einschließlich seines Abschlusses zu verstehen, in dem eine wissenschaftliche Arbeit (Dissertation) unter der Anleitung eines Betreuers („Doktorvater") oder einer Betreuerin („Doktormutter") entsteht bzw. mit einer Prüfung, die auch die (ältere) Gestalt einer Disputation annehmen kann, zum Abschluss kommt. Ausführung und Betreuung sind hier strikt individueller Natur" (Mittelstraß, 2010, S. 35). Ursprünglich diente diese Form der Doktorandenausbildung in Deutschland Ende des 19. Jahrhunderts als Vorbild für US-amerikanische Modelle. Sie ergänzten die aus Forschung und Lehre bestehende Form durch die formale Komponente einer verpflichtenden Kursphase, die häufig auch als Grundlage zur Kritik einer übermäßigen Verschulung der Promotion dient (Hauss und Kaulisch, 2012, S. 176). Eben auf diese formalen Elemente wurde sich bei der aktuellen Strukturreform in Deutschland zurück besonnen und dem traditionellen Promovieren „in Einsamkeit und Freiheit" (Schelsky, 1963; Engler, 2001; Tiefel, 2006) bei einer Doktormutter oder einem Doktorvater verschieden stark strukturierte Formen der Doktorandenausbildung – in so genannten Promotionsprogrammen – an die Seite gestellt (Bosbach, 2009, S. 105 f.). Unter strukturierten Promotionsprogrammen – Programme im Sinne von Veranstaltungen oder dem (schriftlich festgehaltenen bzw. geplanten) Ablauf derselben (Kessl und Krasmann, 2005, S. 230) – werden in dieser Arbeit zum Beispiel Graduiertenkolleg, Graduate Schools oder Promotionsstudiengänge, um nur die gängigsten Bezeichnungen zu nennen, jenseits der Individualpromotion verstanden.

Während der Diskurs um die strukturierte Promotionsförderung die Individualpromotion eher als defizitär diskutiert, wird die strukturierte Promotion als Allheilmittel angepriesen. Nach Oppermann und Schröder (2013) wird „[…] im Diskurs immer wieder die Notwendigkeit einer Optimierung des bisherigen Promovierens […]" postuliert, die sich in der Differenzierung zwischen Alt (Vergangenheit und Gegenwart) und Neu (Zukunft) erkennen lässt. „Denn um ein optimiertes ‚Neues' zeigen und schaffen zu können, muss immer wieder eine Abgrenzung zu einem defizitären und zu überwindenden ‚Alten' hergestellt werden." (ebd., S. 30). Beweggründe für die verstärkte Etablierung der strukturierten Promotion liegen in – noch nachzuweisenden – Verbesserungen, wie der Verkürzung von überlangen Promotionszeiten, der Auflösung von Abhängigkeitsverhältnissen, mehr Chancengleichheit, einer Verbesserung der Vernetzung und Sichtbarkeit junger WissenschaftlerInnen und – für diese Arbeit entscheidenden Hoffnung – der Reduzierung von zu hohen Abbruchzahlen in der universitären Ausbildung (Allmendinger, 2007; Mau und Gottschall, 2008; Allmendinger und Schorlemmer, 2010; Wintermantel, 2010). Mau und Gottschall (2008) halten allerdings fest, dass nicht nur der Weg zu einer erfolgreichen Promotion oft steinig ist, sondern dass er auch das Risiko des vorzeitigen Abbruchs in sich birgt. Zudem machen sie deutlich, dass es bis heute nicht möglich ist, verlässliche Zahlen über Abbruchquoten zu erhalten, da sich die Promovierenden in Deutschland nicht zwangsläufig schon zu Beginn ihrer Promotion einschreiben oder anmelden müssen, sondern der formale Status der Promovierenden häufig erst am Ende der Promotion bei der Abgabe der Dissertation erfasst wird (ebd., S. 2).

Da es über die Anzahl von Promotionsabbrüchen bzw. über nicht beendete Promotionsvorhaben nur vage Schätzungen gibt und die Anzahl der Promovierenden in Deutschland ebenfalls nicht bekannt ist (Moes, 2010, S. 46 f.) – denn nur erfolgreich abgeschlossene Promotionen, z. B. vom Statistischen Bundesamt, werden zuverlässig erfasst –, scheint ein Vergleich zwischen der individuellen und strukturierten Promotion für *tatsächliche* Abbrüche nicht durchführbar und das Argument der Reduzierung der Abbruchquote wenig tragfähig. Daher bietet sich im Forschungsfeld zu Promotionsabbrüchen ein exploratives Vorgehen an, wie es von Anja Franz (2012) in ihrer qualitativen Untersuchung zum Verlauf und Abbruch der Promotion umgesetzt wird. Der Zugang der hier vorliegenden Arbeit konzentriert sich hingegen auf den *potenziellen* Abbruch – die Abbruchgedanken – von strukturiert Promovierenden unter Berücksichtigung der zugrundeliegenden Reformprozesse.

Zur Schaffung eines gemeinsamen europäischen Bildungsraums schlossen sich 1999 in Bologna 29 BildungsministerInnen zusammen und verabschiedeten eine inhaltliche und strukturelle Reform der deutschen Hochschullandschaft. Um den Zusammenhang des europäischen Bildungsraums zu stärken, sollen soziale und nationale Ungleichheiten reduziert werden. Am Anfang der umfangreichen Reform der europäischen Hochschulen stand die Einführung einer gestuften Studienstruktur durch Bachelor und Master bis zum Jahr 2010. Der Bachelor als erster berufsqualifizierender Abschluss und der Master mit einer stärkeren Orientierung an Wissenschaft und Forschung als Zugangsvoraussetzung zur Promotion (Krawietz et al., 2013) stellen die erste und zweite Stufe des Bologna-Prozesses dar. Die viel debattierten Defizite in der Doktorandenausbildung führten dazu, dass nicht nur die gegenseitige Anerkennung der Hochschulabschlüsse im Zentrum des Bologna-Prozesses standen, sondern auch die Vergleichbarkeit und Vernetzung der Strukturen, die Steigerung der internationalen Wettbewerbsfähigkeit der europäischen Hochschulen sowie die Erhöhung der Qualitätssicherung und eine Verbesserung der Rahmenbedingungen der Doktorandenausbildung bei den Auswahlverfahren, Finanzierungsmöglichkeiten und der Betreuungssituation von Promovierenden. Seit der Berlin-Konferenz[1] im September 2003 wird daher auch die Promotionsphase als dritte Stufe der Reform in den Fokus genommen. „Doktoranden im wesentlichen [sic] sich selbst zu überlassen und ihnen lediglich individuelle Betreuung anzubieten, wird den Anforderungen der modernen Gesellschaft nicht mehr gerecht und behindert zudem die Verwirklichung des Europäischen Hochschulraums [sic]" (Reichert und Tauch, 2003, S. 8). Diese dritte Stufe – die so genannte strukturierte Doktorandenausbildung – soll den Motor für einen gemeinsamen Forschungsraum bilden, indem neue und konkurrenzfähige Potentiale geschaffen werden (Fiedler und Hebecker, 2006, S. 11 f.; Bosbach, 2009, S. 19;

---

1 Eine von bisher sieben (Bildungs-)Ministerkonferenzen zur Absprache, Festlegung und Umsetzung der vorrangigen Ziele des Bologna-Prozesses mit inzwischen 47 europäischen Mitgliedsstaaten.

Hauss et al., 2010, S. 76). Die zehn Salzburger Prinzipien[2], die als Grundlage für die Reform der Doktorandenausbildung beim Bologna-Prozess herangezogen wurden, betonen jedoch vor allem die Forschungsausrichtung der Promotion (Jørgensen, 2010, S. 85). Die inhaltliche und strukturelle Reform der deutschen Hochschullandschaft beruht also nicht nur auf einer Lehrreform (Bologna-Prozess), sondern auch auf einer Forschungsreform durch die Exzellenzinitiative. Die Neugestaltung durch lokale und regionale Schwerpunktbildung verlangt „in vielen Fächern (nicht in allen) zunehmend interdisziplinäre Verbünde und punktuell akkumulierte Mittelzuweisung" und konzentriert sich damit auf die leistungsfähigsten Standorte (Matuschek, 2010, S. 126 f.).

Die Promotion – in der Lehrreform als Verlängerung des Studiums, als berufsqualifizierender Abschluss verstanden – ausschließlich vor diesem Hintergrund zu diskutieren, verkennt die Auswirkungen der Exzellenzinitiative – der Forschungsreform – auf die (Neu-)Organisation der Promotion im Wettbewerb „um die besten Köpfe" (Baader und Schröer, 2013, S. VII). Die strukturierte Promotionsförderung „kann als eine Art breitenwirksame Exzellenzinitiative für die Promotionsphase beschrieben werden, die nicht auf die Stärkung einiger Leuchttürme ausgerichtet ist, sondern eine Meritokratie der Exzellenten [...] zu etablieren versucht" (ebd.).

Bei der inhaltlichen und strukturellen Reform handelt es sich also um einen politischen Reformprozess, der eine – für diese Arbeit relevante – neue organisationale Rahmung der Promotion mit sich brachte (vgl. Kapitel 1.2), um Transparenz bzw. eine Vergleichbarkeit durch Standardisierung beim Selbstrekrutierungsprozess des wissenschaftlichen Nachwuchses der Universitäten zu ermöglichen. Nach Jørgensen (2010) handelt es sich bei der strukturierten Promotion um ein Instrument, mit dem die „Universitäten die institutionelle Verantwortung in einem Bereich übernehmen, der früher durch eine eher private Meister-Schüler-Beziehung bestimmt war. Auf diese Weise werden persönliche Bindungen durch institutionalisierte Rechte und Pflichten ersetzt" (Jørgensen, 2010, S. 86). Dass sich die persönlichen Bindungen nunmehr von den Doktoreltern auf die Peers oder die Peer-Group (Machwirth, 1999) verschieben bzw. ausweiten und weiterhin die institutionelle Verantwortung der Universitäten oder der strukturierten Promotionsprogramme auf das Individuum übertragen wird, konnte bereits die Untersuchung der strukturierten Promotionsförderung an deutschen Hochschulen von Korff und Roman (2013) zeigen. Ebenfalls wesentlich erscheint mir bei dieser Untersuchung, dass Oppermann und Schröder aufzeigen konnten, dass dem Diskurs um

---

2 Die Salzburger Prinzipien der European University Association (2010). Verfügbar unter http://www.uni-saarland.de/fileadmin/user_upload/Sonstiges/GradUS/allerlei/Salzburg_II_Recommendations.pdf

die strukturierte Promotionsförderung nicht die Frage immanent ist, was genau unter strukturierter Promotion verstanden werden kann.

> *„Der Diskurs ermöglicht es durch die Herstellung des Grenzobjektes ‚strukturierte Promotionsförderung' nicht nur, über die strukturierte Promotion als eine mögliche neue Form des Promovierens in einem umfassenden Wandel der Promotionsphase zu kommunizieren, sondern kommuniziert und postuliert die strukturierte Promotionsförderung als den notwendigen Wandel. Anders ausgedrückt: Das notwendige Ziel der Entwicklung, Dynamisierung, Bewegung und Umgestaltung der Promotionsphase stellt die Schaffung eines strukturierten Promovierens dar – dieses strukturierte Promovieren muss kommen, unabhängig davon, wie es schließlich konkret ausgestaltet wird"* (Oppermann und Schröder, 2013, S. 34 f.).

Diese Reform – der Wandel – innerhalb der Universitäten muss laut Oppermann und Schröder (2013) als Grenzobjekt konstruiert werden, „damit die Kommunikation über Wandlungsprozesse der Promotionsphase über die Grenzen verschiedener sozialer Welten hinweg – unterschiedliche Disziplinen, verschiedene Fachkulturen, mannigfache Akteure [...] – möglich wird und bleibt." Der Gegenstand ‚strukturierte Promotionsförderung' wird diskursiv immer wieder dahingehend geöffnet, dass jeder Akteur unter Berücksichtigung der Basiselemente – Verzeitlichung, Leistung, Profilierung, Regulierung, Internationalisierung und Optimierung – die Promotion in strukturierten Programmen entsprechend den „[...] local needs and the constraints oft he several parties [...]" (Star und Griesemer, 1989, S. 393) anpassen kann. Für die Promovierenden innerhalb der neu ausgeformten Organisation der Promotion gilt: Wer strukturiert promoviert, promoviert im Strukturieren (Team Chance, 2013, S. 199 ff.). Die Herstellung von Handlungsfähigkeit im Umgang mit der Unbestimmtheit der Struktur(en) und des Prozesses ist also ein entscheidendes Moment, um sich und seine Promotion in der strukturierten Promotion nicht (aus den Augen) zu verlieren.

Während die Promotion an bestimmten Standorten (z. B. Exzellenzuniversitäten), in bestimmten Fächerkulturen (z. B. Lebens- und Naturwissenschaften)[3] und in außeruniversitären Forschungseinrichtungen (z. B. Max-Planck-Institute) durch Förderorganisationen wie zum Beispiel der Deutschen Forschungsgemeinschaft (DFG) bereits seit über zwei Jahrzehnten in strukturierter Form verläuft, ist die Organisation der Promotion in der „strukturierten" Form für andere Fächer-

---

3 Von der DFG aktuell geförderte Graduiertenkollegs nach Wissenschaftsbereichen: 64 Graduiertenkollegs in den Geistes- und Sozialwissenschaften, 56 Graduiertenkollegs in den Naturwissenschaften, 38 Graduiertenkollegs in den Ingenieurswissenschaften und 60 Graduiertenkollegs in den Lebenswissenschaften (vgl. http://www.dfg.de/foerderung/programme/listen/index.jsp?id =GRK; Stand: 14.06.2013)

kulturen noch Neuland. Es überwiegt also weiterhin die Anzahl der Individualpromovierenden (Gerhardt et al., 2005; Berning und Falk, 2006; Schmidt und Richter, 2008; Keller, 2010; Mersch und van Bebber, 2010; Jaksztat et al., 2012). Daher kann nicht wie bei Mittelstraß (2010) die Rede davon sein, dass an die Stelle der individuellen nun die strukturierte Promotion getreten ist. Der klassische Promotionsweg in Deutschland soll nicht durch die strukturierte Form abgelöst werden, sondern die unterschiedlichen Modelle sollen bewahrt und optimiert werden (Bosbach, 2009, S. 115). „Optimistisch beschreiben diejenigen, die mit ihren Entscheidungen die gegenwärtige Situation verantworten, diese als eine ‚Vielfalt der Wege zur Promotion', die es zu erhalten gilt […]" (Moes, 2010, S. 42). Denn selbst mit der Forderung nach mehr Struktur, mehr Transparenz und Stringenz in der Promotionsförderung steht auch die deutsche Hochschullandschaft weiterhin vor der Problematik, eine Einheitlichkeit zu schaffen. In US-amerikanischen Studien wurde bereits aufgezeigt, dass sich die Entwicklung eines generellen Modells zur Förderung des wissenschaftlichen Nachwuchses als problematisch erweist, da (1) die Nachwuchsförderung dezentral organisiert ist, so dass es schwierig ist, generelle Übereinstimmungen zu bestimmen, die den Verlauf beeinflussen, dass (2) die Nachwuchsförderung weniger strukturiert ist als die Studienphase und dass (3) die Nachwuchsförderung nach Fachrichtungen gruppiert ist, so dass sich auch hier Differenzen auftun (Ferrer de Valero, 2001).

Während die Einen den Abschluss der Umsetzung der Bachelor- und Masterausbildung abwarten wollen, haben andere Institutionen die Reform der Doktorandenausbildung bereits in Angriff genommen. „Die Reformen vollzogen sich im intrauniversitären Rahmen und kamen in sehr hohem Maße durch die Initiative einzelner Institutionen zustande" (Jørgensen, 2010, S. 85). Dies würde sowohl die terminologische Variationsbreite in der Bezeichnung der Promotionsprogramme von z. B. Graduiertenkolleg, Graduiertenschule, Graduate Schools oder Promotionsstudiengang erklären als auch deren schwere inhaltliche Abgrenzung zwischen den unterschiedlichen Ausformungen der strukturierten Promotionsförderung. Die verschiedenen Bezeichnungen werden zum Teil für ähnliche Projekte oder ähnliche Bezeichnungen für unterschiedliche Einrichtungen benutzt (Moes, 2010, S. 43).

Auch die Untersuchung vom HIS „Promotion im Fokus" von 2012 zeigt die unterschiedlichen Modelle der Individualpromotion im Vergleich zur strukturierten Promotion. So wird die Promotion nach ihrem Kontext – der wissenschaftlichen Mitarbeit in einem Forschungsprojekt, am Lehrstuhl oder als „frei promovierend"[4] – vergleichend analysiert. Aber nicht nur die Individualpromotion kann in unterschiedlichen Ausprägungen in Erscheinung treten (Jaksztat et al., 2012). Diese Arbeit wird ebenfalls zeigen, dass sich unterschiedliche organisationale Rahmungen – mal mehr, mal weniger strukturiert – auch in der strukturierten Promotion manifestiert haben (vgl. Kapitel 2). Neben den bereits weiter vorn erwähnten Beweggründen für die verstärkte Etablierung der strukturierten Promotion stellt sich diese Arbeit einem dieser Reformgründe: den bislang kaum erforschten Abbruchgedanken von Promovierenden in der strukturierten Promotion Deutschlands. Ein erster Schritt dieser Arbeit soll daher sein, die Frage zu beantworten, ob ein *Mehr* an Struktur auch tatsächlich gleichbedeutend mit einem *Weniger* an Abbruchgedanken ist (vgl. Kapitel 2.3).

Die Frage nach der Struktur von strukturierten Promotionsprogrammen und deren Bedeutung für den Ausstieg bzw. Abbruch der Promotion ist bisher unbeantwortet geblieben. Durch die bundesweite und fächerübergreifende Betrachtung von Abbruchgedanken bei strukturiert Promovierenden in Deutschland soll nun diese Forschungslücke geschlossen werden. Im zweiten Schritt dieser Arbeit soll herausgestellt werden, welche Faktoren sich auf die Abbruchgedanken von strukturiert Promovierenden in Deutschland auswirken (vgl. Kapitel 2.4). Untersucht wird, ob es individuelle oder organisationale Faktoren sind (Tinto, 1975; Bean, 1980/82), die dazu beitragen, dass der vorzeitige Abbruch der Promotion in Betracht gezogen wird. Abbruchgedanken begreife ich hierbei als ein multifaktorielles Phänomen, „das keine eindimensionalen Erklärungen zulässt" (Franz, 2012, S. 103). Daher scheint es ebenfalls sinnvoll – vor dem Hintergrund, dass strukturiertes Promovieren als „Mannschaftssport" (Langewiesche, 2007, S. 17) konzipiert wurde/wird – die Bedeutung der Peers im Prozess des Promovierens stärker zu berücksichtigen. Im dritten Schritt (vgl. Kapitel 3) spricht die Gruppe der Promovierenden als Peer-Group – als reale Gruppe – für sich selbst, um der Frage nachzugehen: Wie beschreiben die Promovierenden selbst die Struktur ihrer Promotionsprogramme und wie positionieren sie sich zu dieser?

Die Untersuchung nimmt demnach ausschließlich die Perspektive der Promovierenden ein, indem sie – anhand einer Online-Befragung und anhand von Gruppendiskussionen – Promovierende befragt, die in den unterschiedlichen Programmen der strukturierten Promotionsförderung promovieren und die, trotz der

---

4 „Frei promovierend bedeutet hier, dass die Promotion weder im Rahmen eines strukturierten Promotionsprogrammes noch in organisatorischer Anbindung an ein Forschungsprojekt oder einen Lehrstuhl stattfindet. Die Zugehörigkeit zum jeweiligen Promotionskontext erfolgte durch die Befragten selbst über die Frage: In welchem formalen Kontext promovier(t)en Sie hauptsächlich?" (Jaksztat et al., 2012, S. 9).

vorhandenen Probleme, ihre Doktorandenausbildung erfolgreich verfolgen oder ebenso erfolgreich absolviert haben. Diese Forschungsarbeit wird aufzeigen, dass sich für die Promovierenden die Frage nach der Organisation der strukturierten Promotionsförderung in sogenannten strukturierten Promotionsprogrammen, den Bedingungen innerhalb dieser Programme, bei einem potenziellen Abbruch der Promotion in ganz spezieller Weise stellt (vgl. Kapitel 4).

1.1 Dropoutforschung

1.1.1 Dropout – der tatsächliche Abbruch

Zu Beginn gilt es jedoch zu klären, welche Erkenntnisse es bereits über Abbrüche von Promotionen gibt und was unter einem Promotionsabbruch verstanden werden kann. Welche Faktoren konnten bisher ausgemacht werden, die zu einem tatsächlichen Abbruch führen? Was erschwert die Untersuchung von tatsächlichen Promotionsabbrüchen (im Vergleich zwischen dem deutschen Hochschulraum und z. B. den USA)? Und warum bietet sich der deutsche Hochschulraum eher an, den potenziellen Abbruch der Promotion (quantitativ) zu untersuchen?

Es gibt nur wenige Untersuchungen oder Befragungen von Personen, die ihre Promotion tatsächlich abgebrochen haben und aus dem Promotionsprozess ausgestiegen sind. Insgesamt beläuft sich beim US-amerikanischen Modell (Altbach, 2007), welches als Vorbild für die Formen und Strukturen der deutschen Doktorandenausbildung dient, die Schwundquote nach dem aktuellen Stand der Forschung fachübergreifend auf 40 bis 50 % (Lovitts und Nelson, 2000; Smallwood, 2004). „In other words, one of every two students start a doctoral program do not finish it" (Ali und Kohun, 2006, S. 23).

Bowen und Rudenstine (1992) fanden in ihrer Untersuchung „In pursuit of the Ph.D." heraus, dass „[…] only about half of all entering students in many PhD programs eventually obtain doctorates (frequently after pursuing degrees for anywhere from six to twelve years)" (ebd., S. 105). Ein weiteres wesentliches Ergebnis ihrer Untersuchung betrifft den Zeitpunkt des Abbruchs: Sie stellten fest, dass zweimal so viele Promovierende, die das zweite Jahr begonnen, aber noch nicht alle Vorgaben erfüllt haben, ihre Promotionsprogramme verließen, bevor sie den ABD[5]-Status erreichten, als Promovierende, die den Status bereits erreicht hatten.

---

5   Die Abkürzung ABD ist ein „unofficially term, for a graduate student who has completed all PhD coursework but has yet to defend his or her dissertation" (http://en.wikipedia.org/wiki/Doctor_of_

So haben Promovierende mit dem ABD-Status, die alle Vorgaben erfüllt, aber ihre Dissertation noch nicht beendet haben, eine annähernd 80 %-ige Chance, ihre Dissertation abzuschließen und den Ph.D.-Status zu erreichen (Bowen und Rudenstine, 1992, S. 111 f.). Van Ours und Ridder (2003) analysierten in „Fast Track or Failure" die Daten von 200 Ph.D.-Studenten der Wirtschaftswissenschaften an drei Universitäten in den Niederlanden von 1993 bis 1998. „[A]ll of whom have been exposed to the ‚risks' of completion or dropout for more than five years" (ebd., S. 160). Dabei zeigte sich, dass einige Ph.D.-Studenten schon nach wenigen Monaten ihr Promotionsvorhaben abgebrochen haben. Die Abbruchrate stieg anschließend bis zum vierten Jahr an, danach schien die Anzahl der Abbrüche annähernd stabil zu bleiben. Dies kann jedoch auch damit zusammenhängen, dass der Abbruch nach Ablauf des Vertrages[6] – nach vier Jahren – nicht mehr registriert wurde (ebd.).

In ihrer Analyse „US.Arts and Figures" untersuchte Bosbach (2008) bestimmte Aspekte des Verbleibs promovierender GeisteswissenschaftlerInnen in den USA. Grund für diese Analyse war, dass die Geisteswissenschaften in den USA – aber auch im internationalen Vergleich – mit die höchsten Abbruchquoten aufweisen (Golde, 2000; Bosbach, 2008; Gravois, 2007; Golde und Dore, 2004). Zwischenergebnisse des „Ph.D. Completion Projects des Council of Graduate Schools" von 2006 bis 2007 zeigten laut Bosbach (2008) eine Abbruchquote von 32 bis maximal 50 %[7]. Auch der Abbruchzeitpunkt fällt in den Geisteswissenschaften wesentlich später aus als in anderen Fachbereichen. So weisen die Mathematik und Physik eine Abbruchquote von 25 % auf, während diese bei den Geisteswissenschaften in den ersten drei Jahren nach Beginn der Promotion nur bei 15 % liegt. Im zehnten Jahr der Promotion liegen die Quoten bei 36 % bei der Mathematik und Physik sowie bei 32 % bei den Geisteswissenschaften[8] (Bosbach, 2008, S. 25). Aufgrund der hohen Abbruchquoten und der hohen Promotionsdauer

---

Philosophy; (Stand: 12.07.2011) und kann sowohl für „All But Dissertation" als auch für „All But Defended" stehen.

6 Der „PhD production process" in den Niederlanden sieht nach dem neuen System für jeden PhD Studenten oder AIO (Assistent In Opleiding) einen Vier-Jahres-Vertrag vor. „In these four years he/she attends classes that are a preparation for independent research. The education component of the program lasts about one year" (van Ours und Ridder, 2003, S. 158).

7 Insgesamt liegt die Abschlussrate einer Kohorte über 10 Jahre bei den Geisteswissenschaften bei nur 48,9 %, während die Abschlussrate bei den Ingenieurwissenschaften bei 64,4 % liegt (vgl. Council of Graduate School: Half Empty or Half Full? Folie Nr. 10).

8 Im Vergleich dazu liegt die Abbruchquote bei den Lebenswissenschaften bei 16 % in den ersten drei Jahren und bei 25 % im zehnten Jahr der Promotion; die Sozialwissenschaften haben innerhalb der ersten drei Jahre eine Abbruchquote von 17 % und im zehnten Jahr von 27 % und die Ingenieurwissenschaften 21 % innerhalb der drei Jahre bzw. 28 % im zehnten Jahr (Gravois, 2007, S. 2 ff.; Bosbach, 2008, S. 25).

wird in den USA ebenfalls der Fokus auf Reform-Überlegungen gelegt; zum Beispiel soll die Kategorie der Abbruchquoten in das nächste Ranking der Promotionsprogramme durch das National Research Council aufgenommen werden (Bosbach, 2008, S. 26).

Die aktuellste Untersuchung zur Abbruchthematik von Stock et al. (2013) „Attrition in Economics Ph.D. Programs" fokussiert, wie schon der Titel verdeutlicht, ausschließlich Promotionsprogramme der Ökonomie/Wirtschaft. Sie untersuchten zwischen 2003 und 2004 die „baseline progamlevel attrition"-Angaben von 27 amerikanischen Ph.D.-Programmen und stellen fest, dass bereits 13 % der Promovierenden zum Beginn (in den ersten zwei Jahren) der Promotion aussteigen und die Abschlussrate der Programme insgesamt unter 75 % liegt. Dies führen sie zum einen darauf zurück, dass einige AbbrecherInnen in ein anderes Programm wechseln, und zum anderen darauf, dass die Abbruchrate über alle Programme in diesem Fachbereich hinweg geringer ist als die Abbruchrate einiger einzelner Programme (ebd., S. 465).

Festzuhalten ist, dass es (bereits zu Beginn der Promotion) nicht selten zu Promotionsabbrüchen kommt. Die Ergebnisse zur Abbruchquote unterscheiden sich nicht nur zwischen den Fachbereichen und hinsichtlich des Abbruchszeitpunkts, sondern variieren auch bezüglich der Abbruchrate selbst. Insgesamt wurde in den Studien festgestellt, dass meist mehr als die Hälfte aller Doktoranden „depart from their studies" (Earl-Novell, 2006, S. 45; Lovitts, 2001) ihre Promotion abbrechen. Laut Earl-Novell (2006) liegt die Quote sogar zwischen 30 % und 70 %. Und Breneman (1976) konstatiert: "Attrition rates of 50 percent or more would be a scandal in any professional school, but seem to be accepted in doctoral education as part of the natural order" (Breneman zitiert nach Bowen und Rudenstine, 1992, S. 108).

Worin besteht diese akzeptierte, natürliche Ordnung? Wird sie hingenommen als natürliche Auslese? Aufgrund fehlender Informationen über die Zusammensetzung der Grundgesamtheit (Jaksztat et al., 2012) – es würde sich wahrscheinlich, wie oben dargestellt, ein ganz ähnliches Bild von unterschiedlichen Ergebnissen in Abhängigkeit von Fächern, Zeitpunkten und Programmen für die deutsche Promotionslandschaft ergeben – liegt der Fokus der Forschung in Deutschland daher auf den erfolgreich absolvierten Promotionen. Herrscht bezüglich der Zahlen so wenig Einigkeit, finden sich vielleicht Gemeinsamkeiten bei den Ursachen für den Abbruch.

1.1.1.1 Ursachen für den vorzeitigen Abbruch der Promotion

Welche Ursachen konnten bisher in der Forschung zum Abbruch der Promotion ausfindig gemacht werden? Im Wesentlichen kann hier zwischen vier Dimensionen unterschieden werden, die sich zum Teil überschneiden, sich zum Teil auf die Promovierenden selbst oder aber auf die Struktur der Promotionsprogramme beziehen. So kann der Abbruch der Promotion von soziodemografischen, psychologischen, ökonomischen oder strukturellen Faktoren beeinflusst sein. Schon Bowen und Rudenstine (1992) konnten nachweisen, dass bei einer Eintrittskohorte (zwischen 1972 und 1976) die PromotionsstudentInnen aus persönlichen, ökonomischen und institutionellen Gründen abgebrochen haben. Ob nun aufgrund ihrer eigenen Entscheidung oder der von anderen sei dahingestellt. Die Gründe für den Abbruch variierten je nach Zeitpunkt, ob vor dem zweiten Jahr, nach dem zweiten Jahr und vor Beendigung aller Anforderungen oder nach der Absolvierung aller Kurse und vor Abgabe der Dissertation.

Im Detail legen die bisherigen Ergebnisse der Forschung nahe, dass gerade, weil ohne viel Aufhebens abgebrochen wird, die Faktoren, die zu einem Abbruch führen, eher bei den Promovierenden selbst zu suchen sind (Ali und Kohun, 2006, S. 22). „[...] the basis of the student attrition is the student" (ebd., S. 23). Des Weiteren konnten van Ours und Ridder (2003) eine signifikant höhere Abbruchrate bei den weiblichen Promovierenden nachweisen. Dieses Ergebnis deckt sich mit den gewonnenen Erkenntnissen von Berning und Falk (2006), bei denen Frauen nicht nur mit höherer Wahrscheinlichkeit an den Abbruch denken, sondern ihre Entscheidung auch eher in die Tat umsetzen als Männer.

Persönliche Probleme, die bisher in der Forschung untersucht wurden, können in der Promotionsphase von einer schlechten finanziellen Situation bis hin zu einer Doppelbelastung durch zusätzliche familiäre Pflichten reichen. So stellen zum Beispiel die Beiträge für Kranken- und Pflegeversicherung – im Falle eines Stipendiums und falls der oder die PromovendIn nicht über den/die Ehe- oder LebenspartnerIn familienversichert ist – eine große finanzielle und existentielle Belastung dar, die im schlimmsten Fall zum Abbruch der Promotion führen kann (Bilstein und Pöschl, 2013, S. 175 ff.). Zudem ist das Promovieren in Programmen nach Ali und Kohun (2006) ein kostspieliger Prozess, der in der Regel erst zu einem späteren Zeitpunkt im Lebensverlauf begonnen wird, zu dem auch die familiären Verantwortlichkeiten ansteigen (ebd., S. 24). So hielt auch das Team Chance (2013) fest, dass „[d]as junge Erwachsenenalter [...] schon von sich aus eine Lebensphase [ist]" (Böhnisch et al., 2009; Stauber und Walther, 2002), die als „Rushhour" (Schmidt 2011) des Lebenslaufs angesehen werden kann und in der sich die jungen Erwachsenen im positionalen Wettbewerb mit ihren Bildungszertifikaten behaupten müssen und gleichzeitig an ihre private Lebensgestaltung eine Reihe von Herausforderungen (Partnerschaft, Sorge für Kinder etc.) geknüpft sind" (Team Chance, 2013, S. 201). Die doppelte Entgrenzung im Alltag – „Wissenschaft als Lebensform" trifft auf „Rushhour des Lebenslaufs" (ebd.) – und die „unumgänglichen Opfer", z. B. für die Familie, werfen laut Hockey (1994) einen Schatten auf diese Lebensphase, so dass man sich nach einer Kosten-Nutzen-Abwägung auch bewusst für einen Abbruch entscheiden kann.

Rückt man die Promovierenden in den Fokus der organisationalen Betrachtung der Promotionsprogramme, versuchen manche Doktorandenprogramme solche Kandidaten und Kandidatinnen auszuwählen, die fähig sind, den Belastungen eines Ph.D.-Studiums standzuhalten (Ali und Kohun, 2006, S. 23). Es kann sich jedoch nicht nur um einen qualitätssichernden Selektionsprozess nach dem Leistungsprinzip handeln, denn auch bei Programmen, die ihre Zulassungskriterien enger fassten – zur Abschöpfung der besten BewerberInnen – konnte keine signifikante Verringerung der Dropout-Rate festgestellt werden (Mau und Gottschall, 2008, S. 2). So fanden bereits Lovitts und Nelson (2000) in ihrer Untersuchung heraus, dass Ph.D.-Studierende, die ihren Ph.D. beenden, genauso gut qualifiziert sind wie diejenigen, die abbrechen. Auch in der Untersuchung von Lovitts (2001) konnten keine bedeutsamen Unterschiede zwischen dem Notendurchschnitt derer, die ihren Ph.D. abgeschlossen haben, und jenen, die abgebrochen haben, ausgemacht werden (Lovitts und Nelson, 2000, S. 4)

Demzufolge dürften neben dem Leistungsprinzip andere Gründe für die hohen Dropout-Raten unter den Promovierenden maßgeblich sein. So variieren die Abbruchquoten z. B. zwischen den verschiedenen Universitäten, den Fachbereichen und der finanziellen Förderung der Promovierenden durch das Programm. Neben dem Unterschied, dass die Abbruchquote bei ländlichen im Vergleich zu urbanen Universitäten um 35 % geringer ausfällt (Lovitts, 2001), stellten Ali und Kohun (2006) fest, dass „Attrition rates are found to be less than 50 % for scientists and those in medical fields" (ebd., S. 23) – was nach Ali und Kohun mit der Tatsache einhergeht, dass diese Bereiche mehr Subventionen und Finanzierungshilfen erhalten (ebd., S. 23).

Studien haben gezeigt, dass Promovierende, die sich selbst finanzieren müssen, ihre Promotion mit weniger Wahrscheinlichkeit abschließen als Promovierende, die eine Finanzierung erhalten (Lovitts und Nelson, 2000). Auch die Dauer und der erfolgreiche Abschluss der Promotion stehen laut Nerad und Miller (1997) im Zusammenhang mit der Art der Finanzierung. Promotionen, die mit Stellen verbunden sind, benötigen weniger Zeit und werden häufiger erfolgreich abgeschlossen. Ausschlaggebend ist hier jedoch nicht die finanzielle Sicherheit, sondern vielmehr „die intensive Einbindung in den Forschungsbetrieb und die besseren Interaktionsmöglichkeiten mit Kollegen und dem Betreuer" (Berning und Falk, 2006, S. 12; Smallwood, 2004; Lovitts, 2001). Die niedrigen Abschlussraten werden auf die geringe Anbindung an die Hochschule der Doktoranden zurückgeführt, auf die nicht kooperativen Arbeitsformen sowie den geringen fachlichen Austausch (Nerad und Miller, 1997). Braid (1990/1997) stellte ebenfalls in einer Untersuchung heraus, dass eine bessere Einbindung der Doktoranden in Programme eher zum erfolgreichen Abschluss ihrer Promotion führt.

Weitere Ursachen können demnach in den *Strukturen der Doktorandenausbildung* (Mau und Gottschall, 2008, S. 3) liegen. Lovitts (2001) erforschte in ihrer Studie „Leaving the Ivory Tower" die Struktur und den Prozess der DoktorandInnenausbildung. Basierend auf den Ergebnissen einer Befragung von 816 Promovierten und PromotionsabbrecherInnen sowie Interviews mit PromotionsabbrecherInnen und ExpertInneninterviews in den USA, suchte sie die Ursachen in der Struktur und Kultur der Ausbildung und führte folgende Überlegungen in ihrer Untersuchung für den Abbruch des Promotionsvorhabens an:

> *"It is not the background characteristics students bring with them to the university that affect their personal outcomes; it is what happens to them after they arrive. Graduate student attrition is a function of distribution of structures and opportunities for integration and cognitive map development. The causes of attrition are deeply embedded in the organizational culture of graduate school and the structure and process of graduate education"* (Lovitts, 2001, S. 2).

Demnach ist es nach Lovitts (2001) nicht entscheidend, welchen Hintergrund die Promovierenden haben, sondern es ist ausschlaggebend, was mit ihnen passiert ist, nachdem sie angefangen haben zu promovieren. Zudem hängt der Ausstieg aus einem Promotionsprogramm mit der Verteilung von Strukturen und Möglichkeiten für die Einbindung und die kognitive Entwicklung zusammen. Die Gründe für einen Abbruch sind tief mit der organisationalen Kultur der Promotionsprogramme und den Strukturen sowie den Prozessen der Doktorandenausbildung verbunden (ebd.). „How students who leave doctoral programs without the Ph.D. come to terms with their noncompletion [...] is a function of the meaning and value of the Ph.D. to them, their experiences in graduate school, their circumstances after leaving, and the social-psychological processes they do or do not deploy in coming to grips with this turn of events" (Lovitts, 2001, S. 215).

1.1.1.2 Theorien zum Studienabbruch

Bis hierher deutet sich im Forschungsstand bereits an, dass viele Faktoren, die sich auf unterschiedliche theoretische Perspektiven zurückführen lassen, zum Promotionsabbruch untersucht wurden. Sowohl PsychologInnen, PädagogInnen, SoziologInnen als auch ÖkonomInnen haben sich bereits mit der Abbruchforschung beschäftigt. Ausgangpunkt für die theoretischen Grundlagen dieser Untersuchungen bot, in den meisten Fällen, die Studienabbruchsforschung aus den USA (Schröder et al., 1998; Sarcletti und Müller, 2011; Chen, 2012). Folgende theoretische Perspektiven lassen sich hier unterscheiden (vgl. Abbildung 1.1; Quelle: Schröder et al., 1998, S. 22):

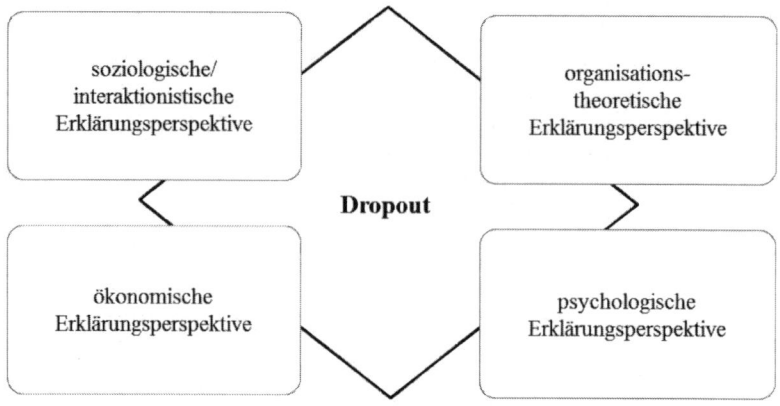

Abbildung 1.1: Erklärungsperspektiven des Dropouts in der US-amerikanischen Forschung

- Beim *Integration Model* liegt der Fokus vor allem auf interaktionistischen Faktoren, und der Abbruch wird als gescheiterte soziale Integration bzw. gescheiterter Sozialisationsprozess im universitären Kontext verstanden. Damit wird ein Zusammenhang zwischen dem Ausstieg und der Integration in die Hochschule postuliert (Spady, 1970/71). Nach Spady (1970) liegt es an einer mangelnden Übereinstimmung mit den kollektiven Normen, einer mangelnden Bereitschaft zum Aufbau von sozialen Beziehungen, schlechten Prüfungsergebnissen sowie einem nicht ausreichenden intellektuellen Entwicklungsfortschritt (Schröder et al., 1998). Tinto (1975) berücksichtigte in seinem erweiterten Modell den Prozesscharakter des Studienabbruchs und unterscheidet zusätzlich zwischen der akademischen und der sozialen Dimension der Integration. Zudem ergänzte er das Modell um den familiären Hintergrund und die voruniversitären Erfahrungen. Im „student integration model wird der Studienabbruch als ein Prozess der Interaktion zwischen den Studierenden, dem akademischen und dem sozialen System der Institution betrachtet." (Schröder et al., 1998, S. 23). Das akademische System wurde anhand des intellektuellen Fortschritts und den Leistungserfolgen, das soziale System anhand der Interaktion mit den Peers und den Lehrkörpern und die Integration ins akademische System anhand der bestehenden Selbstverpflichtung der Studierenden, die Universität mit einem Abschluss zu verlassen („goal commitment"), operationalisiert/gemessen (ebd.). Das „goal commitment" steht in einer reziproken Abhängigkeit zum „institutional commitment". Es stellt die Verpflichtung dar, welche die Studierenden der Institution gegenüber empfinden und welche einen direkten Einfluss auf die Integration in die Universität hat. Eine unzureichende Integration in eines der beiden Systeme führt, je nach Persönlichkeit, zu einem Dropout (ebd.).

- Beim *Attrition Model* in der organisationstheoretischen Erklärungsperspektive zum Dropout spielen nach Kamens (1971) institutionelle Faktoren, wie zum Beispiel das Prestige, die Qualität oder die Größe der Universität, eine entscheidende Rolle und haben einen Einfluss auf die studentische Sozialisation und somit auch auf ihren Dropout. Bean (1980/1982) griff diese Gedanken auf und entwickelte – mit dem kritischen Hinweis, dass Spady (1970) und Tinto (1975/1982/1987) die institutionellen Faktoren vernachlässigt haben – das „student attrition model". „Sein Hauptinteresse gilt den Faktoren, die eine einzelne Organisation (die Universität) auf die Entscheidung ihrer Mitglieder (der Studierenden) hat, in dieser Organisation zu bleiben oder sie zu verlassen" (Schröder et al., 1998, S. 23). Es sind neben den demografischen Hintergrundvariablen vor allem organisationale und environmentale Variablen, die er zur Erklärung des Studienabbruchs heranzieht. Individuelle Faktoren bleiben in diesem Modell eher unbeachtet (ebd.).

- Aus psychologischer Sicht wird die Entscheidung, das Studium abzubrechen, primär durch die Persönlichkeit und Merkmale, wie z. B. kognitive Fähigkeiten, das Leistungsvermögen, das (akademische) Selbstkonzept oder motivationale Aspekte, der Studierenden beeinflusst (Tracey und Sedlacek, 1987; Stage, 1989a; Stage, 1989b; Entwistle et al., 1991; Gerdes und Mallinckrodt, 1994). Ethington (1990) geht in seinem Modell beispielsweise davon aus, dass Erfolgserwartungen und subjektive Wertschätzung eines Hochschulabschlusses das Leistungsverhalten und den Verbleib an der Hochschule stark beeinflussen. Er geht weiter davon aus, dass das akademische Selbstkonzept (Selbsteinschätzung der eigenen Fähigkeiten oder das intellektuelle Selbstbewusstsein) die Erfolgserwartungen beein-

flusst und individuelle, wirtschaftliche und soziale Ziele sowie Karrierevorstellungen sich auf die subjektive Wertschätzung auswirken (Schröder et al., 1998, S. 24).
- Die ökonomische Erklärungsperspektive zieht für die Erklärung des Studienabbruchs insbesondere Faktoren der Studienfinanzierung heran. So wurden der Einfluss der Art der Studienförderung, finanzielle Probleme der Studierenden oder die Erwerbstätigkeit während des Studiums auf die Studienabbruchsentscheidung von Cabrera et al. (1990 und 1993) untersucht.

Das *Integration* und das *Attrition Model* haben sich nach Schröder et al. (1998) als grundlegender theoretischer Bezugsrahmen für weitere Untersuchungen des Dropouts herauskristallisiert. Neue Modelle wurden in den 90er Jahren nicht entwickelt, sondern der Trend lag in der Überprüfung und dem Vergleich der vorhandenen Modelle. Cabrera et al. (1993) hielten beim Vergleich der Modelle von Tinto (1975) und Bean (1980/1982) in ihrer Analyse „College Persistence. Structural Equations Modeling Test of an Integrated Model of Student Rentention" fest, dass zahlreiche Annahmen übereinstimmen, und Eaton und Bean (1995) gingen in ihrer Untersuchung „An Approach/Avoidance Behavioral Model of College Student Attrition" davon aus, dass in den Modellen bereits die wesentlichen Einflussfaktoren berücksichtigt wurden und es nun gelte, sie in ihrer Gesamtheit zu prüfen. Sie schafften zunächst eine theoretische Ausgangsbasis, indem sie zum einen die Theorie von Bentler und Speckard (1981) wählten, um damit die zyklische Verbindung zwischen individuellen Erfahrungen, Verhaltensweisen und Einstellungen zu erklären. Zum anderen zogen sie zur Erklärung für den Studienabbruch die „approach/avoidance theory" heran, nach der die Studierenden zwischen zwei möglichen Verhaltensweisen in sozialen sowie akademischen Problemsituationen wählen können: die Abwendung oder Hinwendung zur Hochschule. „Ziel der Studie von Eaton und Bean (1995) [war] es, ein theoretisches Modell zu entwickeln, das den Einfluss individueller Bewältigungsstrategien auf die soziale und akademische Integration, auf das studentische Zielvorhaben und den Studienabbruch prüft." (Schröder et. al., 1998, S. 25).

Vor allem im Zuge der gesteigerten Formalisierung der Promotionsphase liegt die Vermutung nahe, dass sich die dritte Phase der zweiten Phase des Bologna-Prozesses – dem Studium – im deutschen Hochschulraum annähert. Gerade die Promotionsstudiengänge mit ihren entsprechenden Studienordnungen sprechen dafür. Somit erscheint ein Übertrag von Theorien zum Studienabbruch auf den Promotionsabbruch – auch für die vorliegende Analyse – durchaus sinnvoll. Der Komplexität des Gegenstandes und dem Längsschnittcharakter der Abbruchsentscheidung ist es geschuldet, dass die Eingrenzung der zu untersuchenden Faktoren nur schwer gelingt. Daher zeigen sich auch bezüglich der Ursachen kaum einheitliche Ergebnisse. Einig ist man sich lediglich darüber, dass nicht das monokausale, sondern das multivariate Modell das Mittel der Wahl bei der Untersuchung des Dropouts darstellt. Welchen Herausforderungen man sich bei der Erforschung des Dropouts noch zusätzlich stellen muss, soll im nächsten Abschnitt dargestellt werden.

1.1.1.3 Schwierigkeiten bei der Erforschung des vorzeitigen Abbruchs

Es ergibt sich bei der Erforschung des vorzeitigen Abbruchs der Promotion eine grundlegende Schwierigkeit: das von vielen Forschern monierte Fehlen verlässlicher Zahlen. Weder in Deutschland noch in den USA existiert eine nationale Statistik, die Auskunft über die Abbruchquoten von DoktorandInnen gibt (Bowen und Rudenstine, 1992; Mau und Gottschall, 2008; Moes 2010; Jaksztat et al., 2012). In Deutschland gibt es aufgrund der fehlenden Einschreibungspflicht für Promovierende keine bundesweiten statistischen Daten zum Eintritt in die Promotionsphase (BMBF, 2008, S. 47), sondern nur gesicherte Daten über Personen, die sich zur Promotionsprüfung anmelden, und Daten über abgeschlossene Promotionen (Mau und Gottschall, 2008, S. 2; BMBF, 2008). Mit Einführung der strukturierten Promotionsförderung in Deutschland war die Hoffnung der erhöhten Transparenz bezüglich der Anmelde- und somit auch der Abbruchquoten verbunden. Allerdings besteht in den Formen der strukturierten Promotion in Deutschland nicht in allen Programmen eine Einschreibungspflicht zu Beginn der Promotion, wie zum Beispiel in den formellen Promotionsstudiengängen (Berning und Falk, 2006, S. 151; Abels, 2002, S. 2).[9]

---

9 Aus den Daten der Online-Befragung des Projekts „Chance" (Korff und Roman, 2013) geht hervor, dass sich 38 % (n = 542) der befragten Promovierenden eingeschrieben haben, weil es Bedingung ihres Promotionsprogramms ist, 21 % (n = 295) der Promovierenden haben sich eingeschrieben, weil es Bedingung der Hochschule ist, um zu promovieren, 30 % (n = 437) der befragten Promovierenden schrieben sich auf freiwilliger Basis ein, während sich gerade einmal 2 % (n = 29) der Promovierenden aus strukturierten Programmen erst gegen Ende ihrer Promotion einschreiben bzw. eingeschrieben haben. 10 % (n = 144) der Promovierenden geben bei der Befragung an, sich zum Befragungszeitraum bisher nicht eingeschrieben zu haben (es fehlen die Angaben von insgesamt 21 Fällen). Die Daten der Individualpromovierenden vermitteln dahingehend ein etwas anderes Bild: So sind von den Individualpromovierenden 35 % (n = 60) zum Befragungszeitpunkt (noch) nicht eingeschrieben und 4 % (n = 7) wollen dies bis zum Ende ihrer Promotion noch nachholen. 33 % (n = 57) der Individualpromovierenden sind auf freiwilliger Basis eingeschrieben, während es bei 24 % (n = 42) Bedingung der Hochschule ist. 4 % (n = 6) der Individualpromovierenden sind ähnlich wie die Promovierenden aus der strukturierten Promotion an ein Programm angebunden, dessen Bedingung eine Einschreibung ist (es fehlen die Angaben von insgesamt 9 Fällen). Bei der strukturierten Promotion liegen also keine Einschreibungsdaten von insgesamt 12

In Deutschland existiert weder ein ausgebautes System der strukturierten Promotion (Mau und Gottschall, 2008, S. 3) noch ein einheitliches, denn unter dem Begriff der strukturierten Promotion werden – wie schon in der Einleitung beschrieben – die unterschiedlichsten Promotionsmodelle substituiert (Bosbach, 2009). Somit beruhen die Zahlen abgebrochener Promotionsprojekte auf Schätzungen, die es nicht ermöglichen, diese in Beziehung zu den abgeschlossenen Promotionen zu setzen (Moes, 2010, S. 46 f.). „Damit ist eine Berechnung der Erfolgsquote (wie auch der Abbruchquote und der Dauer) nur näherungsweise (unter Inkaufnahme zahlreicher Unsicherheitsfaktoren) und ohne verlässliche fachliche Differenzierungen möglich" (BMBF, 2008, S. 47). Das Bundesministerium für Bildung und Forschung (BMBF) gibt (unter Vorbehalt) an, dass jeder dritte Doktorand erfolgreich abschließt[10] und somit zwei von drei Promotionsvorhaben scheitern (ebd.). Der ‚State of the Art' zum Promotionsabbruch in der quantitativen Forschung Deutschlands beschränkt sich daher – aus Mangel an Zahlen – zumeist auf Untersuchungen, die das *Phänomen des potenziellen Promotionsabbruchs* untersuchen, indem sie nach den Gedanken in Bezug auf den Abbruch der Promotion fragen (Berning und Falk, 2006, S. 99; Abels, 2002). Des Weiteren gibt es keinen klar abgrenzbaren Forschungsstand zu den strukturierten Promotionsmodellen, da in Deutschland der klassische Promotionsweg nicht durch die strukturierte Form ersetzt, sondern ergänzt werden soll (Bosbach, 2009, S. 115). Daher existieren hauptsächlich Untersuchungen, die in ihre Befragungen unterschiedliche Modelle der Promotion gleichzeitig mit einbeziehen.

Neben der bestehenden Tatsache, dass ein Ausstieg bzw. Abbruch ein „invisible problem" ist (Ali und Kohun, 2006, S. 22), bei dem ein entscheidender Faktor zur Untersuchung dieses Phänomens fehlt – nämlich die Zahlen –, gibt es ebenso kaum Erkenntnisse in Deutschland darüber welche Gründe zu einem Abbruch führen (Burkhardt et al., 2008, S. 77). Zudem bleibt aufgrund des gleichzeitigen Nebeneinanders der verschiedenen Promotionsmodelle – wie dem Promovieren auf Voll- oder Teilzeitstellen von Haushalts- oder Drittmittelstellen, dem Promovieren mit Stipendium, in Kollegs oder Schulen, in einem Promotionsstudiengang oder auch einer externen Promotion bis hin zur Individualpromotion – das Problem der nicht vorhandenen Transparenz weiterhin bestehen. Es wird auch in Zukunft keine genaueren Angaben über die Anzahl der Promovierenden, die Dauer der Promotionen und die Anzahl der Abbrüche in Deutschland geben.

% (Promovierende, die bisher nicht eingeschrieben sind oder sich erst gegen Ende der Promotion einschreiben wollen) der Promovierenden vor, während es bei den Individualpromovierenden fast 39 % sind.
10 Berechnung ohne den Fachbereich Medizin.

Zudem kann es zu unterschiedlichen Zeitpunkten zum Ausstieg aus einem Promotionsprogramm kommen, sowohl zu Beginn, wenn die Promovierenden bislang wenig investiert haben, als auch gegen Ende des Prozesses, wenn die Promovierenden tiefer in das Programm eingebunden sind und die Konsequenzen eines Abbruchs substanzieller scheinen (Ali und Kohun, 2006, S. 22). Selbst in den USA ist es – trotz strukturierter Modelle – ebenfalls ein schwieriges Unterfangen, die Anzahl der Abbrüche zu bestimmen, da die Promovierenden, ob sie offiziell eingeschrieben sind oder nicht, zu den unterschiedlichsten Zeitpunkten abbrechen. Das erschwert es, die Eingeschriebenen, die noch promovieren, von denen, die ausgestiegen sind – sich aber nicht abgemeldet haben –, zu unterscheiden. Zudem ist der Zeitraum, in dem die Promovierenden ihr Programm abschließen, zu unspezifisch. Es kann vorkommen, dass Doktoranden ihre Kurse im Promotionsprogramm bereits beendet, aber ihre Dissertation selbst Jahre danach noch nicht zum Abschluss gebracht haben – die so genannten ABD's (Ali und Kohun, 2006; Lovitts, 2001; Bowen und Rudenstine, 1992). Ein weiteres und auch grundlegendes Problem ist es, den Zeitpunkt zu bestimmen, an dem die Betroffenen selbst ihre Promotion als abgebrochen bezeichnen würden (Berning und Falk, 2006, S. 99).

Eine Unterscheidung, die ebenfalls Schwierigkeiten bereitet, ist die Unterscheidung zwischen dem freiwilligen und dem unfreiwilligem Abbruch. Bei einer Doktorandin, die das Promotionsprogramm verlässt, weil diese selbst entschieden hat, dass die Erlangung des Doktorgrades für sie nicht so wichtig ist, und bei einem Doktoranden, der gerne weiterhin promovieren möchte, aber den Ansprüchen nicht genügt und daher ausgeschlossen wird (Bowen und Rudenstine, 1992, S. 113), ist der Unterschied zwischen dem freiwilligen und unfreiwilligen Ausstieg klar definiert. In vielen Fällen kann die Unterscheidung jedoch nicht so einfach getroffen werden. Denn die Bewertung von Ansprüchen bzw. Leistungen steht auch weiterhin im Ermessen der „Meister". Die Zuschreibung von Leistung – denn Leistung ist weder beobachtbar noch objektiv messbar (Meuser, 2004, S. 98; Wenneras und Wold, 2000; Krais, 2000)[11] – wird „zur zentralen Voraussetzung dafür, ob eine Promotion gewährt bzw. überhaupt ermöglicht wird" (Oppermann und Schröder, 2013, S. 38). Und dieses Gewähren bzw. Ermöglichen vollzieht sich im

---

11 vgl. dazu Oppermann und Schröder (2013): „Da die meritokratische Maxime – in der Wissenschaft zählt allein die Leistung, allein die Leistung herrscht als Selektionskriterium auf Karrierepfaden vor (Ulmi und Maurer, 2005) – derart weitreichend akzeptiert und anerkannt ist, und die Organisation Universität vermeintlich nach diesem objektiven und rationalen Leistungsprinzip funktioniert (Bielby, 2000, S. 57), werden die Ursachen für ein Nichtbestehen im wissenschaftlichen System dahingehend interpretiert, dass eben zu wenig Leistung vom einzelnen Individuum erbracht wurde (ebd., S. 64)." (ebd., S. 38).

Rahmen eines persönlichen Abhängigkeitsverhältnisses, das sich als sehr problematisch herausstellen kann, denn „[e]s hängt von den Betreuenden ab, ob sie ihre Schützlinge im Blick haben, als Vorgesetzte die ohnehin bestehende Konkurrenzsituation unter den NachwuchswissenschaftlerInnen noch antreiben oder abschwächen, ob sie sich fair und verantwortungsvoll verhalten und den Nachwuchs fördern und unterstützen oder ob sie die wissenschaftlichen MitarbeiterInnen vor allem für eigene Ziele und Zwecke missbrauchen" (Lange-Vester und Teiwes-Kügler, 2013, S. 69).

Methodisch bedingte Schwierigkeiten fassen Sarcletti und Müller (2011) ganz treffend für Studien zum Studienabbruch zusammen: Befragungen von AbbrecherInnen, die im Querschnitt retrospektiv zu den Gründen ihres Abbruchs befragt werden, bergen häufig Gefahren der Rationalisierung und Reduktionen kognitiver Dissonanz. Anders liegt es bei den Befragungen, bei denen Studierende zu ihren Studienabbruchsabsichten befragt werden (Hadjar und Becker, 2004; Mäkinen et al., 2004; Fellenberg und Hannover, 2006; Georg, 2008). Obwohl viele Gründe dagegen sprechen, „[…] Absicht und tatsächlichen Abbruch gleichzusetzen" – denn ein Teil der Studierenden denkt z. B. aufgrund von schlechten Studienbedingungen, psychischer Krisen, dem Nicht-Bestehen von Prüfungen, schlechten Noten, finanzieller Probleme etc. zwischenzeitlich an eine Aufgabe des Studiums –, münden diese Gedanken nicht unbedingt in einem tatsächlichen Abbruch des Studiums (Sarcletti und Müller, 2011, S. 245). Dennoch belegte Bean (1982) in seiner Untersuchung, dass „[…], intent to leave had the largest direct influence on dropout." (Bean, 1982, S. 312 f.). Damit ist die Absicht, das Studium abzubrechen, der beste Prädiktor für den tatsächlichen Studienabbruch. So liegt es nahe, dass die Absicht, die Promotion abzubrechen, ebenfalls ein wesentlicher Prädiktor für den tatsächlichen Promotionsabbruch ist.

1.1.2 Intent to Leave – der potenzielle Abbruch

Nicht nur aufgrund der Schwierigkeiten, an genaue Zahlen über Abbruchquoten zu gelangen, sondern auch aufgrund der oft geringen Anzahl an BefragungsteilnehmerInnen mit der Angabe „Promotion aufgegeben" oder „abgebrochen" gibt es in Deutschland vorwiegend Untersuchungen, die sich mit dem Phänomen des potenziellen Abbruchs der Promotion beschäftigen. Bei der Befragung von Abels (2002) haben z. B. nur 2,2 % der Befragten angegeben, dass sie ihre Promotion aufgegeben haben. Im Datensatz der vorliegenden Untersuchung ist es gerade einmal 1 % der Befragten, die angegeben haben, dass sie ihre Promotion zum Befragungszeitpunkt aufgegeben haben (n = 1.165).

Erfasst wird das Phänomen des potenziellen Abbruchs durch Fragen wie z. B. „Haben Sie schon einmal ernsthaft erwogen, Ihre Promotion abzubrechen?" (Berning und Falk, 2006, S. 210) oder „Haben Sie im Verlauf Ihrer Promotion jemals daran gedacht, die Promotion nicht zum Abschluss zu bringen?" und „Wie ernsthaft ist bzw. war Ihnen diese Überlegung, die Promotion nicht zum Abschluss zu bringen?" (Abels, 2002, S. 10).

Die Forschungsergebnisse von Berning und Falk (2006) zeigen, dass ein Viertel der Promovierenden (27 %; N = 2845) in Bayern unterschiedlichster Promotionstypen, wie z. B. Graduiertenkollegs, Graduate Schools, Promotionsstipendien und der traditionellen Promotion (Berning und Falk, 2006, S. 29), schon einmal den Abbruch ihrer Promotion in Erwägung gezogen hat. Bei der Befragung der Promovierenden an der Fakultät für Soziologie der Universität Bielefeld von Abels (2002) sind es sogar fast die Hälfte (47 %; N = 90) der Teilnehmer und Teilnehmerinnen unterschiedlichster Promotionsmodelle – Promovierende mit einer Stelle an der Hochschule oder einer Forschungseinrichtung und Mitglieder eines Graduiertenkollegs (ebd., S. 6) –, die bereits an den Abbruch ihres Promotionsprozesses gedacht hatten. Es wurden zusätzlich Abweichungen zwischen den Fächergruppen festgestellt, die sich zum Beispiel mit 33 % in den Sozial- und Ingenieurwissenschaften am höchsten und mit 17 % in den Rechtswissenschaften am niedrigsten herauskristallisierten.

Das Institut für Hochschulforschung Wittenberg (HoF) führte 2006 eine Befragung der Promovierenden und Promovierten der Martin-Luther-Universität Halle-Wittenberg (MLU) durch. In der Untersuchung vom HoF waren Promovierende auf Vollzeit-Haushaltsstellen, Promovierende auf Teilzeit-Haushaltsstellen, Promovierende mit Voll- oder Teilzeit-Drittmittelstellen, PromotionsstipendiatInnen sowie Mitglieder von Graduierten- oder Doktorandenkollegs und extern Promovierende vertreten (Falkenhagen, 2008, S. 20 f.). Von den insgesamt 345 befragten DoktorandInnen hat ein Fünftel schon einmal erwogen, die Promotion abzubrechen (ebd., S. 35). Hierbei zeigte sich eine recht homogene Verteilung zwischen den Fächergruppen. Nur die Doktoranden der Rechts-, Wirtschafts- und Sozialwissenschaften fielen mit 25 % ihrer Zustimmung, bereits einen Abbruch ihrer Promotion in Betracht gezogen zu haben, aus der Reihe. Im Gegensatz zu den Unterbrechungen der Promotion[12] ergab sich jedoch kein Zusammenhang zwischen den Fächergruppen und den Abbruchgedanken (ebd.).

---

12 Der Zusammenhang zwischen der Angabe, ob die Promotion schon einmal für längere Zeit unterbrochen wurde. und den unterschiedlichen Fächergruppen liegt bei *Cramer's V* = 0.37 (Falkenhagen, 2008, S. 37 f.).

1.1.2.1 Ursachen für Abbruchgedanken

Auch die Erwägung des Promotionsabbruchs kann von soziodemografischen, psychologischen, ökonomischen oder strukturellen Faktoren beeinflusst sein. Ein in der Forschung immer wieder auftauchender soziodemografischer Aspekt ist, wie beim tatsächlichen Abbruch, der Zusammenhang zwischen dem Geschlecht der Promovierenden und den Abbruchgedanken. Berning und Falk (2006) konnten in ihrer Untersuchung den Einfluss des Geschlechts auf die Abbruchgedanken nachweisen. So haben Frauen eine höhere Wahrscheinlichkeit, einen Abbruch der Promotion in Erwägung zu ziehen, als ihr männliches Pendant (Berning und Falk, 2006, S. 102). In der Befragung vom HoF (2008) antworteten jedoch nur etwas mehr als 19 % der Promovendinnen und 18 % der Promovenden auf die Frage nach ihren Überlegungen, die Promotion abzubrechen, mit „Ja" (Falkenhagen, 2008, S. 36). Bei der Betrachtung der bereits Promovierten zeigte sich jedoch ein ganz anderes Bild: So gaben nur 10 % der promovierten Frauen an, schon einmal den Abbruch ihrer Promotion in Erwägung gezogen zu haben, während diesen Schritt 19 % der Männer in Betracht gezogen haben (ebd.).

Mit Ausnahme der Sozialwissenschaften setzten sich in allen anderen Fachbereichen die Frauen häufiger als die Männer mit Abbruchgedanken auseinander: Dies zeichnet sich vor allem in den Geistes- und Kulturwissenschaften (Frauen 30 % versus Männer 23 %), den Rechtswissenschaften (Frauen 28 % versus Männer 10 %) und den Naturwissenschaften (Frauen 34 % versus Männer 24 %) ab (Berning und Falk, 2006, S. 99 f.). Wie ernsthaft der Schritt des Abbruchs in Erwägung gezogen wurde, unterscheidet sich ebenfalls zwischen Männern und Frauen. So liegen die Männer (n = 15) durchschnittlich bei der Einschätzung der „Ernsthaftigkeit des Gedankens an Aufgabe" bei einem Mittelwert von 2.8 auf einer Skala von 1 bis 7 (wobei „1" für sehr ernsthaft und „7" für überhaupt nicht ernsthaft steht). Der Mittelwert bei den weiblichen Promovierenden (n = 27) liegt hingegen bei 3.5 (Abels, 2002, S. 25). Die Überlegung, die Promotion vielleicht abzubrechen, wird nach Berning und Falk (2006) jedoch nicht durch die Existenz von Kindern signifikant beeinflusst.

Als maßgeblich kann auch die emotionale Dimension eines Ausstiegs bzw. Abbruchs der Promotion sein. Nach Ali und Kohun (2006) ist es ein Aspekt, der entweder in der Ausgestaltung solcher Programme übersehen wird oder gar keine Berücksichtigung findet. So sind die Promovierenden mit ihren emotionalen Belangen auf sich allein gestellt (Bess, 1978). Primär ist hier das Gefühl der Isolation zu nennen, denn sowohl Hawley (2003) als auch Ali und Kohun (2006) stellen in ihren Untersuchungen fest, dass es der Ausgangspunkt für die Entscheidung von Promovierenden sein kann, ihr Promotionsprogramm zu verlassen. So verfügen Promovierende trotz finanzieller Unterstützung nicht unbedingt über Büroräume und haben daher nur beschränkten Kontakt mit ihresgleichen, was ebenfalls zum Gefühl der Isolation beitragen kann (Lovitts, 2001).

Die persönliche Lebenslage, wie zum Beispiel die monetäre Situation der Doktoranden, wird in vielen Untersuchungen zur Erklärung für die Häufigkeit der Abbruchgedanken angeführt (Mau und Gottschall, 2008, S. 3), jedoch nur selten tatsächlich auf ihren Zusammenhang untersucht. Berning und Falk (2006) untersuchten nicht den direkten Zusammenhang zwischen der Höhe des Einkommens und einem möglichen Abbruch der Promotion, sondern die Überlegung, die Promotion abzubrechen im Zusammenhang mit dem Promotionstyp. Die Promotionstypen gehen allerdings nach Korff et al. (2011) mit einer bestimmten Art der Finanzierung einher (ebd., S. 156). Hinsichtlich des Promotionstypus differenzierten Berning und Falk (2006) zwischen der traditionellen Promotion ohne Stelle oder Stipendium, der traditionellen Promotion mit Stipendium, einem Forschungsstudium und dem strukturierten Promotionsmodell, wie dem Graduiertenkolleg bzw. der Graduiertenschule. Die traditionelle Promotion auf einer Stelle gaben sie als Referenzkategorie an. Sie konnten jedoch keinen signifikanten Einfluss des Promotionstyps auf die Überlegung, die Promotion abzubrechen, feststellen. Es ergab sich allerdings ein etwas stärkerer Zusammenhang zwischen den Abbruchgedanken und der Individualpromotion ohne gesicherte Finanzierung (traditionelle Promotion: keine Stelle/Stipendium) als bei den anderen Promotionstypen (Berning und Falk, 2006, S. 102). Beim Abgleich der unterschiedlichen Gründe für den möglichen Abbruch der Promotion stellten Berning und Falk (2006) fest, dass finanzielle Gründe mit 9,8 % (n = 51) eher weniger zu den entscheidenden Aspekten gehörten, um eine Promotion abzubrechen (Berning und Falk, 2006, S. 136).

Als strukturelle Begründung für die Abbruchgedanken gaben die meisten Promovierenden an, dass sie Schwierigkeiten mit der Dissertation oder der Betreuung hatten. Darüber hinaus bestanden teilweise auch Probleme persönlicher Natur (Berning und Falk, 2006; Falkenhagen, 2008). Während in den Natur- und Ingenieurwissenschaften am häufigsten Betreuungsprobleme als Grund angegeben wurden, ist die Belastung dissertationsfremder Tätigkeiten bei den Promovierenden der Wirtschafts- und Ingenieurwissenschaften am verbreitetsten. Die außeruniversitären beruflichen Belastungen stehen bei den Doktoranden der Geistes-, Kultur- und Rechtswissenschaften an erster Stelle, während die finanziellen Gründe am ehesten bei den Geistes- und Kulturwissenschaften zu Überlegungen führen, die Promotion abzubrechen. Ein Geschlechtervergleich zeigt hier, dass Frauen in der Mehrzahl der Fächer häufiger als Männer Probleme mit der Dissertation oder der Betreuung für ihre Abbruchgedanken verantwortlich machen. Für Männer hingegen sind die Unsicherheit in der Weiterbeschäftigung und die Belastungen mit dissertationsfremden Tätigkeiten wesentliche Gründe, an den Abbruch ihrer Promotion zu denken (Berning und Falk 2006, S. 100 f.). Durch eine logistische Regression erwies sich die Intensität der Betreuung als stärkster Faktor auf die Überlegung, die Promotion abzubrechen. „Personen, die keine bzw. nur wenig Betreuung erfahren, haben eine drei Mal höhere Wahrscheinlichkeit, einen Abbruch der Promotion in Erwägung zu ziehen, als Personen, die intensiv betreut werden" (Berning und Falk, 2006, S. 102). Interessant an der Analyse von van Ours und Ridder (2003) ist, dass auch „suppervisors who are active researches have higher graduation and lower dropout rates." (ebd., S. 157). Was auch darauf zurückzuführen sein könnte, dass „good students already chose supervisors with better research record. These supervisors do not better supervisions but they may be helpful in the initial stages of the graduate's career" (ebd., S. 165). Zusätzlichen Einfluss auf die Abbruchgedanken hat auch der Grad der dissertationsfremden Belastungen. So haben Doktoranden „eine höhere Wahrscheinlichkeit, einen Abbruch der Promotion in Erwägung zu ziehen […], die mit zu vielen dissertationsfremden Aufgaben konfrontiert sind" (Berning und Falk, 2006, S. 102). Es zeigte sich auch, dass Promovierende mit „teaching assistentships" im Vergleich zu Promovierenden mit „fellowship" mit geringerer Wahrscheinlichkeit ihre Promotion abschließen (Ehrenberg und Mavos, 1995). Allerdings kommen Ethington und Pisani (1993) überein, dass die AssistentInnenstellen, ob in Forschung oder Lehre, eine wesentliche Rolle für die soziale Integration in die akademische Gemeinschaft bilden. Zudem zeigte sich bei den Ph.D.-Studierenden, die voraussichtlich länger für ihre Promotion brauchten, eine höhere Wahrscheinlichkeit für einen vorzeitigen Abbruch der Promotion (van Ours und Ridder, 2003, S. 165). Auch Hall et al. (2006) bestätigten, dass „[t]he longer it takes to complete a degree, the greater the chance that other life events will affect the probability of successful completion for an individual, and hence the percentage of students successfully completing" (ebd., S. 12).

Festzuhalten bleibt, dass sich diverse Faktoren förderlich auf Abbruchgedanken auswirken können. Einige hängen mit den Lebensumständen oder der Psyche der Promovierenden zusammen, andere liegen der Struktur der Programme zugrunde, welche die Lebensumstände der Promovierenden nicht angemessen berücksichtigt, damit diese ihre Promotion erfolgreich abschließen können (Ali und Kohun, 2006, S. 24). In Ermangelung theoriebasierter empirischer Hochschulforschung in Deutschland (Wolter 2011, S. 129) wird zur Untersuchung des Phänomens „Abbruchgedanken von Promovierenden aus strukturierten Promotionsprogrammen" eine theoretische Rahmung herangezogen, die es ermöglicht, diese unterschiedlichen Dimensionen zu vereinen und sowohl das Individuum als auch die strukturierten Promotionsprogramme gleichermaßen zu erfassen. Strukturierte Promotionsprogramme sind dabei mehr als politische (Reform-)Programme – im Sinne von Veranstaltungen oder dem (schriftlich festgehaltenen bzw. geplanten)

Ablauf derselben (Kessl und Krasmann, 2005, S. 230). Sie sollen vielmehr als Organisation – Zweckverbände zur Erkenntnisgewinnung – betrachtet werden, deren Aufbau und Aufrechterhaltung gleichermaßen Aufmerksamkeit bedarf, wie die Forschungsvorhaben der Promovierenden auch ihre Aufmerksamkeit erfordern. Zudem bieten sich bei dieser Betrachtung auch organisationale Ansatzpunkte für Anpassungs- und Veränderungsbedarf, die sich explizit auf die Organisation und weniger auf ihre Mitglieder – und deren Prozess der Selbsteliminierung (Krais und Beaufaÿs, 2005, S. 137) – beziehen. Wie aber lassen sich strukturierte Promotionsprogramme als Organisationen fassen?

1.2 Strukturierte Promotionsprogramme als Organisation(en)

Eine Analyse des gegenwärtigen Zustands von strukturierten Promotionsprogrammen in Deutschland setzt zunächst eine differenzierte Auseinandersetzung mit dem begrifflichen Instrumentarium voraus. In der Einleitung und im Forschungsstand wurde hierzu bereits in einigen Punkten Vorarbeit geleistet, jedoch fehlt es an Theoriewissen über strukturierte Promotionsprogramme als Organisation(en) und deren Kernelemente. Wie bereits in der Einleitung erwähnt, verstehe ich die politische Strukturreform der Promotion vielmehr als eine Reform der (Neu-)Organisation von Promotion im deutschen Hochschulraum. Die Programme der strukturierten Promotionsförderung sind das Ergebnis des Neugestaltungsprozesses (des „Organisierens"), welches sich in der Organisation – „[...] zur Struktur geronnenen Regelsystems" – verfestigt (Schreyögg, 2003, S. 5). Die Programme dieser (Neu-)Organisation, im Folgenden als strukturierte Promotionsprogramme bezeichnet, in denen die Promovierenden strukturiert promovieren, begreife ich als Organisationen in Anlehnung an die Definitionen von Preisendörfer (2008) sowie Abraham und Büschges (2009):

> *„Von bestimmten Personen gegründetes, zur Verwirklichung spezifischer Zwecke planmäßig geschaffenes, hierarchisch verfasstes, mit Ressourcen ausgestattetes, relativ dauerhaft und strukturiertes Aggregat (Kollektiv) arbeitsteilig interagierender Personen, das über wenigstens ein Entscheidungs- und Kontrollzentrum verfügt, welches die zur Erreichung des Organisationszweckes notwendige Kooperation zwischen den Akteuren steuert, und dem als Aggregat Aktivitäten oder wenigstens deren Resultate zugerechnet werden können"* (Abraham und Büschges, 2009, S. 58 f.).

In der Abbildung 1.2 sind dementsprechend alle Kernelemente nach den beiden Definitionen dargestellt und bilden gemeinsam die strukturierten Promotionsprogramme als Organisation(en) ab. Die Abbildung wurde in Anlehnung an die Organisationsmodelle von Leavitt (1965), Müller-Jentsch (2003), Scott (2003) und Preisendörfer (2008) angefertigt:

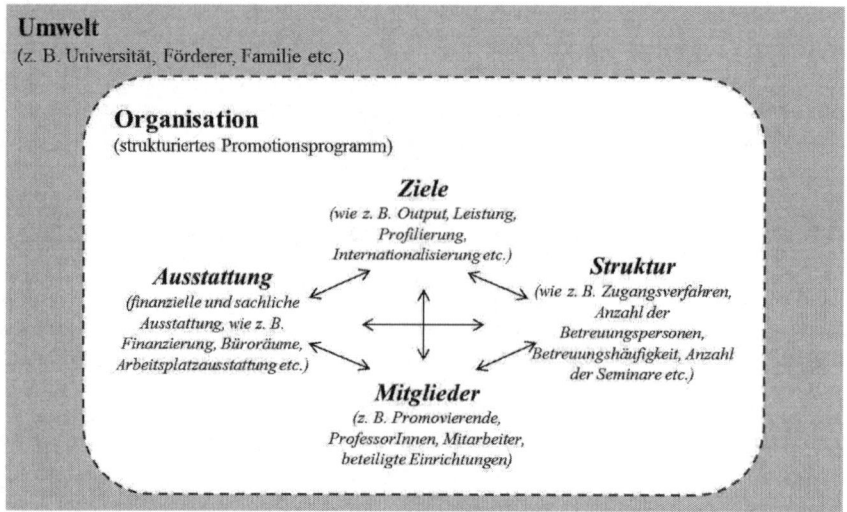

Abbildung 1.2: Kernelemente von strukturierten Promotionsprogrammen als Organisation(en)

Strukturierte Promotionsprogramme verstehe ich demnach als Organisation(en), die eine bestimmte Ausstattung und Struktur aufweisen (Preisendörfer, 2008) und sich zudem über Mitgliedschaften, Grenzen und Ziele (Abraham und Büschges, 2009) bestimmen lassen. Was dies im Einzelnen für strukturierte Promotionsprogramme bedeutet, soll im Folgenden ausgeführt werden.

1.2.1 Ausstattung und Struktur der strukturierten Promotionsprogramme

Der „Bauplan" einer Organisation (Preisendörfer, 2008, S. 66) berücksichtigt sowohl die (formale und informelle) Struktur als auch deren Ausstattung. Bei strukturierten Promotionsprogrammen kann dabei zwischen finanzieller und sachlicher Ausstattung (Stipendien bzw. Personalmittel und Sachmittel) unterschieden werden. Die Zusammensetzung dieser Ausstattung kann wiederum zwischen den verschiedenen Förderern und den Antrag stellenden Universitäten variieren. So werden in manchen Fällen zwar von den Förderern die Mittel zur finanziellen Förderung der Promovierenden gezahlt, aber eine von der Universität bereitgestellte Grundausstattung erwartet, wie z. B. Räumlichkeiten und die anfallenden Betriebskosten. In anderen Fällen wird zur Sicherung des Erfolges bzw. der Qualität der Promotion „nur" eine materielle und ideelle Förderung geboten, aber keine räumliche und/oder technische Ausstattung. Bei der Ausstattung kann es also über einen reinen Vergleich der Promotionsprogramme anhand der Lage (Standort), des Zustandes und des Interieurs (ebd., S. 61) hinausgehen. Vor allem, weil die Ausstattung auch „[…] den Rahmen für die Ausgestaltung der organisatorischen Strukturen" (ebd., S. 62) schafft, genauso wie die organisationalen Strukturen eine bestimmte Ausstattung erforderlich machen. Hier wird deutlich, dass es ein Zusammenspiel der Kernelemente gibt – in der Abbildung durch die Pfeile dargestellt (ebd., S. 62). Die Höhe der beantragten Gelder (Zuschüsse) kann sich zum Beispiel auf die Anzahl der Mitglieder bzw. Promovierenden auswirken, und umgekehrt kann sich die Anzahl der Promovierenden und Betreuungspersonen auf die räumliche Ausstattung in den strukturierten Promotionsprogrammen auswirken.

Bei den organisationalen Strukturen geht es jedoch weniger um die Höhe der beantragten Gelder (Zuschüsse), sondern vielmehr darum, ob diese zum Beispiel als Stipendien oder Stellen ausgeschrieben werden. Es geht um Praktiken, Vereinbarungen und/oder Richtlinien, die z. B. den Zugang, die Betreuung und die verpflichtende Kursphase des strukturierten Promotionsprogramms betreffen. Genau an diesen „Komponenten des Bauplans" wurde bzw. wird im Falle der (Neu-)Organisation der Promotion „herumgebastelt" (ebd., S. 66):

> *„Wenn eine neue Organisation gegründet oder aber eine bestehende Organisation verändert oder reformiert werden soll, dann sind es hauptsächlich die Komponenten des Bauplans, an denen mehr oder weniger behutsam ‚herumgebastelt' wird."* (Preisendörfer, 2008, S. 66).

Der „klassische" Weg der Individualpromotion in Deutschland diente als Vorbild für US-amerikanische Modelle. Sie ergänzten die aus Forschung und Lehre bestehende Form durch die formale Komponente einer verpflichtenden Kursphase. Auf diese formale Komponente und auf weitere, wie die Rekrutierung in transparenten Auswahlverfahren oder die Betreuung der Promovierenden in Teams, wurde bei der aktuellen Strukturreform in Deutschland der Fokus gelegt und dem traditionellen Promovieren „in Einsamkeit und Freiheit" (Schelsky, 1963; Engler, 2001; Tiefel, 2006) bei einer Doktormutter oder einem Doktorvater verschieden stark strukturierte Formen der Doktorandenausbildung an die Seite gestellt (Bosbach, 2009: 105 f.).

Festzuhalten bleibt, dass strukturierte Promotionsprogramme meist über irgendeine Form von finanzieller und sachlicher Ausstattung sowie über eine Organisationsstruktur verfügen, innerhalb der die Mitglieder der Programme interagieren und die deren Verhalten beeinflusst. Hier wird auch deutlich, dass – in Anlehnung an Mayntz (1963) – besser von der „organisierten Promotion" statt von der „strukturierten Promotion" gesprochen werden sollte, da die Organisationsstruktur ein Kernelement von Organisationen ist.

1.2.2 Mitgliedschaft in strukturierten Promotionsprogrammen

Wer sind die im Organisationsgeschehen relevanten Akteure oder Akteurgruppen? Hier kann zunächst zwischen Mitgliedern und Beteiligten der Organisation unterschieden werden (Preisendörfer, 2008). Während es sich bei den Beteiligten von strukturierten Promotionsprogrammen um die Förderer handelt (externe Anspruchsgruppe, Fremdkapitalgeber), wie zum Beispiel die Deutsche Forschungsgemeinschaft (DFG), Begabtenförderwerke oder die Länder, können unter den Mitgliedern (interne Anspruchsgruppe, Eigenkapitalgeber) von strukturierten Promotionsprogrammen ProfessorInnen, wissenschaftliche MitarbeiterInnen, KoordinatorInnen, assoziierte Mitglieder und Promovierende zusammengefasst werden. Der Eintritt erfolgt jedoch nicht unbedingt über eine vertragliche Bindung, welche durch den Austritt aufgelöst wird (durch Kündigung oder im wechselseitigen Einvernehmen; Pohlmann und Markova, 2011, S. 24). So sind ProfessorInnen vertraglich meist an eine andere Organisation, wie die Universität, gebunden und assoziierte Mitglieder tauchen in der Regel nur in Dokumentationen oder in Listen auf Homepages auf. Dennoch ist eine Mitgliedschaft „zumeist kontraktuell geregelt, auch dann, wenn kein schriftlicher Vertrag abgeschlossen wurde" (ebd., S. 24). Organisationen lassen sich also daran erkennen, dass ein Ein- und Austritt an Bedingungen geknüpft ist (ebd.), sei es auch nur der zu bezahlende Betrag für die Einschreibung in einen Promotionsstudiengang an einer Universität.

Die Mitgliedschaft in einem strukturierten Promotionsprogramm und damit auch die Zugriffsmöglichkeiten der Organisation sind allerdings zeitlich, sachlich und sozial begrenzt. Da es in strukturierten Programmen auch meist nur begrenzte rechtliche Regelungen gibt, gerade dann, wenn keine Verträge abgeschlossen werden, sondern nur Vereinbarungen, ist die Einhaltung und der Anspruch von Rechten und Pflichten eher vage. „Die gesellschaftlichen und rechtlichen Regelungen sind so formuliert, dass die Mitgliedschaftsrolle in einer Organisation nie total vereinnahmend sein soll" (ebd., S. 25), was im Widerspruch zum Konzept der „Wissenschaft als Lebensform" (Mittelstraß, 1982) stehen würde. Dennoch sind struk-

turierte Promotionsprogramme Organisationen „nach dem Weber'schen Sinne immer insofern Herrschaftsformen, als sie auf der freiwilligen Anerkennung von Regeln basieren und diese Anerkennung jederzeit durch die Mitglieder wieder entzogen werden kann" (Pohlmann und Markova, 2011, S. 24).
Auch die Ziele der strukturierten Promotionsprogramme (vgl. Kapitel 1.2.4) können Auswirkungen auf die Rekrutierung ihrer Mitglieder, insbesondere auf die Auswahl ihrer Promovierenden, haben. Der Zugang zu einem strukturierten Promotionsprogramm ist zunächst formal (z. B. kontraktuell in Form von Stipendienverträgen) und verlangt eine bestimmte Qualifikation von den BewerberInnen: den Hochschulabschluss. Das Zugangsverfahren hingegen kann eine Variationsbreite von informell bis hin zu kompetitiven Verfahren, wie Aufnahmeprüfungen oder Accessment-Center, annehmen, genauso kann sich die Variationsbreite der einzureichenden Unterlagen zwischen den Promotionsprogrammen und auch den Fachbereichen unterscheiden (Herz und Korff, 2013, S. 81). Auf Seiten der Promovierenden muss zwischen verschiedenen Gründen für eine Mitgliedschaft in einem strukturierten Promotionsprogramm unterschieden werden. Zum einen kann die Mitgliedschaft als Sicherung des Lebensunterhalts (Stipendium oder Stelle, Tauschbeziehung: Geld gegen Arbeit, zeitlich begrenzt, Projektcharakter, befristet) von den Promovierenden angestrebt werden, zum anderen zur Nachfrage von Dienstleistungen der Organisation (Betreuung, Seminare etc.) dienen. Nach Luhmann (1976) können die unterschiedlichen Motive einer Mitgliedschaft jedoch vernachlässigt werden, da er in einem „System mit einer homogenisierten Mitgliedschaftsmotivation" rechnet (ebd. S. 42).

1.2.3 Grenzen von strukturierten Promotionsprogrammen

Die Bestimmung der Mitgliedschaft ist bei den strukturierten Promotionsprogrammen ein schwieriges Unterfangen, gerade weil die Grenzen der Organisation eher fließend sind (Preisendörfer, 2008; Oppermann und Schröder, 2013). Dennoch gibt laut Luhmann (1976) die Grenzsituation des Eintritts und Austritts – das Mitgliedschaftsverhältnis – nicht „zufällig den Blick auf das System frei", vor allem dann, wenn das „System" durch „die Unterscheidung von innen und außen, durch invariante Grenzen gegenüber einer wechselnden Umwelt definiert" wird (ebd. S. 40). Im Falle der strukturierten Promotionsprogramme können es die Universitäten bzw. Hochschulen mit Promotionsrecht (Pellert, 1999; Wilkesmann und Schmid, 2012) bzw. deren Institute, Lehrstühle und Fachbereiche, an denen die Programme angesiedelt sind, sein, die deren Umwelt darstellen. Universitäten können (auch in Kooperation an mehreren Standorten) bei bestimmten Förderern, wie z. B. der Deutschen Forschungsgemeinschaft (DFG), bei Begabtenförderwerken oder beim Land, strukturierte Promotionsprogramme einwerben/beantragen. Im Verlauf der Analyse wird sich jedoch zeigen, dass es nicht die Grenze zwischen strukturierten Promotionsprogrammen und Universität ist, die eine Rolle für die Mitglieder, die Promovierenden, spielt.[13] Es ist vielmehr die Grenze zwischen öffentlichem und privatem Raum (vgl. Kapitel 3.3), die die Promovierenden thematisieren. Hier wird also deutlich, dass der Einbezug der Grenzen bzw. der Umwelt in die Analyse von der jeweiligen Fragestellung und der Untersuchungsgruppe abhängig ist.

Auch wenn in dieser Arbeit der Blick in das Innere der strukturierten Programme selbst gerichtet wird, wurden dennoch die Universität bzw. Hochschule als Organisation (Pellert, 1999; Kehm, 2012; Wilkesmann und Schmid, 2012; Zechlin, 2012) oder die Förderer, aber auch die Familie der Mitglieder als Umwelt der strukturierten Promotionsprogrammen in der Abbildung 1.2 dargestellt, da die Berücksichtigung der näheren und weiteren Umwelt, „[…] in die eine Organisation eingebettet ist, für die organisationsinternen Strukturen und Prozesse so bedeutsam ist, dass man die Umfeldgegebenheiten auf jeden Fall schon in elementaren Organisationsbeschreibungen berücksichtigen muss" (Preisendörfer, 2008, S. 59). Die Prägung durch und der Austausch mit der Umwelt wird in der Abbildung durch die gestrichelte Linie als Grenze dargestellt (ebd., S. 59). So wird die Ausstattung und Struktur durch die jeweilige antragstellende Universität und den jeweiligen Förderer bestimmt. Das heißt auch wenn in dieser Arbeit vor allem die Ausformung bzw. der „Bauplan" der Innenwelt – die Ausstattung und Struktur (vgl. Kapitel 1.2.1) – der strukturierten Promotionsprogramme im Fokus steht, um die Grenzen der Programme als Organisation(en) abzustecken und eine Vergleichbarkeit zu ermöglichen, ist der „Bauplan" bereits durch die Umwelt beeinflusst.

1.2.4 Ziele in strukturierten Promotionsprogrammen

Wenn es um die im Diskurs formulierten Ziele der strukturierten Promotionsförderung als Reform geht, dürfen Hoffnungen bzw. politische Versprechungen und Wünsche nicht mit realisierten bzw. realisierbaren Zielen verwechselt werden: Mit der Formalisierung der Promotionsphase sind Hoffnungen verbunden, wie „[…] die Anzahl an Promotionen zu steigern, die häufig beklagten viel zu langen Promotionszeiten zu verkürzen und damit den Wissenschaftsstandort Deutschland zu

---

13 Bei den Betreuungspersonen bzw. ProfessorInnen könnte die Grenze zwischen Universität und strukturierten Promotionsprogrammen eine viel größere Bedeutung haben.

stärken. Auch sollen die neu etablierten Strukturen wie etwa transparente Auswahlverfahren oder die Mehrfachbetreuung die Situation junger Nachwuchswissenschaftlerinnen verbessern und damit für Chancengerechtigkeit sorgen" (Allmendinger, 2005; Korff und Roman, 2013). Ziel der strukturierten Promotionsförderung ist es, eine Promotion in „drei Jahren in höchster Qualität zu ermöglichen" (Winnacker, 2005, S. 2) und neben der Qualifikationsarbeit „auch alles andere, was die Promovierenden zu WissenschaftlerInnen macht", unterzubringen (Team Chance, 2013, S. 201).

Es kann zwischen den Zielen verschiedener Organisationseinheiten, wie den Universitäten, den strukturierten Promotionsprogrammen und Förderern, differenziert werden: Während für die einzelnen Universitäten ihre Positionierung und Profilierung innerhalb des Wissenschaftsstandortes Deutschland im Vordergrund steht (Dörre und Neis, 2010, Teichler, 2010), zielen die strukturierten Promotionsprogramme eher darauf ab, möglichst viele Promovierenden mit möglichst geringem Aufwand in der vorgesehenen Zeit erfolgreich zum Abschluss zu bringen, um für Folgeanträge gewappnet zu sein. Denn die Bologna-Reform folgt nach Matuschek (2011) „einer Ausbildungslogik, die mit möglichst geringem Mitteleinsatz möglichst viele Studierende zu einem berufsqualifizierenden Abschluss zu bringen versucht" (ebd. S. 127). Förderer hingegen stellen Ziele wie Exzellenz, Innovation und Internationalität (DFG, 2012) in den Mittelpunkt.

Ebenso sollten die Ziele der strukturierten Promotionsprogramme als Organisation von den Zielen der Akteure „strukturiert Promovierende" unterschieden werden. Wobei selbst die Ziele der Organisation Ziele von Akteuren sind (Cyert und March, 1963, S. 26); Akteure, die sich jedoch auf einer anderen Ebene, wie der Institutsleitung oder Universitätsleitung, oder in einem anderen System, wie der Politik, befinden können. Inwieweit dabei die Ziele der Organisation zu Zielen der Akteure werden, in Form von inkorporiertem Wissen, gilt es ebenfalls nicht aus den Augen zu verlieren (Bourdieu, 1983). Für die strukturiert Promovierenden gilt es jedoch in erster Linie, den „ersehnten Gipfel – die Promotion – zu erreichen" (Henniger und Heynen, 2006, S. 35) und möglichst im Anschluss eine Stelle bzw. Weiterbeschäftigung zu haben/bekommen.

Ziele stellen nach Abraham und Büschges (2009) „[...] für die handelnden Individuen relevante und wichtige Rahmenbedingungen auf der organisationalen Ebene dar" (ebd., S. 109). Das vorgegebene Ziel für die strukturiert Promovierenden bestimmt somit ihre Leistung, die sie zu erfüllen haben. Das zu erreichende Ziel kann aber noch mehr als nur die Leistung der Akteure bestimmen. Das Ziel definiert ebenso die anzustrebende oder zu erhaltende Struktur (Zustand), den Erfolgsmaßstab, die externe Selbstdarstellung bzw. die Rechtfertigung des Handelns, die Verteilung von Ressourcen und die Rekrutierung der Mitglieder (ebd., S. 110). Es besteht jedoch „[...] eine Tendenz und Vorliebe, die Organisationsziele unbestimmt und vage zu halten, die genauen Prioritäten nicht exakt festzulegen und in Anhängigkeit von situativen Rahmenbedingungen die Rangordnung zu ändern" (Preisendörfer, 2008, S. 63). Und genau in dieser Unbestimmtheit können sich Möglichkeiten, aber auch Probleme für die Mitglieder ergeben, wie das Ziel – die erfolgreich abgeschlossene Promotion – erreicht werden kann. Die Ausgestaltung – der Prozess – bleibt vage (Oppermann und Schröder, 2013), was in vielerlei Hinsicht dem Promotionsprozess bzw. grundlegend dem wissenschaftlichen Arbeiten immanent ist, denn „[d]ie wissenschaftliche Arbeit in ihrer Beschäftigung mit dem oft Unerwarteten und Unvorhersehbaren und den damit verbundenen Risiken steht im Mittelpunkt der Promotion" (Franz, 2012, S. 105). Damit wäre auch unter diesem Aspekt die Bezeichnung „strukturierte Promotion" eher irreführend.

1.3 Konsequenzen für den Forschungsgegenstand

Nach dem Forschungsstand und der theoretischen Rahmung von strukturierten Promotionsprogrammen als Organisation(en) ergeben sich für den Gegenstand der Forschung bestimmte Konsequenzen, die es zu berücksichtigen gilt.

1.3.1 Begriffsbestimmung des Forschungsgegenstandes

Strukturierte Promotionsprogramme lassen sich in ihrer Gesamtheit und auch Varianz folgendermaßen fassen: Strukturierte Promotionsprogramme als Organisation(en) können von Universitäten bzw. Hochschulen oder Forschungseinrichtungen (auch in Kooperation an mehreren Standorten) entweder in Eigenleistung organisiert und finanziert werden (z. B. Promotionsstudiengänge) oder bei bestimmten Förderern (wie z. B. der Deutschen Forschungsgemeinschaft (DFG), bei Begabtenförderwerken oder beim Land) eingeworben werden, um Gelder (Zuschüsse: Stipendien bzw. Personalmittel und Sachmittel) zur Durchführung eines strukturierten Promotionsprogrammes zu erhalten. Kombinationen aus beiden (Finanzierungs-)Varianten sind ebenfalls denkbar. Damit sind strukturierte Promotionsprogramme meist mit bestimmten Ressourcen ausgestattet, die vorwiegend auf 3 Jahre Stipendienlaufzeit bzw. auf 9 Jahre Förderlaufzeit (z. B. wie bei den DFG-Kollegs mit drei Generationen von Promovierenden) begrenzt sind. Zudem können die Programme hierarchisch verfasst sein (ProfessorInnen und wissenschaftlicher Nachwuchs bzw. PromotionsstudentInnen) und werden (meist) über ein Zentrum (Betreuungspersonen oder -Komitees, ProgrammsprecherInnen oder die

Gruppe der Peers) gesteuert bzw. organisiert. Im Falle der Promotionsstudiengänge unterliegen sie sogar einer Prüfungs-, Zulassungs- und Promotionsordnung. Ihre Mitglieder setzten sich zusammen aus Personen, die eigenständig (ihr Promotionsprojekt) und/oder arbeitsteilig (zum Beispiel bei der Betreuung in Teams oder bei der Planung von Workshops und Tagungen durch die Gruppe der Peers etc.) zur (zügigen) Erreichung einer erfolgreichen forschungsbezogenen Qualifizierung oder erfolgreichen Nachwuchsförderung der Hochschule interagieren.

Es handelt sich also um ein dynamisches, aber auch statisches, die prozessualen sowie strukturellen Aspekte herausstellendes Verständnis von Organisation(en) (Abraham und Büschges, 2009, S. 57). Mit dessen Hilfe wird diese Forschungsarbeit aufzeigen, dass sich für die Promovierenden die Frage nach der „Organisation" der Promotionsförderung in sogenannten strukturierten Promotionsprogrammen bei einem potenziellen Abbruch der Promotion in ganz besonderer Weise stellt.

1.3.2 Der potenzielle Abbruch als multifaktorielles Phänomen

Laut dem Forschungsstand können sich diverse Faktoren förderlich auf die Abbruchgedanken von Promovierenden auswirken. Einige hängen mit den Lebensumständen oder der Psyche der Promovierenden zusammen, andere liegen der Struktur der Programme zugrunde, welche die Lebensumstände der Promovierenden nicht angemessen berücksichtigt, damit diese ihre Promotion erfolgreich abschließen können (Ali und Kohun, 2006, S. 24). Abbruchgedanken begreife ich daher – wie Anja Franz – als ein multifaktorielles Phänomen, „*das keine eindimensionalen Erklärungen zulässt*" (Franz, 2012, S. 103). Es soll herausgestellt werden, welche Faktoren sich auf die Abbruchgedanken von Promovierenden in strukturierten Promotionsprogrammen in Deutschland auswirken. Die Faktoren werden in dieser Arbeit also nicht einzeln, sondern gemeinsam in einem Modell betrachtet. Im Wesentlichen kann zwischen vier Dimensionen unterschieden werden – soziodemografische, psychologische, strukturelle und ökonomische –, die sich zum Teil überschneiden, sich zum Teil auf die Promovierenden oder aber auf die Promotionsprogramme als Organisation beziehen. Während im quantitativen Untersuchungsteil zunächst herausgestellt werden soll, welche Effekte bestimmte Faktoren auf die Abbruchgedanken von Promovierenden strukturierter Promotionsprogramme in Deutschland haben, sind es im qualitativen Untersuchungsteil eher die von den Promovierenden selbstbestimmten erleichternden oder hemmenden Bedingungen, die ins Auge gefasst werden sollen.

Im Fokus dieser Arbeit stehen dabei zwei bzw. drei der Kernelemente von strukturierten Promotionsprogrammen als Organisation(en): ihre Ausstattung, ihre

Organisationstruktur und ihre Mitglieder. Die folgenden Analysen gehen (ausschließlich) von der Perspektive der AdressatInnen aus – basieren also auf den Aussagen von Promovierenden aus strukturierten Promotionsprogrammen. Das heißt, ich orientiere mich daran, wie die Promovierenden die Struktur ihrer Promotionsprogramme beschreiben und wie sie sich zu dieser Struktur positionieren. Denn die Promovierenden können in den strukturierten Promotionsprogrammen sowohl eine – mal mehr, mal weniger ausgeprägte – Organisationsstruktur vorfinden, innerhalb der sie interagieren (müssen); oder sie müssen erst selbst eine Organisationsstruktur herstellen, innerhalb der sie interagieren (können). In beiden Fällen würde es das Denken und Handeln der Promovierenden in einer bestimmten Art und Weise beeinflussen. Das heißt, dass Abbruchgedanken eine Reflexion der Gegebenheiten darstellen, bei der die Promovierenden über den (tatsächlichen) Abbruch der Promotion nachdenken. Hier stellt sich für mich die Frage, welche Bedingungen sich hemmend oder fördernd darauf auswirken, ob Promovierende ihr Forschungsvorhaben beenden oder vorzeitig abbrechen wollen. Wer denkt folglich unter welchen Umständen in strukturierten Promotionsprogrammen an den Abbruch seiner Promotion? Verlieren sich die Promovierenden in der Struktur bzw. im Strukturieren der Promotionsprogramme oder sind sie so eingebunden, dass sie gar nicht aussteigen können? Die organisationale Erklärungsperspektive des „Attrition-Modells" nach Bean (1980/1982) soll in dieser Arbeit demnach durch individuelle, strukturelle und ökonomische Aspekte ergänzend untersucht werden.

1.3.3 Untersuchungsdesign

Bei „Lost in Structure?" handelt es sich um ein Dissertationsprojekt, das im Rahmen des Forschungsprojekts „Chancengleichheit in der strukturierten Promotionsförderung an deutschen Hochschulen – Gender und Diversity"[14] – im Folgenden *Chance*-Projekt genannt – entstanden ist und durchgeführt wurde. Nach der Einführung in die Thematik und Problemstellung (Einleitung) in Kapitel 1 „Dropouts in der strukturierten Promotionsförderung" folgte die Aufarbeitung des – für die Forschungsfragen relevanten – Forschungsstandes (vgl. Kapitel 1.1) und der the-

---

14 Dabei handelt es sich um das Forschungsprojekt *Chancengleichheit in der strukturierten Promotionsförderung an deutschen Hochschulen – Gender und Diversity* (2008–2012; FKZ: 01FP0836/37) der Stiftung Universität Hildesheim, welches aus Mitteln des Bundesministeriums für Bildung und Forschung (BMBF) im Rahmen der Bekanntmachung „Frauen an die Spitze" und aus dem Europäischen Sozialfonds der Europäischen Union gefördert wurde.

oretischen Rahmung (vgl. Kapitel 1.2). Kapitel 2 „Mehr Struktur, weniger Abbruch" und Kapitel 3 „Gemeinsam im gläsernen Käfig" stehen jeweils für einen methodischen Zugang, deren Ergebnisse zunächst für sich betrachtet und erst im Abschlusskapitel 4 „Lost in Structure" zu gemeinsamen Schlussfolgerungen zusammengeführt und diskutiert werden.

Um eine auf Komplementarität beruhende Beantwortung der Forschungsfragen zu erzielen, wurde ein mehrgleisiges (gemischtes) Untersuchungsdesign (Angerer et al., 2006, S. 120 ff.) gewählt (vgl. Abbildung 1.3):

Lost in Structure & Intent to Leave

Online-Befragung (Quantitative Datenerhebung)	**Gruppendiskussionen** (Qualitative Datenerhebung)
Sample 1.081 strukturiert Promovierende und eine Referenzgruppe von 84 Individualpromovierenden	**Sample** 14 Gruppendiskussionen mit insgesamt 69 strukturiert Promovierenden
Analysemethode Clusteranalyse und multivariate Regressionsanalyse	**Analysemethode** Orientierung beim methodischen Vorgehen an dem Forschungsstil der Grounded-Theory-Methodologie
Schlussfolgerungen	**Schlussfolgerungen**

Meta-Schlussfolgerungen zu Abbruchgedanken von Promovierenden in strukturierten Promotionsprogrammen

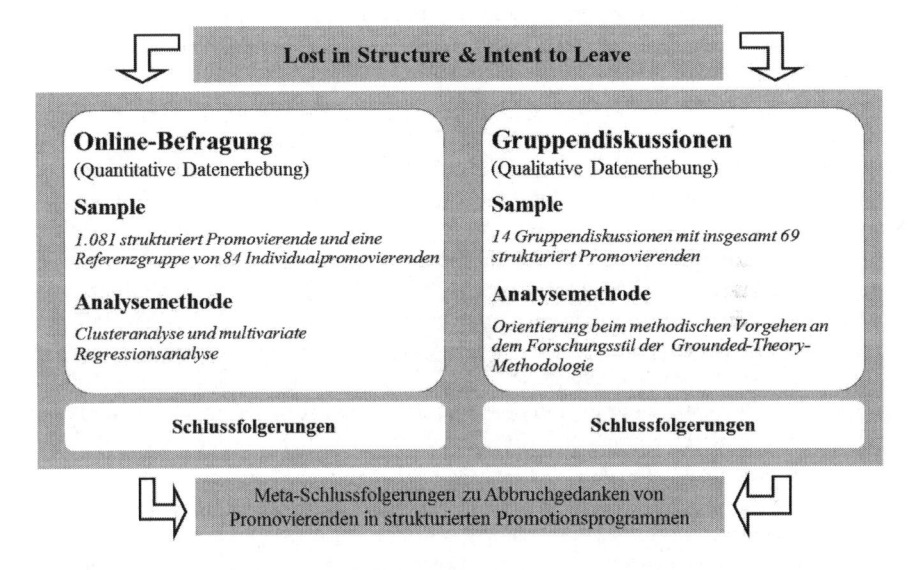

Abbildung 1.3: Untersuchungsdesign (Mixed Method Design)

Kapitel 2 „Mehr Struktur, weniger Abbruch" dieser Arbeit befasst sich ausschließlich mit den Resultaten des Organisierens, mit der bestehenden Ordnung bzw. der Struktur. Im Fokus stehen die Bedingungen der strukturierten Promotionsprogramme und deren Effekte, die diese auf das Vorhandensein, die Häufigkeit und die Intensität von Abbruchgedanken bei Promovierenden aus strukturierten Promotionsprogrammen haben. Die empirische Datengrundlage bildet hierfür eine standardisierte Online-Befragung (vgl. Abbildung 1.3), die zwischen Dezember 2010 und Februar 2011 durchgeführt wurde. An der Befragung nahmen – nach der Bereinigung des Samples – insgesamt bundesweit und fächerübergreifend 1.081 strukturiert Promovierende und 84 Individualpromovierende teil (vgl. Kapitel

2.1). Angeleitet von der Forschungsfrage verläuft die Auswertung der quantitativen Daten in drei Schritten:
In den Abschnitten 2.2 und 2.3 des zweiten Kapitels geht es zunächst um die Beantwortung der Frage, wer strukturiert promoviert und dennoch an den Abbruch seiner Promotion denkt. Zugleich soll herausgearbeitet werden, ob sich bestimmte Typen von Promotionsprogrammen ausmachen lassen, in denen die Promovierenden den Abbruch ihres Forschungsvorhabens weniger häufiger oder intensiv in Erwägung ziehen. Ist demnach ein *Mehr* an Struktur auch gleichbedeutend mit einem *Weniger* an Abbruchgedanken? Nach der deskriptiven Auswertung werden daher im Rahmen der weiterführenden Auswertungen Clusteranalysen durchgeführt. Dabei handelt es sich um ein strukturendeckendes Verfahren, welches in der Regel zur Klassifikation bzw. Typisierung von Untersuchungsobjekten verwendet wird (Wiedenbeck und Züll, 2001, Backhaus et al., 2008). Bei diesem statistischen Analyseverfahren können unterschiedliche Merkmale zur Typenbildung von strukturierten Promotionsprogrammen gleichzeitig betrachten werden.

Bei den multivariaten Analysen im Abschnitt 2.4 des zweiten Kapitels soll es um die Beantwortung der Fragen gehen, welche Einflussfaktoren dazu führen, dass Promovierende aus strukturierten Promotionsprogrammen den Abbruch ihres Forschungsvorhabens in Erwägung ziehen und welche Faktoren sie sogar häufiger und ernsthafter an den Abbruch denken lassen. Während die Bedingungen der strukturierten Promotionsprogramme und deren Effekte auf das Vorhandensein von Abbruchgedanken der Promovierenden mit logistischen Regressionsmodellen untersucht werden, kommen für die Berechnung der Effekte der Häufigkeit und Intensität der Abbruchgedanken lineare Regressionsmodelle zum Einsatz. Dies führt schließlich zur Beantwortung der Frage, ob es an den Individuen oder an den strukturierten Promotionsprogrammen als Organisation selbst liegt, dass der Abbruch von den Promovierenden überhaupt (häufiger und intensiver) in Betracht gezogen wird?

Kapitel 3 „Gemeinsam im gläsernen Käfig" gibt Aufschluss über den Prozess des Organisierens, über die Herstellung einer Ordnung, die (Aus-)Gestaltung von strukturierten Promotionsprogrammen und welche Rolle dabei ihre Mitglieder – die Promovierenden – selbst übernehmen. Hier geht es um die Fragen: Was bedeutet es für die Promovierenden, in einem strukturierten Promotionsprogramm zu promovieren? Was wird als „strukturierter" im Vergleich zur Individualpromotion verstanden, wenn es darum geht, den Abbruch der Promotion zu verhindern? Die empirische Datengrundlage bilden dabei insgesamt 12 Passagen aus deutschlandweiten und fächerübergreifenden Gruppendiskussionen mit Promovierenden aus strukturierten Promotionsprogrammen (vgl. Abbildung 1.3 und Kapitel 3.1). In Anlehnung an die Konzepte und Ideen der Grounded Theory kamen beim methodischen Vorgehen die verschiedenen Stufen des offenen, axialen und selektiven

Kodierens (Glaser und Strauss, 1998) zum Einsatz. Den Abschluss des Kapitels bildet die Rekonstruktion des kollektiv geteilten Phänomens der „(Neu-) Strukturierung von (Un-)Sicherheit".

Das abschließende Kapitel 4 „Lost in Structure?" dient der Zusammenführung der Ergebnisse der beiden deutschlandweit und fächerübergreifend durchgeführten Methoden (vgl. Kapitel 2 zur Online-Befragung und Kapitel 3 zu den Gruppendiskussionen). Beide Methoden betrachten ausschließlich die Perspektive der Promovierenden aus strukturierten Promotionsprogrammen. Das Mixing der beiden Methoden wurde in dieser Form gewählt, um eine auf Komplementarität beruhende Beantwortung des multifaktoriellen Phänomens ‚Abbruchgedanken von Promovierenden aus strukturierten Promotionsprogrammen' und dessen (quantitative und qualitative) Bedingungen zu untersuchen (Tashakkori und Teddlie, 2003; Bryman, 2004; Flick, 2011). Aus der gleichberechtigten Zusammenführung der quantitativen und qualitativen Ergebnisse wird der Kenntnisstand, der sich aus der Kombination von übereinstimmenden, sich ergänzenden und weiterführenden Ergebnissen formt, erweitert. Die Zusammenführung der Ergebnisse zeigt, dass sich für die Promovierenden aus strukturierten Promotionsprogrammen die Frage nach der ‚Organisation' und deren Bedingungen innerhalb dieser Programme, bei einem potentiellen Abbruch der Promotion, in ganz spezieller Weise stellt: Denn die Promovierenden agieren nicht nur in einem Spannungsverhältnis zwischen Individuum und Gruppe – „Gemeinsam statt einsam?" (vgl. Kapitel 4.1) –, zwischen Organisation und Gruppe – „Strukturierte Promotion(sprogramme) zwischen Organisation und Gruppe" (vgl. Kapitel 4.2) –, sondern auch zwischen Raum, Zeit und Kontrolle – „Standardisierung durch die (Neu-)Organisation der Promotion" (vgl. Kapitel 4.3) –, ohne dabei die Option des (potenziellen) Abbruchs – „No Exit" (vgl. Kapitel 4.4) – zu haben.

2 Mehr Struktur, weniger Abbruch? – Quantitative Analysen

Das folgende Kapitel widmet sich den quantitativen Analysen und deren Ergebnisdarstellungen. Es ist in drei wesentliche Abschnitte gegliedert, die sich jeweils mit der Beantwortung einer Forschungsfrage beschäftigen. Zunächst geht es um die Soziodemografie von Promovierenden, die in strukturierten Programmen promovieren und trotzdem den Abbruch ihrer Promotion in Erwägung ziehen. Des Weiteren wird die *Struktur* von strukturierten Promotionsprogrammen unter die Lupe genommen und deren Bedeutung für die Promovierenden innerhalb solcher Programme untersucht. Da die *Struktur* im vorangegangenen Schritt an bestimmten Merkmalen festgemacht wird, erfolgt in einem weiteren Schritt die Analyse einer Fragestellung, die die Bedingungen in strukturierten Promotionsprogrammen weiter fasst. Insgesamt stehen damit die Aussagen der Promovierenden über die Resultate der (Neu-)Organisation der Promotion im Mittelpunkt, um so Rückschlüsse über die *Struktur* und die Bedingungen innerhalb der Programme sowie deren Effekte, die diese auf das Vorhandensein, die Häufigkeit und die Intensität der Abbruchgedanken von Promovierenden aus strukturierten Promotionsprogrammen haben können, zu ziehen. Das Kapitel „Mehr Struktur, weniger Abbruch?" ist in der Gesamtkonzeption dieser Forschungsarbeit hypothesenprüfend angelegt und kann in drei Abschnitte unterteilt werden: Während in Abschnitt 2.2 sich zunächst der Frage gewidmet wird, wer strukturiert promoviert, geht es in Abschnitt 2.3 um die Frage, ob sich bestimmte Strukturtypen von Promotionsprogrammen ausmachen lassen, in denen die Promovierenden den Abbruch ihres Forschungsvorhabens häufiger oder intensiver (ernsthafter) in Erwägung ziehen. Hier wird abschließend diskutiert, ob ein *Mehr* an Struktur auch gleichbedeutend mit einem *Weniger* an Abbruchgedanken ist. Im Abschnitt 2.4 stehen die Fragen nach den Einflussfaktoren im Mittelpunkt: Welche Einflussfaktoren führen dazu, dass Doktoranden aus der strukturierten Promotion den Abbruch ihres Forschungsvorhabens in Erwägung ziehen? Welche Faktoren lassen Promovierende sogar häufiger und intensiver an den Abbruch denken? Liegt es an den Individuen oder an den strukturierten Promotionsprogrammen als Organisation selbst? Das Kapitel beginnt zunächst mit der Beschreibung der Erhebungsmethode und des Samples, das der Datenanalyse zugrunde liegt.

2.1 Erhebungsmethode und Sample

Die empirische Überprüfung der Hypothesen erfolgt anhand der Promovierenden-Befragung des Forschungsprojekts *Chance*. Als Datengrundlage der anschließenden Analyse fungierte eine standardisierte Online-Befragung mit Promovierenden und Promovierten, die zwischen Dezember 2010 und Februar 2011 durchgeführt wurde. An der bundesweiten und fächerübergreifenden Befragung haben Promovierende und Promovierte aus strukturierten Promotionsprogrammen teilgenommen. Die BefragungsteilnehmerInnen wurden über ein Schneeballverfahren (Gabler, 1992) ausgewählt, das heißt, die Kontaktaufnahme fand über die jeweiligen Koordinationsstellen, SprecherInnen oder StellvertreterInnen der strukturierten Promotionsprogramme statt, deren (E-Mail-)Adressen bei einer Homepageanalyse recherchiert wurden[15]. Nach dem Versand von postalischen Vorankündigungen wurden Befragungseinladungen in Form von E-Mails[16] an die Initialkontakte – mit der Bitte um Weiterleitung an alle Promovierenden und Promovierten – verschickt. Die E-Mail-Einladung enthielt neben einem standardisierten Anschreiben auch den Hyperlink, über welchen die Webseite der Befragung aufgerufen werden konnte. Die Befragung wurde mit Hilfe der Software für Onlinebefragungen Unipark (EFS Survey) erstellt und durchgeführt.

Folgende Themenblöcke waren Inhalt der Befragung: Block A umfasste Fragen zum Promotionsprogramm allgemein (Fächergruppe, Bundesland, Bezeichnung) und zu sozialstatistischen Angaben der Befragten (Alter, Geschlecht, Fami-

---

[15] Aufgrund der fehlenden Immatrikulationspflicht werden Doktoranden in Deutschland nicht erfasst und somit beruhen die Berechnungen der Grundgesamtheit auf Schätzungen (Berning und Falk, 2006:19). Daher kann der hier vorgelegten Untersuchung keine umfassende Liste der Grundgesamtheit zu Grunde gelegt werden, weshalb auf das Schneeballverfahren als Sampling-Methode zurückgegriffen wurde. Das Schneeballverfahren wurde dabei nicht methodisch kontrolliert, wodurch ein Anspruch auf Repräsentativität nicht gegeben ist. Jedoch erlauben gerade die hypothesenprüfenden Darstellungen, Zusammenhänge nachzuweisen, die für die deutsche Promotionslandschaft vorliegen.

[16] Doppelnennungen, fehlerhafte oder veraltete Angaben bei den Adressen bzw. E-Mail-Adressen wurden bereinigt. Es wurden insgesamt 735 Befragungseinladungen per Mail versandt. Da der Zugang zur Befragung auch über die Projekt-Homepage zu erreichen war, wurden auch postalische Vorankündigungen ohne anschließende Einladung per E-Mail verschickt. Vier Wochen nach dem Erstkontakt wurde an alle Initialkontakte ein Erinnerungsschreiben per E-Mail versandt.

lienstand, Migration etc.). In den Frageblöcken B bis E wurden die Befragten gebeten, nähere Angaben zu ihrem Promotionsprogramm zu machen. Block B umfasste dabei Fragen zum Eintritt in das jeweilige Programm, zum Stand der Promotion, zum Beschäftigungsverhältnis, zur Arbeitsplatzsituation und zur Finanzierung. Im Fokus von Block C der Online-Befragung standen Unterbrechungen der Promotionsphase und deren Gründe. Im Block D wurden die Befragten zur Programmstruktur sowie zu persönlichen Einstellungen und Meinungen zum Promovieren befragt. Den Abschluss bildeten Fragen zur Betreuungsstruktur im Block E (vgl. Abbildung 2.1).

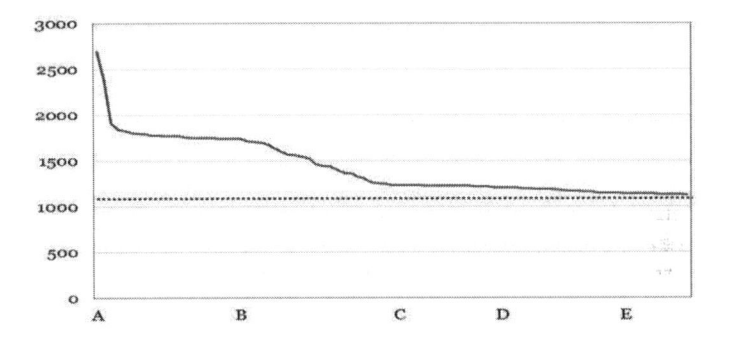

Abbildung 2.1: Anzahl der BefragungsteilnehmerInnen der Online-Befragung im Befragungsverlauf (nach Themenblöcken)

Der Fragebogen konnte sowohl in deutscher als auch in englischer Sprache ausgefüllt werden[17], wobei rund 16 % der BefragungsteilnehmerInnen das Angebot des englischsprachigen Fragebogens nutzten. Insgesamt griffen 2704 Personen auf die Startseite mit Hinweisen zur Dauer, Anonymität und den Themen der Befragung zu (vgl. Abbildung 2.1). Wie man der Abbildung 2.1 entnehmen kann, sank die TeilnehmerInnenanzahl zu Beginn – von der Beantwortung der ersten zur zweiten Frage – von 2390 auf 1916 TeilnehmerInnen. Von insgesamt 1126 Personen wurde die Befragung bis zum Ende durchgeführt.

Die Datenbereinigung und die folgenden Analysen – deskriptive Analysen (Kapitel 2.2) und Clusteranalyse (Kapitel 2.3) – wurden mit der Statistiksoftware IBM SPSS Statistics 21 durchgeführt. Im Zuge der Datenbereinigung mit dieser Software wurden 4 Fälle mit systematischen Falschantworten (Junk-Voter) aus dem Datensatz entfernt. Weiterhin wurden nur diejenigen Fälle in der Datenmatrix

---

17 Der Fragebogen kann über die Autorin angefordert werden.

belassen, die mindestens 35 % der Fragen beantwortetet hatten, wodurch für die folgenden Analysen ein Rücklaufsample von n = 1649 zugrunde liegt (1468 Promovierende in strukturierten Promotionsprogrammen und 181 Individualpromovierende, vgl. Herz und Korff, 2013, S. 76 ff.). Da es sich bei der folgenden Analyse um eine Untersuchung der strukturierten Promotionsprogramme und Promovierenden handelt, wurden die im Datensatz vorhandenen 181 Individualpromovierenden von den wesentlichen Analysen ausgeschlossen und nur als Referenzgruppe herangezogen. Für die Untersuchung wurden ebenfalls 387 Promovierende, bei denen die Angaben zu ihren Abbruchgedanken (Abbruchgedanken vorhanden oder nicht vorhanden, Häufigkeit und Intensität der Abbruchgedanken) fehlten, von den Analysen ausgeschlossen. Die Basis dieser Untersuchung bildet demnach ein Sample von n = 1081 Promovierenden aus strukturierten Promotionsprogrammen und einer Referenzgruppe von n = 84 Individualpromovierenden (vgl. Abbildung 2.1; gestrichelte Linie).

Die Verteilung der Befragungspersonen im Rücklaufsample auf die verschiedenen Fächergruppen zeigt, dass fast die Hälfte in der Mathematik und Naturwissenschaft promovieren (46 %, n = 491). Jeweils circa 21 % entfallen auf die Sprach- und Kulturwissenschaften (n = 221) sowie auf die Rechts-, Wirtschafts- und Sozialwissenschaften (n = 225).[18] Zudem beteiligten sich mehr weibliche als männliche Befragungspersonen (58 % vs. 42 %; vgl. Abbildung 2.4). Die Vermutung, dass sich der thematische Bezug von „Gender und Diversity" auf die weiblichen Promovierenden und Promovierten ausgewirkt hat, liegt nahe. Die Verteilung nach Bundesländern zeigt, dass die höchsten Anteile an befragten Promovierenden auf Niedersachsen entfallen, gefolgt von Baden-Württemberg, Nordrhein-Westfalen und Bayern.[19] Beim hohen Anteil von niedersächsischen TeilnehmerInnen könnte der regionale Bezug des Forschungsprojektes bzw. der Befragung ausschlaggebend gewesen sein.

2.1.1 Operationalisierung von Abbruchgedanken

Abbruchgedanken stellen für mich eine Reflexion der Situation bzw. Gegebenheiten dar – hier die Bedingungen in den strukturierten Promotionsprogrammen –,

---

18 Die Gruppe der sonstigen Fächer (10 %, n=109) und die Human-, Zahn- und Tiermedizin (3 %, n=34) fallen sehr gering aus und werden daher nicht separat aufgeführt. Nur zu einem Fall fehlen die Angaben zum Fachbereich.
19 Laut dem Bundesbericht zur Förderung des Wissenschaftlichen Nachwuchses (BuWin, 2008) entfallen die höchsten Anteile an Promotionen auf die Bundesländer Nordrhein-Westfalen, Bayern und Baden-Württemberg.

bei der die Promovierenden über den (tatsächlichen) Abbruch der Promotion nachdenken. Dabei findet eine Selektion von (Handlungs-)Alternativen zur Entscheidungsfindung statt. Das heißt, je nachdem wie die Promovierenden ihre Situation im strukturierten Promotionsprogramm erleben, können Abbruch oder Abbruchgedanken eine mögliche, aber nicht notwendige Reaktion darauf sein (Schimank, 2005). Zur Operationalisierung des potenziellen Abbruchs – „Intent to Leave" (Bean, 1982) – kamen im Online-Fragebogen drei Items zum Einsatz, mit denen die Promovierenden ihre Einschätzung zu ihren Abbruchgedanken zum Zeitpunkt der Befragung abgeben konnten:

Die erste abhängige Variabel gibt Auskunft darüber, ob eine Befragungsperson bereits an den Abbruch ihrer Promotion gedacht hat oder dies bis zum aktuellen Stand der Promotion noch nicht in Erwägung gezogen hat. Sie wurde anhand der Frage *„Kam Ihnen im Verlauf Ihres Promotionsprozesses schon mal der Gedanke, die Promotion abzubrechen?"* erhoben. Es handelt sich dabei also um eine binäre Variable, die beinhaltet, ob eine Befragungsperson zu der Gruppe mit oder ohne Abbruchgedanken gehört. Die Variable nimmt die Ausprägung (0) an, wenn die betreffende Person den Abbruch ihrer Promotion noch nicht in Erwägung gezogen hat, und den Wert (1), wenn sie bereits an den Abbruch ihrer Promotion gedacht hat. Gaben die Befragungspersonen an, bereits an den Abbruch ihrer Promotion gedacht zu haben, wurde zusätzlich erhoben, wie häufig und wie intensiv sie bereits daran gedacht hatten. Die Häufigkeit und Intensität der Abbruchgedanken wurden anhand der Fragen *„Wie häufig kam Ihnen dieser Gedanke während des gesamten Promotionsprozesses?"* auf einer Skala von 1 „selten" bis 7 „sehr oft" und *„Wie ernsthaft ist/war Ihnen die Überlegung die Promotion abzubrechen?"* auf einer Skala von 1 „überhaupt nicht ernsthaft" bis 7 „sehr ernsthaft" abgefragt. Die zweite abhängige Variable beinhaltet demnach die Häufigkeit des Auftretens von Abbruchgedanken und die dritte und letzte abhängige Variable gibt Auskunft über die Intensität (Ernsthaftigkeit) der Abbruchgedanken.

2.1.2 Individualpromotion vs. strukturierte Promotion

Bei einem Vergleich zwischen der strukturierten Promotion und der Individualpromotion ergeben sich keine signifikanten Unterschiede bzgl. des Vorhandenseins ($t(1163) = -0.26; p = .80$), der Häufigkeit ($t(471) = 0.58; p = .57$) und Intensität der Abbruchgedanken ($t(471) = 0.90; p = .37$): Prozentual liegen die Gruppen Promovierender mit und ohne Abbruchgedanken der strukturierten und der Individual-Promotion nahe beieinander. Während 59 % der Promovierenden aus strukturierten Promotionsprogrammen und 61 % der Individualpromovierenden bis zum Befragungszeitpunkt ihre Promotion ohne Abbruchgedanken meisterten, geben 41 % der Promovierenden aus strukturierten Promotionsprogrammen und 39 % der Individualpromovierenden an, bereits den Abbruch ihrer Promotion in Erwägung gezogen zu haben (vgl. Abbildung 2.2).

```
Strukturiert Promovierende
(n=1.081)
                               59,3 %
                        40,7 %
                                            ▨ Ohne Abbruchgedanken
                                            ■ Mit Abbruchgedanken
Individualpromovierende
(n=84)
                                60,7 %
                        39,3 %

        0    20   40   60   80   100
```

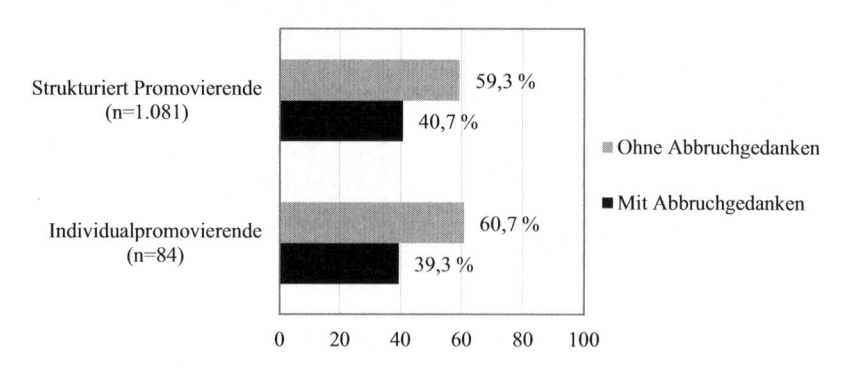

Abbildung 2.2: Das Vorhandensein von Abbruchgedanken im Vergleich zwischen der strukturierten Promotion und der Individualpromotion

Auch ein Mittelwertvergleich zwischen den Promovierenden aus strukturierten Promotionsprogrammen und den Individualpromovierenden offenbart keine nennenswerte Differenz beim Vorhandensein von Abbruchgedanken (vgl. Abbildung 2.3, links). Erst beim Vergleich der Häufigkeit und Intensität der Abbruchgedanken zeigen sich, wenn auch nur feine, Unterschiede in den Mittelwerten (vgl. Abbildung 2.3, rechts). Sowohl bei der Häufigkeit als auch bei der Intensität der Abbruchgedanken geben die Individualpromovierenden höhere Werte an (Häufigkeit: $M = 3.76$, $SD = 1.73$; Intensität: $M = 4.06$, $SD = 1.77$) als ihr Pendant aus strukturierten Programmen (Häufigkeit: $M = 3.58$, $SD = 1.71$; Intensität: $M = 3.79$, $SD = 1.69$).

Da sich keine signifikanten Unterschiede zwischen den Promovierenden aus strukturierten Programmen und den Individualpromovierenden ergeben haben, wird bei den folgenden Analysen der Vergleich nur angeführt, wenn sich nennenswerte Differenzen zeigen.

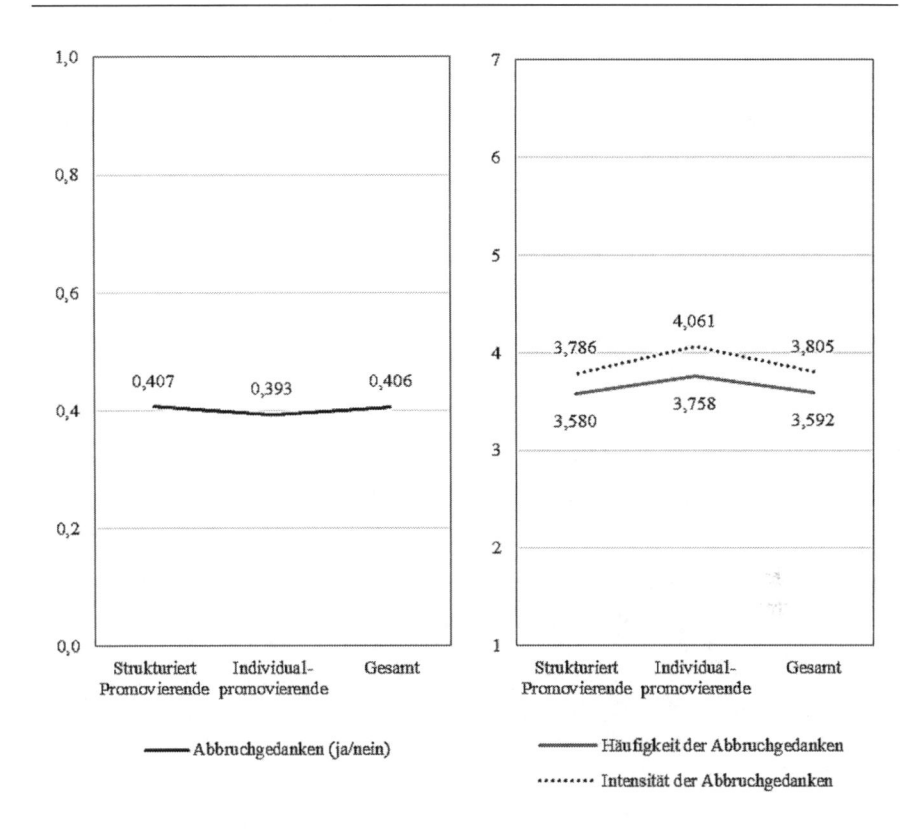

Abbildung 2.3: Mittelwertvergleich zwischen dem Vorhandensein, der Häufigkeit und Intensität von Abbruchgedanken nach strukturiert Promovierenden (n = 440) und Individualpromovierenden (n = 33)

2.2 Wer promoviert strukturiert und denkt an den Abbruch der Promotion? – Rücklaufsample

Im Folgenden geht es um die Frage, welche Personen in strukturierten Promotionsprogrammen einer Dissertation nachgehen und an den Abbruch ihrer Promotion denken. Wer sind diese Personen und unterscheiden sie sich hinsichtlich sozialstruktureller Merkmale von denen, die nicht an den Abbruch ihrer Promotion denken? Als Basis der Analyse dient hierbei das (bereinigte) Rücklaufsample von n = 1081 strukturiert Promovierenden, die an der Online-Befragung teilgenommen haben.

Insgesamt ist die Gruppe der Promovierenden aus strukturierten Promotionsprogrammen, die nicht an den Abbruch ihrer Promotion denken, größer als die Gruppe, welche den Abbruch bereits schon einmal in Erwägung gezogen hat (59 %, *n* = 641 vs. 41 %, *n* = 440; vgl. Abbildung 2.4). Untersucht man die Abbruchgedanken zusätzlich in Abhängigkeit des Geschlechts, werden Unterschiede erkennbar. So besteht die Gruppe der Promovierenden mit Abbruchgedanken aus 34 % Männern (*n* = 144) und 45 % Frauen (n = 296), während die Gruppe ohne Abbruchgedanken aus 66 % Männern (n = 282) und 55% Frauen (n = 359) besteht ($\chi^2(1, n = 1081) = 13.87, p = .00, \varphi = .11$).

Frauen (n=655): 45,2 % / 54,8 %
Männer (n=426): 33,8 % / 66,2 %
Gesamt (n=1.081): 40,7 % / 59,3 %

■ Strukturiert Promovierende mit Abbruchgedanken
■ Strukturiert Promovierende ohne Abbruchgedanken

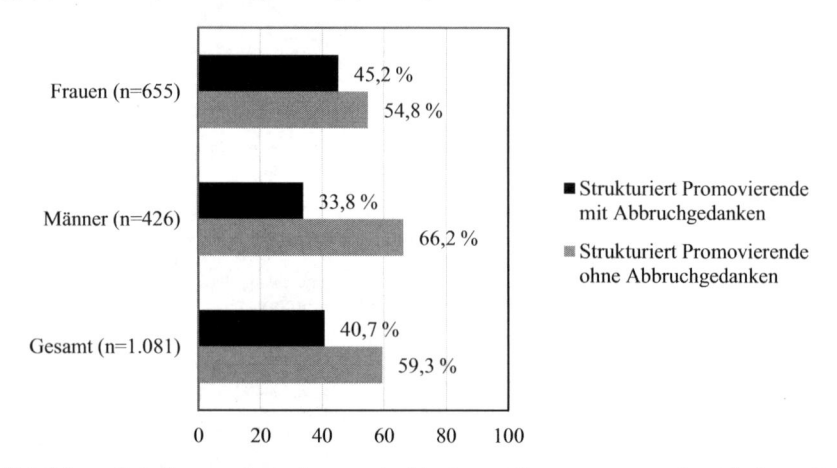

Abbildung 2.4: Promovierende aus strukturierten Programmen mit und ohne Abbruchgedanken nach Geschlecht (n = 1081)

Es zeigt sich also ein geringer, aber signifikanter Zusammenhang zwischen Abbruchgedanken und dem Geschlecht der Promovierenden. Beim Vergleich der Gruppen von PromovendInnen mit und ohne Abbruchgedanken lässt sich ebenfalls darstellen, dass die „Chancen" (Odds) von Frauen, an den Abbruch ihrer Promotion zu denken, bei 296/359 und die „Chancen" von Männern bei 144/282 liegen. Somit kommt man auf ein Chancenverhältnis von 1,6 zwischen den Geschlechtern. Das heißt, die Chance, dass strukturiert promovierende Frauen an den Abbruch ihrer Promotion denken, ist fast zweimal höher als bei strukturiert promovierenden Männern.

Unterscheiden sich dabei auch die Häufigkeit und die Intensität der Abbruchgedanken? Greift man die Gruppe der strukturiert Promovierenden heraus, welche bereits den Abbruch ihrer Promotion in Erwägung gezogen hat, lassen sich bei der Häufigkeit und Intensität der Abbruchgedanken weitere Unterschiede zwischen den Geschlechtern nachweisen (vgl. Abbildung 2.5): Zunächst wird deutlich, dass Frauen nicht nur einen höheren Mittelwert beim Vorhandensein von Abbruchgedanken aufweisen (Frauen: M = 0.45, SD = 0.50 vs. Männer: M = 0.34, SD = .47), sondern dass die Promovendinnen auch bei der Häufigkeit (Frauen: M = 3.67, SD = 1.69 vs. Männer: M = 3.39, SD = 1.74) und der Intensität (Frauen: M = 3.84, SD = 1.71 vs. Männer: M = 3.68, SD = 1.65) höhere Mittelwerte aufzeigen als die Promovenden.

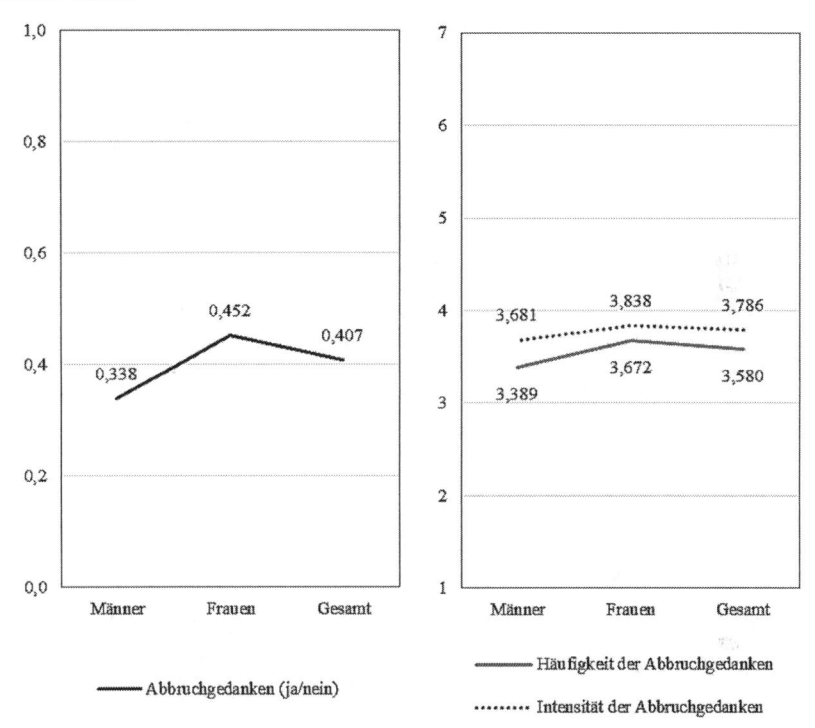

Abbildung 2.5: Mittelwertvergleich zwischen dem Vorhandensein von Abbruchgedanken, der Häufigkeit und Intensität von Abbruchgedanken nach Geschlecht (n = 440)

Dennoch kann festgehalten werden, dass sich nur für das Vorhandensein von Abbruchgedanken ($\chi^2(1, n = 1081) = 13.87$, $p = .00$, $\varphi = .11$), aber nicht für die Häufigkeit ($F(1,438) = 2.67$, $p = .10$, $\eta^2 = .01$) und die Intensität ($F(1,438) = 0.84$,

$p = .36$, $\eta^2 = .00$) ein signifikanter Zusammenhang beim Geschlechtervergleich nachweisen ließ. Frauen haben demnach zwar eine fast zweimal höhere Chance, an den Abbruch ihrer Promotion zu denken, aber wenn sie dies tun, denken sie nicht automatisch häufiger und intensiver über den Abbruch ihrer Promotion nach als Männer. Da geschlechtsspezifische Unterschiede bei dem Vorhandensein von Abbruchgedanken nachgewiesen werden konnten, wird bei den folgenden Analysen der Geschlechtervergleich mitgeführt.

Wer sind nun diese Männer und Frauen, die im Verlauf des Promotionsprozesses an den Abbruch gedacht haben, und unterscheiden sie sich hinsichtlich anderer sozialstruktureller Merkmale von denen, die nicht an den Abbruch ihrer Promotion gedacht haben?

Tabelle 2.1: Vergleich zwischen den Gruppen mit und ohne Abbruchgedanken nach Alter, Familienstand, Vorhandensein und Anzahl der Kinder und ihrer Herkunft (n = 1081)

	Strukturiert Promovierende ohne Abbruchgedanken		Strukturiert Promovierende mit Abbruchgedanken		Gesamt
	Männer	Frauen	Männer	Frauen	
Alter *(M)*	29,7	29,5	30,4	29,9	29,8
SD	3,6	3, 6	4,5	3,6	3,7
Min/Max	21/52	23/47	24/63	24/51	21/63
n	281	357	142	296	1076
Familienstand (%) Single	34,4	23,8	31,7	24,8	27,9
n	95	85	45	73	298
in fester Beziehung	47,5	55,5	56,3	54,4	53,2
n	131	198	80	160	569
verheiratet	18,1	20,7	12,0	20,7	18,9
n	50	74	17	61	202
Kind(er) (%)	9,0	10,9	6,9	8,9	9,3
n	25	39	10	26	100
Anzahl der Kinder *(M)*	1,2	1,3	1,3	1,5	1,3
SD	0,4	0,5	0,7	0,6	0,6
Min/Max	1/2	1/3	1/3	1/3	1/3
n	24	39	9	26	98
Person mit Migrationshintergrund (%)	22,1	25,9	21,7	20,7	22,9
n	62	93	31	61	247

Durchschnittlich sind die Promovierenden aus strukturierten Promotionsprogrammen 29,8 Jahre alt ($SD = 3.721$, $Min = 21$, $Max = 63$; vgl. Tabelle 2.1). In der Differenzierung zwischen Promovierenden mit und ohne Abbruchgedanken zeigen sich keine nennenswerten Altersunterschiede oder Zusammenhänge zwischen dem Alter der Promovierenden aus strukturierten Programmen und dem Vorhandensein oder Nicht-Vorhandensein von Abbruchgedanken ($F(29,1046) = 1.16$,

$p = .26$, $\eta^2 = .03$). Auch bei der Häufigkeit der Abbruchgedanken konnte kein Zusammenhang mit dem Alter der Promovierenden nachgewiesen werden ($r = .08$, $p = .10$). Der Zusammenhang wird jedoch mit zunehmendem Alter der Promovierenden etwas stärker ($r = .10$, $p = .05$).

Beim Familienstand bzw. Partnerschaftsverhältnis der Promovierenden aus strukturierten Promotionsprogrammen kann festgehalten werden, dass über die Hälfte der Promovierenden in festen Beziehungen leben (vgl. Tabelle 2.1). Fast 28 % sind Single und 19 % verheiratet. Auch hier konnte kein Zusammenhang zwischen dem Familienstand und dem Vorhandensein bzw. Nicht-Vorhandensein von Abbruchgedanken nachgewiesen werden ($F(2,1.066) = 0.51$, $p = .60$, $\eta^2 = .001$). Auch bei der Häufigkeit ($F(2,433) = 2.51$, $p = .08$, $\eta^2 = .01$) und Intensität ($F(2,433) = 1.77$, $p = .17$, $\eta^2 = .01$) der Abbruchgedanken ließ sich kein Zusammenhang zum Familienstand der Promovierenden erkennen. Allerdings zeigt sich beim Geschlechtervergleich zwischen den Gruppen (ohne Abbruchgedanken: χ^2 (2, $n = 633$) = 8.62, p = .01, Cramer's $V = 0.12$; mit Abbruchgedanken: χ^2 (2, $n = 436$) = 5.85, $p = .05$, Cramer's $V = .12$) ein Zusammenhang. Das heißt, es spielt keine Rolle für das Vorhandensein oder die Abwesenheit von Abbruchgedanken, ob man ledig, in einer Beziehung oder verheiratet ist, sondern, ob man als Frau oder Mann ledig, in einer Beziehung oder verheiratet ist.

Nimmt man das Vorhandensein von Kindern bzw. deren Anzahl hinzu, ist zunächst wichtig anzumerken, dass gerade einmal neun Prozent der BefragungsteilnehmerInnen ($n = 98$) überhaupt ein Kind haben (vgl. Tabelle 2.1).[20] Das Vorhandensein von (einem) Kind(ern) hat grundsätzlich keinen Einfluss auf das Vorhandensein von Abbruchgedanken ($t(1070) = 0.998, p = .32$). Auch im Geschlechtervergleich ließ sich kein Zusammenhang zwischen Abbruchgedanken und dem Vorhandensein von (einem) Kind(ern) nachweisen (Frauen: χ^2 (1, n = 649) = 0.51, $p = .48$, Cramer's $V = -.04$); Männer: χ^2 (1, $n = 423$) = 0.39, $p = .39$, Cramer's $V = -.03$). Allerdings scheint es einen annähernd signifikanten Zusammenhang mit der Häufigkeit ($F(1,434) = 10.48$, $p = .058$, $\eta^2 = .01$) und einen signifikanten Zusammenhang mit der Intensität ($F(1,434) = 20.61, p = .01$, $\eta^2 = .02$) der Abbruchgedanken von strukturiert Promovierenden und dem Vorhandensein von (einem) Kind(ern) zu geben. Steigt die Anzahl der Kinder, hat dies einen negativen und annähernd signifikanten Zusammenhang mit der Häufigkeit von Abbruchgedanken ($r = -.33$, $p = .05$), aber nicht mit deren Vorhandensein ($r = .08$, $p = .45$) oder der Intensität ($r = -.04$, $p = .84$). Das heißt, mit zunehmender Anzahl an Kindern

---

20 Von den Promovierenden bekamen ca. 59,2 % ihr(e) Kind(er), während sie sich im Promotionsprogramm befanden, bei 33,7 % kam(en) das/die Kind(er) vorher auf die Welt, während bei 6,1 % der Nachwuchs nach dem Abschluss der Promotion auf die Welt kam.

denken die strukturiert Promovierenden weniger häufig an den Abbruch ihrer Promotion.

Ein weiteres Merkmal, bei dem sich Unterschiede zwischen der Gruppe mit und ohne Abbruchgedanken herauskristallisieren könnten, ist die Herkunft der Promovierenden (vgl. Tabelle 2.2). Hier hat sich ergeben, dass insgesamt bei fast einem Viertel der Promovierenden ein Migrationshintergrund vorliegt.[21] Es zeigen sich jedoch keine Zusammenhänge zwischen der Herkunft und dem Vorhandensein (χ^2 (1, n = 1077) = 1.56, p = .21, φ = -.04), der Häufigkeit (χ^2 (6, n = 438) = 1.56, p = .96, η^2 = .02) und Intensität (χ^2 (6, n = 438) = 4.54, p = .60, η^2 = .02) von Abbruchgedanken. Der Bildungsstand der Herkunftsfamilie hängt zwar gering mit dem Vorhandensein oder Nicht-Vorhandensein von Abbruchgedanken zusammen, ist jedoch nicht signifikant (Bildungsabschluss der Mutter: χ^2 (10, n = 1062) = 10.19, p = .42, Cramer's V = .10; Bildungsabschluss des Vaters: χ^2 (10, n = 1051) = 10.34; p = .41, Cramer's V = .10).

Tabelle 2.2: Höchster Bildungsabschluss der Eltern strukturiert Promovierender (in %)

Bildungsabschluss	Strukturiert Promovierende ohne Abbruchgedanken		Strukturiert Promovierende mit Abbruchgedanken		Gesamt	
	Vater (n=622)	Mutter (n=625)	Vater (n=429)	Mutter (n=437)	Vater (n=1051)	Mutter (n=1062)
Habilitation	4,3	0,5	2,3	0,5	3,5	0,5
Promotion	9,5	4,2	10,0	3,9	9,7	4,0
Hochschulabschluss	34,9	34,7	40,6	33,4	37,3	34,2
Fachhochschulabschluss	9,6	7,0	7,2	6,4	8,7	6,8
Berufs-/Fachakademie, Meister-/Technikerschule	9,4	3,1	9,8	5,8	9,6	4,2
Ausbildung an Fachschule o. berufl.-schulische Ausbildung	11,4	22,4	8,4	21,8	10,2	22,1
betriebliche Ausbildung	16,1	19,8	17,7	20,1	16,7	20,0
anderer Ausbildungs-abschluss	1,8	2,6	1,4	2,5	1,6	2,5
kein beruflicher Abschluss	2,9	5,8	2,6	5,7	2,8	5,7

---

21 Der Migrationshintergrund wurde anhand der Staatsangehörigkeit und des Geburtslandes operationalisiert. Es wurden nur Befragungsteilnehmer/innen als Deutsche ohne Migrationshintergrund angesehen, die in Deutschland geboren sind und die die deutsche Staatsangehörigkeit besitzen (vgl. Settelmeyer et al., 2010: 11). Leider kann hier, aufgrund fehlender Angaben, nicht zwischen Bildungsinländern und -ausländern unterschieden werden.

Auch bei der Häufigkeit[22] und der Intensität[23] der Abbruchgedanken von Promovierenden aus strukturierten Promotionsprogrammen scheint deren Herkunft keinerlei Zusammenhang zu haben. Dennoch dominieren die höheren Bildungsabschlüsse, vor allem der Hochschulabschluss, bei den Eltern der Promovierenden. So haben mehr als die Hälfte der Väter und fast 40 % der Mütter der befragten Promovierenden aus strukturierten Programmen einen Hochschulabschluss oder einen höheren Bildungsabschluss (vgl. Tabelle 2.2).

Beim Beschäftigungsverhältnis bzw. bei der Finanzierung der Promotion[24] – – wurde unterschieden zwischen Stellen innerhalb und außerhalb der Promotionsprogramme und zwischen externen und internen Stipendien (vgl. Tabelle 2.3). So sind jeweils über die Hälfte der Promovierenden aus strukturierten Programmen über Stipendien im Rahmen der Programme finanziert (Männer: 56 % und Frauen: 53 %). Zwischen 25 bis 32 % der strukturiert Promovierenden befinden sich in einem (befristeten) Beschäftigungsverhältnis (innerhalb oder außerhalb) ihres Promotionsprogramms. Zum Vergleich ist die Gruppe ohne jegliche Finanzierung für ihre Promotion recht gering, aber dennoch vertreten (Männer: 3,3 % und Frauen: 3,5 %). Zwischen dem Geschlecht der Promovierenden und den unterschiedlichen Beschäftigungsverhältnissen lässt sich kein Zusammenhang erkennen. Dass Männer also eher durch Stipendien gefördert würden als Frauen, kann anhand dieses Samples nicht nachgewiesen werden (χ^2 (5, n = 1080) = 3.60, p = .61, *Cramer's V* = .06).

Für das Vorhandensein von Abbruchgedanken kann kein Zusammenhang zur Art des Beschäftigungsverhältnisses bzw. der Finanzierung der Promovierenden strukturierter Promotionsprogramme belegt werden (Vorhandensein von Abbruchgedanken: χ^2 (5, n = 1080) = 4.64, p = .46, *Cramer's V* = .07). Bei der Häufigkeit und Intensität der Abbruchgedanken besteht zwar ein geringer Zusammenhang, dieser ist allerdings in beiden Fällen nicht signifikant (Häufigkeit: χ^2 (30, n = 439) = 29.0, p = .52, *Cramer's V* = .12; Intensität: χ^2 (30, n = 439) = 23.43, p = .80, *Cramer's V* = .10). Unterscheidet man hier ebenfalls die Gruppen der strukturiert Promovierenden mit und ohne Abbruchgedanken und deren Beschäftigungsverhältnisse bzw. Finanzierung in Abhängigkeit vom Geschlecht, zeigten sich geringe Zusammenhänge, die jedoch ebenfalls nicht signifikant sind (ohne

---

22 Bildungsabschluss der Mutter: χ^2 (60, n = 437) = 57.40, p = .57, *Cramer's V* = .15; Bildungsabschluss des Vaters: χ^2 (60, n = 429) = 65.98; p = .28, *Cramer's V* = .16.
23 Bildungsabschluss der Mutter: χ^2 (60, n = 437) = 54.10, p = .69, *Cramer's V* = .14; Bildungsabschluss des Vaters: χ^2 (60, n = 429) = 51.12; p = .79, *Cramer's V* = .14.
24 Ein bestimmtes Promotionsmodell hängt mit einer bestimmten Art der Finanzierung zusammen, so gibt es in der strukturierten Promotion eher die Finanzierung über Stipendien (Korff et al., 2011).

Abbruchgedanken: χ^2 (5, n = 641) = 6.61, p = .25, *Cramer's V* = .10; mit Abbruchgedanken: χ^2 (5, n = 439) = 4.95, p = .42, *Cramer's V* = .11) Das heißt, es kann kein bestimmtes Beschäftigungsverhältnis bzw. keine bestimmte Finanzierung der strukturierten Promotion in Verbindung mit Abbruchgedanken der Promovierenden gebracht werden.

Tabelle 2.3: Vergleich zwischen den Gruppen mit und ohne Abbruchgedanken nach ihrem Beschäftigungsverhältnis bzw. ihrer Finanzierung (in %)

	Strukturiert Promovierende ohne Abbruchgedanken		Strukturiert Promovierende mit Abbruchgedanken		Gesamt	
	Männer (n=282)	Frauen (n=359)	Männer (n=143)	Frauen (n=296)	Männer (n=425)	Frauen (n=655)
Befr. Stelle im Programm	11,0	16,7	10,5	11,8	10,8	14,5
Befr. Stelle außerhalb des Prog.	17,0	14,2	14,7	19,9	16,2	16,8
Stipendium im Rahmen des Prog.	53,5	53,8	60,8	51,4	56,0	52,7
Extern gefördertes Stipendium	11,0	7,5	6,3	9,5	9,4	8,4
Keine Finanzierung	3,9	3,9	2,1	3,0	3,3	3,5
Sonstiges	3,5	3,9	5,6	4,4	4,2	4,1

Liegt es nicht an der Art der Finanzierung, dann vielleicht am Fachbereich? Denken strukturiert Promovierende aus bestimmten Fachbereichen eher an den Abbruch ihrer Promotion als Promovierende aus anderen Bereichen?

Tabelle 2.4: Abbruchgedanken in unterschiedlichen Fachbereichen (in %)

	Sprach- und Kulturwisseschaft	Rechts-, Wirtschafts- und Sozialwisseschaft	Mathematik und Naturwisseschaft	Sonstige Fachbereiche	Gesamt
	n=(221)	n=(225)	n=(491)	n=(143)	n=(1080)
Strukturiert Promovierende ohne Abbruchgedanken	57,0	56,9	61,3	59,4	59,3
Strukturiert Promovierende mit Abbruchgedanken	43,0	43,1	38,7	40,6	40,7

Die Verteilung auf die Fachbereiche zeigt, dass sich kaum Unterschiede hinsichtlich der beobachteten Häufigkeiten zwischen den Gruppen mit und ohne Abbruchgedanken ergeben (vgl. Tabelle 2.4). So gibt es in den Sprach- und Kulturwissenschaften und in den Rechts-, Wirtschafts- und Sozialwissenschaften 43 % von Promovierenden, die den Abbruch ihrer Promotion bereits in Erwägung gezogen haben. Mathematik und Naturwissenschaften liegen mit 38,7 % von Promovierenden mit Abbruchgedanken knapp darunter. Es ließ sich kein Zusammenhang zwischen dem Vorhandensein oder Nicht-Vorhandensein von Abbruchgedanken und den unterschiedlichen Fachbereichen nachweisen (χ^2 (3, n = 1080) = 1.84, p = .61, *Cramer's V* = .04). Denken Promovierende in den verschiedenen Fachbereichen, wenn sie denn bisher an den Abbruch gedacht haben, vielleicht häufiger oder intensiver über den Abbruch nach? Hier sind zwar Zusammenhänge vorhanden, jedoch sowohl bei der Häufigkeit als auch bei der Intensität der Abbruchgedanken sind sie nicht signifikant (Häufigkeit: χ^2 (18, n = 440) = 15.50, *p* = .63, *Cramer's V* = .11; Intensität: χ^2 (18, n = 440) = 17.11, *p* = .52, *Cramer's V* = .11).

2.2.1 Fazit: Soziodemografie der Abbruchgedanken

Es kann also festgehalten werden, dass sich auch in dieser Analyse der Zusammenhang zwischen Abbruchgedanken und dem Geschlecht der Promovierenden reproduzieren ließ. So wurde festgestellt, dass die Chance promovierender Frauen in strukturierten Programmen, an den Abbruch ihrer Promotion zu denken, fast zweimal höher ist als bei promovierenden Männern in strukturierten Programmen. Darüber hinaus konnte belegt werden, dass sich das Alter genauso wie das Vorhandensein von (einem) Kind(ern) ausschließlich auf die Intensität der Abbruchgedanken von Promovierenden aus strukturierten Promotionsprogrammen auswirkt.

Es zeigt sich also nicht nur ein recht homogenes Bild der strukturiert Promovierenden insgesamt (Herz und Korff, 2013, S. 82), sondern auch bei einer Fragestellung, die eine Differenz ins Forschungsfeld hineingibt, kristallisieren sich nur wenige soziodemografische Merkmale heraus, die gravierende Gruppenunterschiede deutlich machen oder sich „förderlich" auf Abbruchgedanken von Promovierenden in strukturierten Promotionsprogrammen auswirken. Dennoch gibt es eine Differenz – denn während 59 % der Promovierenden aus strukturierten Programmen den Abbruch ihrer Promotion nicht in Erwägung ziehen, haben 41 % schon einmal über den Abbruch ihrer Promotion nachgedacht (vgl. Abbildung II.2). Die Differenz ist jedoch weniger in der Soziodemografie der strukturiert Promovierenden begründet, also weniger in den der Promotion vorgelagerten Faktoren. Daher liegt das Augenmerk der anschließenden Analyse auf dem, was Lovitts als „[…] *it is what happens to them after they arrive.*" (Lovitts, 2001, S. 2) beschrieben hat. Was finden die Promovierenden vor, wenn sie in ein strukturiertes Promotionsprogramm eintreten? Keine Untersuchung hat sich bisher so im Detail mit der „Struktur" der strukturierten Promotionsförderung beschäftigt, wie das

Chance-Projekt (Korff und Roman, 2013). Dennoch liegt der Fokus der Analyse dieser Arbeit und dem Kapitel „Mehr Struktur, weniger Abbruch" nicht auf der Rekonstruktion der Struktur durch eine Diskursanalyse oder eine Analyse der Außendarstellung, sondern auf den Komponenten der (Neu-)Organisation der Promotion – des Bauplans – (vgl. Kapitel 1.2), an denen „herumgebastelt" (Preisendörfer, 2008, S. 66) wurde und innerhalb derer die Promovierenden interagieren müssen und die deren Verhalten beeinflussen. Welche Typen von strukturierten Promotionsprogrammen lassen sich also (nach den Aussagen der Promovierenden) abbilden?

2.3 Mehr Struktur, weniger Abbruch? – Typen von strukturierten Promotionsprogrammen

Von einer Homogenität wie unter den Promovierenden strukturierter Promotionsprogramme (vgl. Kapitel 2.2) kann bei den strukturierten Programmen selbst nicht die Rede sein. So stellte Bosbach (2009) bereits anhand der unterschiedlichen Bezeichnungen eine hohe Ausdifferenzierung fest. Berning und Falk (2006) nehmen eine ebensolche Ausdifferenzierung in ihrer Untersuchung auf und trennen bei der Analyse Graduiertenkollegs, Graduate Schools und Promotionsstudiengänge von der traditionellen Promotion. Damit verbinden sie unterschiedliche Programmbezeichnungen mit einer unterschiedlichen Strukturierung. Hauss et al. (2011) unterscheiden als Promotionstypen in erster Linie die strukturierte Form von der Individualpromotion. Insgesamt ist das Vorgehen, die traditionelle und strukturierte Promotion als zwei Endpunkte oder Extreme eines Kontinuums zu sehen und vergleichend zu analysieren, ein naheliegendes Vorgehen. Konträr dazu ließ sich allerdings nachweisen, dass „[…] Individualpromotionen weniger einen eigenen Strukturtypus bilden, sondern über das Typentableau streuen und sich in allen Typen wiederfinden lassen. Demnach können alle Promotionsformen anhand deren Strukturierung als Kontinuum verstanden werden, […]. ‚Strukturierte Promotion' bedeutet diesen Beschreibungen zufolge nicht immer zwingend Struktur. Oder anders ausgedrückt: auch sogenannte ‚Individualpromotionen' können ein hohes Maß an Struktur aufweisen" (Korff und Roman, 2013, S. 96). Der Fokus dieser Analyse liegt, wie bereits beschrieben, auf der strukturierten Promotion und den Abbruchgedanken von Promovierenden aus strukturierten Promotionsprogrammen. Hier hat die deskriptive Analyse zuvor gezeigt (vgl. Kapitel 2.1.2), dass kein signifikanter Unterschied zwischen den beiden Promotionsmodellen bezüglich der Abbruchgedanken besteht. Dennoch soll zur Untermauerung der Ergebnisse in diesem Kapitel abschließend ein kurzer Vergleich diskutiert werden.

In dieser Arbeit soll es – ähnlich wie bei Herz et al. (2012) – um eine Binnendifferenzierung der strukturierten Promotion gehen, jedoch unter Berücksichtigung anderer Merkmale als den verpflichtenden Tätigkeiten (Arbeit) und der Regulierung von Anwesenheitszeiten (Zeit). Denn es hat sich gezeigt, dass „es die fordernden Programme mit einer hohen Anzahl an verpflichtenden Tätigkeiten [sind], in welchen einerseits die Gerechtigkeit zwischen den Geschlechtern am stärksten zum Ausdruck kommt. In diesen Programmen bestehen andererseits aber auch die höchsten durchschnittlichen Arbeitsstunden, die höchste wahrgenommene Arbeitsbelastung, sowie auch der höchste Anteil an Promovierenden mit Abbruchgedanken" (Herz et al., 2012, S. 58). Hieße das, dass gerade die „fordernden" Programmtypen von ihren Promovierenden so viel abverlangen, dass diese sogar eher über den Abbruch ihrer Promotion nachdenken? Aber sind es auch die „fordernden" Programmtypen, die sich durch ein *Mehr* an Struktur auszeichnen? Das Verständnis von *Struktur* strukturierter Promotionsprogramme geht in dieser Arbeit über die Merkmale Arbeit (verpflichtende Tätigkeiten) und Zeit (Genehmigung von Abwesenheitszeiten) hinaus. Es bezieht sich auf andere Komponenten der (Neu-)Organisation der Promotion bei der Typenbildung von strukturierten Promotionsprogrammen (s. u.). Gerade die defizitäre Diskussion bzw. Kritik an der traditionellen Doktorandenausbildung im Vergleich zur strukturierten Promotion unterstützt das Bild der strukturierten Promotionsförderung als Allheilmittel. Mit der stärkeren Formalisierung der Promotionsphase, durch z. B. kompetitive Auswahlverfahren, Teambetreuungen und der Einführung einer verpflichtenden Kursphase, geht nicht nur die Hoffnung einher, die Anzahl der Promotionen zu steigern, überlange Promotionszeiten zu verkürzen, die Vernetzungen und Sichtbarkeit junger WissenschafterInnen zu stärken, sondern auch die Abbruchquote zu senken (vgl. Mau und Gottschall, 2008). Ist ein *Mehr* an Struktur also gleichbedeutend mit einem *Weniger* an Abbruchgedanken? Mit der Analyse gilt es daher die folgenden Hypothesen zu überprüfen:

- Je strukturierter das Promotionsprogramm, desto unwahrscheinlicher ist das Vorhandensein von Abbruchgedanken bei den DoktorandInnen (H1).
- Je strukturierter das Promotionsprogramm, desto seltener denken die DoktorandInnen an den Abbruch ihrer Promotion (H2).
- Je strukturierter das Promotionsprogramm, desto weniger intensiv (ernsthaft) denken die DoktorandInnen an den Abbruch ihrer Promotion (H3).

Wie kann aber die *Struktur* von strukturierten Promotionsprogrammen operationalisiert werden, um ggf. Unterschiede zwischen verschiedenen Programmen aufzeigen zu können?

2.3.1 Analyseverfahren und -sample

Ein clusteranalytisches Verfahren ist im Feld des hier untersuchten Forschungsgegenstandes – der strukturierten Promotion –, zu dem bislang kaum (empirische) Erkenntnisse über inhaltliche, strukturelle sowie terminologische Abgrenzungen vorliegen, als exploratives und strukturentdeckendes Verfahren angebracht. Mit dieser Methode wird das Ziel verfolgt, nach den Aussagen der DoktorandInnen über ihre Promotionsprogramme solche Programme zu Gruppen bzw. Clustern zusammenzufassen, die im Hinblick auf die betrachteten Merkmale (s. u.) möglichst homogen und gleichzeitig untereinander die größtmögliche Heterogenität aufweisen, um dadurch eine Typologie von Promotionsprogrammen auf empirisch gesicherter Grundlage zu erhalten (Wiedenbeck und Züll, 2001; Backhaus et al., 2008).

Da keine allgemeingültige Definition strukturierter Promotionsprogramme existiert, nach der die Merkmale zur Typbildung ermittelt werden konnten, wurden Eigenschaften ausgewählt, die aus der Literatur bzw. dem Diskurs um die strukturierte Promotionsförderung als konstituierende Elemente verstanden werden können – Merkmale des „Bauplans", an denen im Falle der (Neu-)Organisation der Promotion „herumgebastelt" wurde (Preisendörfer, S. 66). Am häufigsten wurden die kompetitiven Auswahlverfahren, die intensive fachliche Betreuung, die nationalen wie internationalen Kooperationen und der formalisierte und klar strukturierte Promotionsablauf in Form eines Curriculums genannt (Stock et al., 2009, S. 29 f.; Berning und Falk, 2006, S. 15).

So wurden die Klassifikationsmerkmale aus dem Datensatz danach ausgewählt, dass sie die Promotionsprogramme im Hinblick auf das angestrebte Untersuchungsziel hinreichend beschreiben. In der Online-Befragung wurden die strukturiert Promovierenden und Promovierten gebeten anzugeben, welche der genannten Bewerbungs- bzw. Auswahlverfahren sie durchlaufen mussten, um Zugang zu ihrem Promotionsprogramm zu erhalten (Mehrfachantworten-Set). Die Dummy-Variablen „Schriftliche Bewerbung", „Vorstellungsgespräch", „Aufnahmeprüfung", „Assessmentcenter" und „Sonstige Aufnahmeverfahren" nehmen den Wert (1) an, wenn das jeweilige Zugangsverfahren zutrifft, und den Wert (0), falls nicht. Bei der Orientierung an der Definition des Diskurses um die strukturierte Promotion ergibt sich die These, dass je strukturierter ein Promotionsprogramm ist, desto eher werden kompetitive Auswahlverfahren angewendet (Berning und Falk, 2006; Stock et al., 2009). Die Dummy-Variable „Ich musste kein Auswahlverfahren durchlaufen" korrespondiert mit den anderen Variablen der Auswahlverfahren und wurde daher als Referenzkategorie von der Analyse ausgeschlossen[25]. Als ein weiteres Klassifizierungsmerkmal wurde die „Anzahl der Betreuungspersonen" in die Analyse eingebunden, um eine sich ggf. abbildende Betreuungsstruktur nach Einzelbetreuung, Doppelbetreuung und Teambetreuung zu rekonstruieren. Hier liegt die These zugrunde, dass strukturierte Programme sich durch eine intensive fachliche Betreuung (Teambetreuung) auszeichnen. Das heißt, je strukturierter ein Promotionsprogramm ist, desto mehr Betreuungspersonen betreuen die Forschungsvorhaben der Promovierenden (Stock et al., 2009, Hauss et al., 2010). Ebenfalls als metrische Variable wurde die „Anzahl der promotionsbegleitenden Angebote" in die Typenbildung mit aufgenommen, da sich Unterschiede hinsichtlich einer „Verschulung" der Promotionsphase ergeben könnten. Je umfassender das Lehrangebot, desto strukturierter demnach das Promotionsprogramm (Scheiterer, 2008; Hauss und Kaulisch, 2012). Zudem wurde die Dummy-Variable „Kooperation mit anderen WissenschaftlerInnen außerhalb des Programms" in die Analyse aufgenommen, wobei diese Variable den Wert (1) annimmt, wenn die befragten Promovierenden angegeben haben, dass diese verpflichtend ist, und den Wert (0), wenn sie nicht verpflichtend und somit freiwillig eingegangen wird. Dahinter steckt die Vermutung, dass in strukturierten Programmen vermehrt Wert auf die Unterstützung des wissenschaftlichen Austauschs durch nationale und internationale Kooperationen gelegt wird. Je strukturierter das Programm, desto mehr Wert wird auf Kooperationen gelegt (Stock et al., 2009). Abschließend wurde die Variable „Beschäftigungsverhältnis zum Programm" in die Typenbildung aufgenommen, da die Vermutung nahe liegt, dass das Promovieren in einem Beschäftigungsverhältnis einen „anderen" Zugang zu einer wissenschaftlichen Infrastruktur ermöglicht als das Promovieren mit Stipendium. Die Art der Finanzierung oder das Fehlen einer finanziellen (und sozialen) Absicherung könnte sich als strukturierendes Element für eine bestimmte Form von Promotionsmodell herauskristallisieren (Korff et al., 2011; Moes, 2010, S. 48). Die nominale Variable mit mehreren Ausprägungen wurde für die Analyse in fünf Dummy-Variablen eingeteilt. So nehmen die Variablen den Wert (1) an, wenn die „Finanzierung der Promotion über eine Stelle im Programm", die „Finanzierung der Promotion durch eine Stelle außerhalb des Programms", die „Finanzierung der Promotion über ein Stipendium im Programm", die „Finanzierung der Promotion durch ein externes Stipendium" und die „Finanzierung der Promotion über eine sonstige Finanzierung" zutrifft, und den Wert (0), wenn keine der Finanzierungsarten zutrifft. Da die Angabe

---

25 Zudem zeigt sich in der Typenbildung kein Cluster, das in allen Dummy-Variablen der Auswahlverfahren als Ausprägung eine „0" aufweist und damit den Schluss nahelegt, dass es ein Cluster gibt, in dem die Promovierenden und Promovierten keines der genannten Auswahlverfahren durchlaufen mussten.

„Keine Finanzierung für die Promotion" mit den anderen Ausprägungen der Variablen korrespondiert, wurde sie als Referenzkategorie von der Analyse ausgeschlossen. Auf Grund der Verwendung von gemischt skalierten Klassifikationsmerkmalen in der Clusteranalyse wurden die metrischen Variablen bei der hierarchischen Clusteranalyse z-standardisiert.

2.3.2 Drei Typen strukturierter Promotionsprogramme – Ergebnisse der Clusteranalyse

Grundlage der Clusteranalyse bildet das bereinigte Rücklaufsample mit $n = 1081$ Fällen der Online-Befragung. Bei einem Test auf Ausreißer nach dem Single-Linkage-Verfahren (*Nächstgelegener Nachbar*) wurden 7 Fälle identifiziert, die zu Verzerrungen der Ergebnisse hätten führen können, und daher von der Analyse ausgeschlossen wurden. Für den Ausschluss der MedizinerInnen ($n = 34$) sprachen hingegen inhaltliche Gründe wie die spezifische Art, Dauer, Rahmenbedingungen und berufliche Notwendigkeit der Promotion in diesem Fachbereich ((DUZ)-SPECIAL, 2004, S. 124; Berning und Falk, 2006, S. 22; Burkhardt, 2008, S. 131 ff.). Das Ausgangssample liegt damit bei $n = 1040$ Fällen und in die abschließende Analyse gingen davon 679 Fälle ein – bei denen alle Angaben zu den beschriebenen Variablen vorhanden waren. Die Promotionsprogramme wurden mittels einer Clusteranalyse nach dem Ward-Verfahren mit anschließender K-means-Optimierung zu Gruppen zusammengefasst und es kristallisierte sich eine Drei-Cluster-Lösung heraus (vgl. Tabelle 2.5)[26]. Der Interpretation dieser Cluster liegt die Tabelle 2.5 zugrunde, in welcher die Clustermerkmale im Vergleich zwischen den Clustern als Zeilenprozente abgebildet sind. Diese Tabelle zeigt sowohl den jeweiligen Anteil (%), die Anzahl (n) und im Falle der Anzahl der Betreuungspersonen und der angebotenen Veranstaltungen die Mittelwerte (M). Die sich daraus ergebenden unterschiedlichen Typen von strukturierten Promotionsprogrammen werden zunächst anhand der Klassifikationsmerkmale beschrieben, um im Folgenden ihre Zusammensetzung bezüglich anderer Merkmale wie zum Beispiel der Bezeichnung der Programme, den Fachbereichen, der Zusammensetzung des Lehrplans und ihrer Zusammensetzung hinsichtlich der soziodemografischen

---

26 Die Clusterlösung wurde mit dem quadrierten euklidischen Distanzmaß für intervallskalierte Variablen durchgeführt.

Merkmale der Promovierenden und Promovierten der jeweiligen Typen zu betrachten. Folgende Typen von strukturierten Promotionsprogrammen haben sich herauskristallisiert:

Tabelle 2.5: Clustermerkmale im Vergleich zwischen den Typen (Zeilenprozente)

Items	Cluster I (n=195) %	Cluster I (n=195) n	Cluster II (n=191) %	Cluster II (n=191) n	Cluster III (n=293) %	Cluster III (n=293) n
Zugangsverfahren						
Schriftliche Bewerbung	27,8	168	27,3	165	44,9	271
Vorstellungsgespräch	27,8	136	25,4	124	46,8	229
Aufnahmeprüfung	10,2	6	20,3	12	69,5	41
Assessment-Center	26,7	4	40,0	6	33,3	5
Sonstiges	26,3	10	26,3	10	47,4	18
Anzahl der Betreuungspersonen						
(M)	2		1		3	
Kooperation(en) mit anderen WissenschaftlerInnen außerhalb des Programms						
	20,8	30	29,9	43	49,3	71
Anzahl der angebotenen Veranstaltungen						
(M)	3		6		7	
„Beschäftigungsverhältnis" während der Promotion im Programm						
Stelle im Programm	33,0	32	29,9	29	37,1	36
Stelle außerhalb des Programms	22,8	28	34,1	42	43,1	53
Stipendium im Programm	31,2	112	24,2	87	44,6	160
Externes Stipendium	25,0	15	30,0	18	45,0	27
Sonstiges	20,8	5	37,5	9	41,7	10

Anmerkung: Ergebnisse aus der Clusteranalyse (Ward-Verfahren mit anschließender K-means-Optimierung)

Tabelle 2.6: Angebotene Veranstaltungen innerhalb der Typen (Mehrfachnennungen waren möglich)

	Cluster I (n=195) %	Cluster I (n=195) n	Cluster II (n=191) %	Cluster II (n=191) n	Cluster III (n=293) %	Cluster III (n=293) n
Doktorandenkolloquium	82,5	156	96,9	185	97,3	284
Spezielle Vorlesungen/Seminare	80,5	153	94,7	180	99,0	289
Methodenseminar/-Workshops	61,9	117	94,7	178	96,0	281
Veranstaltungen zum wiss. Arbeiten	63,1	118	99,5	188	99,7	292
Angebote zum Forschungsmanagement	16,1	29	78,4	145	88,1	252
Interdisziplinäre Forschungskolloquien	44,7	80	89,1	163	91,6	263
Praxis- und berufsbez. Veranstaltungen	12,2	22	76,2	141	85,0	244
Sonstige Veranstaltungen	1,0	2	3,7	7	5,5	16

Der Line-Plot, in dem alle Clustermerkmale abgebildet sind, macht zunächst einen visuellen Vergleich zwischen den drei Typen von strukturierten Promotionsprogrammen möglich:

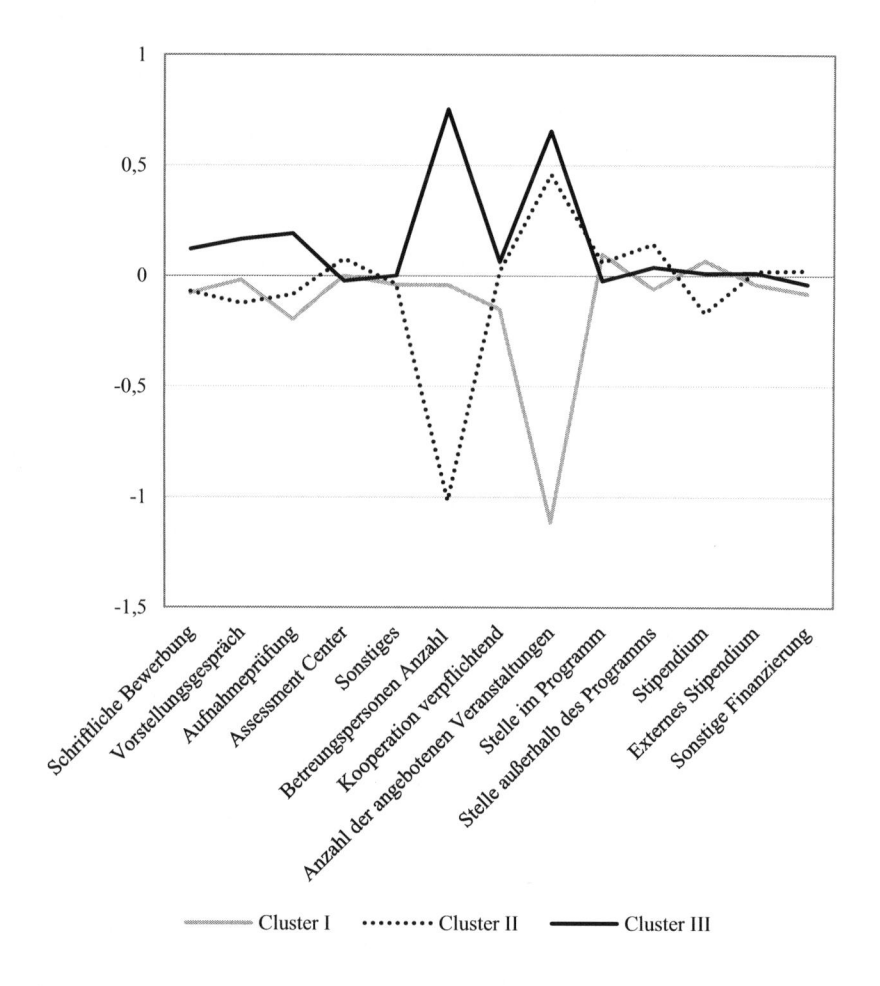

Abbildung 2.6: Line-Plot der Clustermerkmale

Die Abbildung 2.6 zeigt, dass sich der dritte Typus (Cluster III) von den strukturierten Promotionsprogrammen über dem Mittel der anderen Typen (Cluster I und II) befindet. In diesem Typus sind überdurchschnittlich viel Aufnahmeprüfungen,

Betreuungspersonen, verpflichtende Kooperationen, angebotene Veranstaltungen und StipendiatInnen im Vergleich zum gesamten Befragungssample (zur Gesamtpopulation) zu finden. Im Vergleich dazu liegt der erste Typus (Cluster I) in den meisten Punkten unterhalb des Mittels, während sich der zweite Typus von Programmen aus Cluster II in einigen Merkmalen über und in anderen Merkmalen unterhalb des Mittels befindet. Was dies im Detail für die drei Typen strukturierter Promotionsprogramme bedeutet, verdeutlicht die folgende Typenbeschreibung:

Typus I: *Offene Programme (für „Interne")*

Stichworte: Doppelbetreuung, Finanzierung über „interne" Stellen oder Stipendien, Zugang erfolgt über transparente Verfahren, der Anteil verpflichtender Kooperationen und das promotionsbegleitende Angebot eher gering.

Dieser Programm-Typus zeichnet sich durch das klassische Doppelbetreuungsmodell aus. Die Anzahl der Betreuungspersonen liegt hier durchschnittlich bei zwei Personen ($M = 1.76$) Ebenfalls charakteristisch für diesen Promotionsprogramm-Typus ist die Finanzierung der Promotion durch ein Stipendium sowie Stellen innerhalb der Programme. Der Zugang zu diesem Typus wird zumeist über transparente Auswahlverfahren ermöglicht, die aus schriftlichen Bewerbungen mit Vorstellungsgesprächen bestehen. Der Anteil der verpflichtenden Kooperationen mit anderen Wissenschaftlern außerhalb des Promotionsprogramms ist in diesem Typus eher gering. Nur 21 % der Promovierenden dieses Clusters gaben an, zu Kooperationen verpflichtet zu sein. Das promotionsbegleitende Angebot, welches die Promovierenden dieses Typus nutzen können, beschränkt sich auf drei bis vier ($M = 3.47$) Lehrveranstaltungen (vgl. Cluster I in Tabelle 2.5). Es setzt sich zusammen aus DoktorandInnenkolloquien, speziellen Vorlesungen und Seminaren für DoktorandInnen, Methodenseminaren oder Workshops sowie Veranstaltungen zum wissenschaftlichen Arbeiten (vgl. Cluster I in Tabelle II.6).

Typus II: *Lehrplanorientierte Programme (für „Externe")*

Stichworte: Einzelbetreuung, 6 angebotene Veranstaltungen, Zugang erfolgt über transparente, ergänzt durch kompetitive Auswahlverfahren, Finanzierung über „externe" Stellen oder Stipendien, und die Kooperationsverpflichtungen kommen in den Blick.

Die Promovierenden in diesem Typus werden von durchschnittlich einer Person betreut ($M = 0.70$), somit steht dieser Typus für die Einzelbetreuung. Die Anzahl der promotionsbegleitenden Angebote ist mit sechs Veranstaltungen recht breit gefächert ($M = 6.22$). So können die Promovierenden Veranstaltungen wahrnehmen wie Doktoranden- oder interdisziplinären Kolloquien, speziellen Vorlesungen und Seminaren für Doktoranden, Methodenseminaren oder -Workshops, Veranstaltungen zum wissenschaftlichen Arbeiten und zum Forschungsmanagement (vgl. Cluster II in Tabelle II.6). Eine Promotion innerhalb eines solchen Typus sieht – so auch schon im ersten Typus – transparente Auswahlverfahren vor, wie eine schriftliche Bewerbung mit anschließendem Vorstellungsgespräch, teilweise ergänzt durch Aufnahmeprüfungen oder Assessment-Center. Bezüglich der Finanzierung der Promotion steht dieser Promotionsprogramm-Typus für Promovierende, die eher durch externe Stellen und Stipendien gefördert werden. 34 % der Promovierenden in diesem Typus promovieren auf einer Stelle außerhalb des Promotionsprogramms und 30 % der Promovierenden beziehen ein externes Stipendium (vgl. Cluster II in Tabelle 2.5). Der Anteil der verpflichtenden Kooperation ist daher in diesem Promotionsprogramm-Typus mit 30 % der Fälle höher ausgeprägt als im ersten Cluster (vgl. Cluster II in Tabelle 2.5).

Typus III: *Leistungsbezogene (Gemeinschafts-)Programme*

Stichworte: Teambetreuung, mit 7 angebotenen Veranstaltungen hohes Pensum, kompetitive und transparente Auswahlverfahren, Kooperationsverpflichtung sehr hoch, Schwerpunkt der Finanzierung liegt auf Stipendien.

In diesem Typus bildet sich das Teambetreuungsmodell ab. Die Promovierenden werden hier von durchschnittlich drei Personen betreut ($M = 2.64$). Die Anzahl der promotionsbegleitenden Angebote ist mit sieben Veranstaltungen am breitesten gefächert ($M = 6.56$). So können die Promovierenden Veranstaltungen wahrnehmen wie DoktorandInnen- oder interdisziplinäre Kolloquien, spezielle Vorlesungen und Seminare für DoktorandInnen, Methodenseminare oder -Workshops, Veranstaltungen zum wissenschaftlichen Arbeiten, zum Forschungsmanagement oder Praxis- und berufsbezogene Veranstaltungen (vgl. Cluster III in Tabelle 2.5 und Tabelle II.6). Eine Promotion nach diesem Modell-Typus sieht nicht nur transparente Verfahren wie eine schriftliche Bewerbung mit anschließendem Vorstellungsgespräch vor, sondern auch eine kompetitive Auswahl über Aufnahmeprüfungen oder sogar Assessment-Center. Der Anteil der verpflichtenden Kooperation ist in diesem Promotionsprogramm-Typus sehr hoch (vgl. Cluster III in Tabelle 2.5). Bezüglich der Finanzierung der Promotion steht dieser Promotionsprogramm-Typus für Promovierende, die zumeist über Stipendien im Rahmen der Programme finanziert werden. 45 % der Promovierenden in diesem Typus verfügen über ein Stipendium innerhalb des Programms und 45 % über ein externes Stipendium (vgl. Cluster III in Tabelle 5).

2.3.3 Weitere Merkmale des „Bauplans" und der Mitglieder der drei Typen

Auf der Grundlage dieser Typen von strukturierten Promotionsprogrammen lassen sich nun Differenzierungen zwischen weiteren Eigenschaften und Gegebenheiten von strukturierten Promotionsprogrammen untersuchen sowie die Situation der Promovierenden innerhalb der unterschiedlichen Typen beschreiben. Betrachtet wird zunächst die Aufteilung der unterschiedlichen Fachbereiche und Bezeichnungen innerhalb der drei Typen von Strukturierung:

2.3.3.1 Institutionelle Merkmale der drei Typen

Lässt man zunächst die Mathematik und Naturwissenschaften außen vor, sind die „offenen Programme (für Interne)" – Cluster I – sowohl in den Sprach- und Kulturwissenschaften als auch in den Rechts-, Wirtschafts- und Sozialwissenschaften vertreten. „Lehrplanorientierte Programme (für Externe)" – Cluster II – finden sich eher in den Rechts-, Wirtschafts- und Sozialwissenschaften. Die „Leistungsbezogenen (Gemeinschafts-)Programme" – Cluster III – sind hingegen am häufigsten in der Mathematik und Naturwissenschaft angesiedelt. Zwischen den Typen und den Fachbereichen besteht ein geringer Zusammenhang, der signifikant ist ($\chi^2(6, n = 678) = 15.17, p = .02$, *Cramer's-V* $= .11$; vgl. Tabelle 2.7).

Tabelle 2.7: Fachbereichsverteilung innerhalb der Typen strukturierter Promotionsprogramme (Spaltenprozente)

	Cluster I (n=195)		Cluster II (n=191)		Cluster III (n=293)	
	%	n	%	n	%	n
Sprach- und Kulturwissenschaft	24,2	47	18,9	36	19,5	57
Rechts-, Wirtschafts- u. Sozialwissenschaften	20,1	39	25,1	48	13,3	39
Mathematik und Naturwissenschaft	46,4	90	46,6	89	53,6	157
Sonstige Fachbereiche	9,3	18	9,4	18	13,7	40

Betrachtet man die Strukturierungstypen weiterhin hinsichtlich ihrer prozentualen Aufteilung auf unterschiedliche Programmbezeichnungen (vgl. Tabelle 2.8), so zeigt sich ein mittelstarker und signifikanter Zusammenhang ($\chi^2(16, n = 679) = 56.21, p = .00$, *Cramer's-V* $= .20$).

Tabelle 2.8 verdeutlicht, dass Graduiertenkollegs eher dem Typus I „offene Programme (für Interne)" zuzuordnen sind. Promotionsstudiengänge sind prozentual eher in Typus II „lehrplanorientierte Programme (für Externe)" vertreten, während Graduate Schools bzw. Graduiertenschulen eher dem Typus III „leistungsbezogene (Gemeinschafts-)Programme" zuzurechnen sind.

Tabelle 2.8: Verteilung der Programmbezeichnungen innerhalb der Typen (Spaltenprozente)

	Cluster I (n=195)		Cluster II (n=191)		Cluster III (n=293)	
	%	n	%	n	%	n
Graduiertenkolleg	35,4	69	22,0	42	25,3	74
Graduiertenschule/Graduate School	19,5	38	27,7	53	38,6	113
Promotionskolleg	6,2	12	7,9	15	3,4	10
Ph.D.-Programm	10,3	20	8,9	17	16,0	47
Research School	10,3	20	7,3	14	4,4	13
Promotionsprogramm	4,6	9	7,9	15	3,4	10
Doktorandenkolleg	1,5	3	2,1	4	2,0	6
Promotionsstudiengang	9,2	18	12,6	24	3,4	10
Sonstiges	3,1	6	3,7	7	3,4	10

2.3.3.2 Soziodemografie der Promovierenden im Vergleich zwischen den drei Typen

Auf der Grundlage der Typen von strukturierten Promotionsprogrammen lassen sich auch Differenzierungen bei den Merkmalen der Mitglieder – der Promovierenden – untersuchen. Bei der Analyse der vorgestellten Promotionsprogramm-Typen auf signifikante Unterschiede hinsichtlich der Zusammensetzung nach Geschlecht, Alter, Anzahl der Kinder und nach dem Vorhandensein eines Migrationshintergrunds bei den DoktorandInnen lassen sich folgende Unterschiede erkennen (vgl. Tabelle 2.9):

Tabelle 2.9: Soziodemografie der Promovierenden im Vergleich zwischen den Typen

		Cluster I (n=195)		Cluster II (n=191)		Cluster III (n=293)	
		%	n	%	n	%	n
Geschlecht (%)	Frauen	66,7	130	57,6	110	61,8	181
	Männer	33,3	65	42,4	81	38,2	112
Alter (M)		30,0	194	29,8	191	29,6	291
Anzahl der Kinder (M)		1,3	18	1,3	17	1,3	23
Migrationshintergrund (%)	mit	13,8	27	29,5	56	24,3	71
	ohne	86,2	168	70,5	134	75,7	221

Männliche Promovierende finden sich zwar eher in den „lehrplanorientierten Programmen (für Externe)" (Cluster I: 33 %, Cluster II: 42 %, Cluster III: 38 %, Gesamt: 38 %, $n = 258$), während Frauen eher in „offenen Programmen (für Interne)" promovieren (Cluster I: 67 %, Cluster II: 58 %, Cluster III: 62 %, Gesamt: 62 %, $n = 421$), dennoch ergab sich kein signifikanter Zusammenhang zwischen der Strukturierung der Programme und dem Geschlecht der Promovierenden ($\chi^2(2,679) = 3.38, p = .18$, *Cramer's-V* $= .07$).
Beim Alter ergaben sich ebenfalls keine signifikanten Unterschiede ($F(2,673) = 0.90, p = .41, \eta^2 = .00$) zwischen den Typen (Cluster I: $M = 30.0$, $SD = 3.58$, Cluster II: $M = 29.8$, $SD = 4.12$, Cluster III: $M = 29.6$, $SD = 3.37$). Im Durchschnitt sind die Promovierenden in allen drei Typen 30 Jahre alt. Auch die Unterschiede bezüglich der Anzahl der Kinder ergaben keinen signifikanten Zusammenhang ($F(2.55) = 0.12, p = .98, \eta^2 = .00$). Durchschnittlich haben die Promovierenden in allen drei Typen strukturierter Programme 1,3 Kinder. Promovierende mit Migrationshintergrund sind mit 30 % eher in den „lehrplanorientierten Programmen (für Externe)" anzutreffen als in den „offenen Programmen (für Interne)" oder den „leistungsbezogenen (Gemeinschafts-)Programmen" (Cluster I: 14 %, Cluster II: 30 %, Cluster III: 24 %). Allein bei diesem Merkmal ergab sich ein mittelstarker Zusammenhang, der hoch signifikant ist ($\chi^2(16, n = 679) = 56.21$, $p = .00, \eta^2 = .20$).

2.3.3.3 Verpflichtende Tätigkeiten im Vergleich zwischen den drei Typen

Die Situation der Promovierenden innerhalb der Typen strukturierter Promotionsprogramme lässt sich anhand der verpflichtenden Tätigkeiten, die während der Promotion – also zusätzlich – absolviert werden (müssen), beschreiben (vgl. Abbildung 2.7). Hierzu wurde ein additiver Index gebildet, mit dem die Anzahl der verpflichtenden Tätigkeiten in den Typen abgebildet werden kann ($M = 3.30$, $SD = 2.44$, $Min = 0$, $Max = 13$, $n = 1.026$; vgl. Tabelle A.1 im Anhang). Insgesamt ist der Unterschied der im Durchschnitt zu absolvierenden Tätigkeiten zwischen den Typen nicht sehr groß. Während in den „offenen Programmen (für Interne)" durchschnittlich drei zusätzliche Tätigkeiten zu erfüllen sind ($M = 3.36$, $SD = 2.59$), sind es in den „lehrplanorientierten Programmen (für Externe)" ($M = 3.99, SD = 2.67$) und den „leistungsorientierten (Gemeinschafts-)Programmen" ($M = 3.75, SD = 2.46$) im Durchschnitt vier verpflichtende Tätigkeiten. Es ergab sich kein Zusammenhang zwischen den Typen strukturierter Promotionsprogramme und der Anzahl der verpflichtenden Tätigkeiten während der Promotion (*F(2,676)* $= 3.02, p = .05, \eta^2 = .01$).

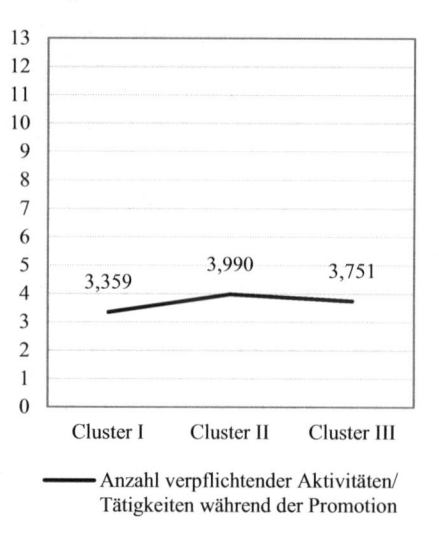

```
        13
        12
        11
        10
         9
         8
         7
         6
         5        3,990
         4  3,359        3,751
         3
         2
         1
         0
          Cluster I  Cluster II  Cluster III
          ——— Anzahl verpflichtender Aktivitäten/
              Tätigkeiten während der Promotion
```

Abbildung 2.7: Anzahl verpflichtender Tätigkeiten während der Promotion im Vergleich zwischen den Typen

Auch wenn sich hinsichtlich der Anzahl der Tätigkeiten keine nennenswerten Unterschiede ergeben haben, lässt die Art der Tätigkeiten dennoch einige Schlüsse zu, die sich in der (Organisations-)Struktur widerspiegeln (vgl. Tabelle 2.10): Die Promovierenden aus allen drei Typen strukturierter Promotionsprogramme gaben am häufigsten an, dass sie verpflichtend an einem Doktorandenkolloquium teilnehmen müssen (Cluster I: 82 %, Cluster II: 79 %, Cluster III: 80 %); es folgen die Publikationen zur eigenen Arbeit (Cluster I: 52 %, Cluster II: 59 %, Cluster III: 59 %), Tagungsbesuche (Cluster I: 44 %, Cluster II: 50 %, Cluster III: 51 %) und Vorträge auf Tagungen (Cluster I: 44 %, Cluster II: 48 %, Cluster III: 47 %). Ein Unterschied ergibt sich erst bei der genaueren Betrachtung von Tätigkeiten im Bereich von Lehre und Forschung. Hier zeigt sich, dass die Promovierenden aus den „lehrplanorientierten Programmen (für Externe)" (Cluster II) am häufigsten – im Vergleich zu den Promovierenden aus den anderen Typen – die Durchführung von eigenen Lehrveranstaltungen (40 %), die Zuarbeit zur Lehre (26 %), die Betreuung Studierender (41 %) und die Mitarbeit an Projektanträgen (23 %) als verpflichtende Tätigkeiten während ihrer Promotion nennen. In den „leistungsorientierten (Gemeinschafts-)Programmen" sind es hingegen Kooperationen mit anderen WissenschaftlerInnen (26 %), Auslandspraktika und -semester (8 %) sowie Auslandsaufenthalte für Forschung und Lehre (13 %), die die Promovierenden im

Vergleich zu den Promovierenden der anderen Typen strukturierter Promotionsprogramme am häufigsten als verpflichtende Tätigkeiten angeben. Promovierende aus „offenen Programmen (für Interne)" (Cluster I) liegen einzig in der Häufigkeit der Nennungen bei dem verpflichtenden Besuch eines DoktorandInnenkolloquiums vor den beiden anderen Typen.

Tabelle 2.10: Verpflichtende Tätigkeiten während der Promotion im Vergleich zwischen den Typen von strukturierten Promotionsprogrammen

	Cluster I (n=169)		Cluster II (n=174)		Cluster III (n=269)	
	%	n	%	n	%	n
Durchführung eigener Lehrveranstaltungen	30,8	52	39,7	69	34,9	94
Zuarbeit zur Lehre	20,7	35	26,4	46	18,2	49
Betreuung Studierender	29,0	49	40,8	71	31,6	85
Mitarbeit bei Projektanträgen	20,7	35	23,0	40	15,2	41
Publikationen zur eigenen wiss. Arbeit	52,1	88	58,6	102	59,1	159
Tagungsbesuche	44,4	75	50,0	87	51,3	138
Vorträge auf wissenschaftlichen Tagungen	43,8	74	47,7	83	46,5	125
Organisation von Tagungen u. Workshops	23,7	40	26,4	46	20,1	54
Teilnahme am DoktorandInnenkolloquium	81,7	138	78,7	137	80,3	216
Kooperation mit anderen WissenschaftlerInnen	17,8	30	24,7	43	26,4	71
Auslandspraktikum bzw. -semester	5,9	10	5,7	10	7,8	21
Auslandsaufenthalte für Forschung und Lehre	11,8	20	10,3	18	13,4	36
Mitarbeit in der wiss. Selbstverwaltung	4,7	8	5,7	10	3,7	10
Sonstiges	0,6	1	-		-	

2.3.3.4 Einbindung vs. Einsamkeit

Die Einteilung in Programme für „Interne", „Externe" und „Gemeinschafts-" Programme legt die Vermutung nahe, dass mit bestimmten Typen von strukturierten Promotionsprogrammen unterschiedliche Ausprägungen von (sozialer) Einbindung verbunden sind. Von den „offenen Programmen (für Interne)" (Cluster I) bis zu den „leistungsbezogenen (Gemeinschafts-)Programmen" (Cluster III) nimmt zum Beispiel die Einbindung in die Peer-Relations zu (vgl. Abbildung 2.8, links; Cluster I: $M = 2.52$, $SD = 1.11$, Cluster II: $M = 2.57$, $SD = 1.13$, Cluster III: $M = 2.63$, $SD = 1.16$).[27]

---

[27] In einem ersten Rechenschritt wurde eine Hauptkomponentenanalyse (mit Kaiserkriterium, Oblimin; vgl. Tabelle im Anhang, Backhaus et al., 2008, S. 323 ff., Brosius, 2011, S. 787 ff.) durchgeführt, bei der sich die drei Dimension „Einbindung Peer-Relations", „Einbindung Betreuung"

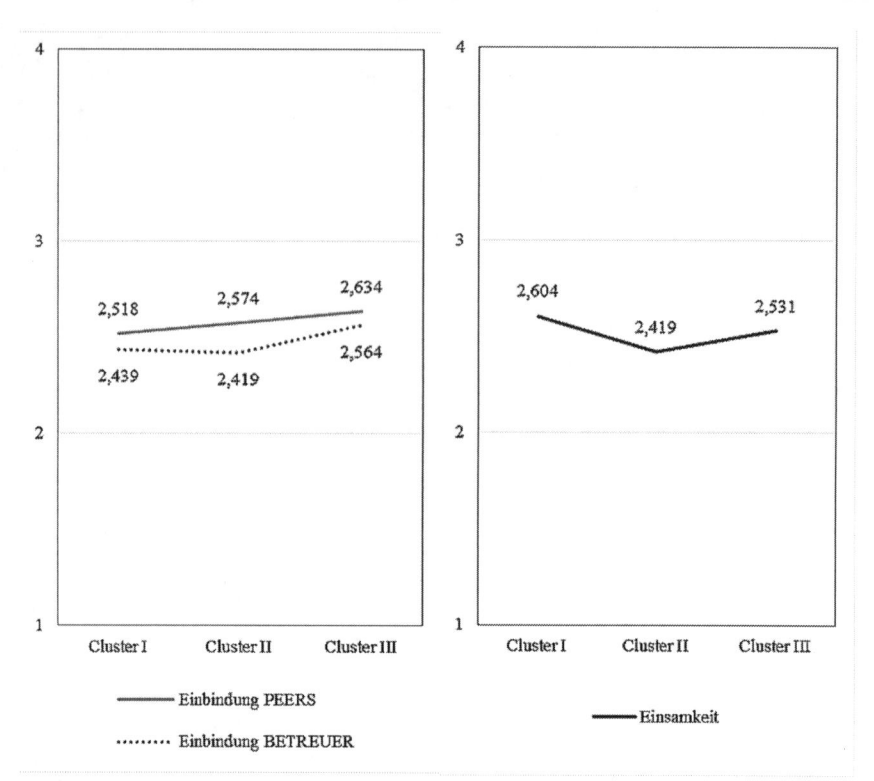

Abbildung 2.8: Einbindung und Einsamkeit im Vergleich zwischen den Typen strukturierter Promotionsprogramme

Bei der Einschätzung der Einsamkeit in den Typen strukturierter Promotionsprogramme ist interessant, dass sowohl in den „offenen Programme (für Interne)" als auch in den „leistungsbezogenen (Gemeinschafts-)Programmen" die Promovierenden die Einsamkeit höher einstufen als die Promovierenden in den „lehrplanorientierten Programmen (für Externe)" (vgl. Abbildung 2.8, rechts; Cluster I: $M = 2.60$, $SD = 1.09$; Cluster II: $M = 2.42$, $SD = 1.17$; Cluster III: $M = 2.53$, $SD = 1.12$). Es ließ sich jedoch kein nennenswerter Zusammenhang zwischen den Typen und der Einschätzung von Einsamkeit feststellen ($F(2,582) = 1.07$, $p = .34$, $\eta^2 = .00$).

---

und „Einsamkeit" den Erwartungen gemäß abbilden ließen (vgl. Tabelle A.2 im Anhang und Kapitel 2.4.2).

Unter Berücksichtigung der Abbruchgedanken von Promovierenden ließen sich bezüglich der Einbindung und Einsamkeit folgende Ergebnisse abbilden: Während sich bei der Einbindung in die Peer-Relations und dem Vorhandensein von Abbruchgedanken kein Zusammenhang zeigte ($r = -.01$, $p = .71$), ergab sich eine negative und hoch signifikante mittelstarke Korrelation zwischen der Einbindung in die Betreuung und dem Vorhandensein von Abbruchgedanken ($r = -.34$, $p = .00$). Sprich: Je „besser/stärker" die Einbindung durch die Betreuung, desto geringer die Wahrscheinlichkeit von Abbruchgedanken. Auch bei der Häufigkeit der Abbruchgedanken zeigte sich ein ganz ähnliches Bild. So besteht kein Zusammenhang zwischen der Häufigkeit der Abbruchgedanken und der Einbindung in die Peer-Relations ($r = -.05$, $p = .32$), aber durchaus eine negative und hoch signifikante mittelstarke Korrelation zwischen der Häufigkeit der Abbruchgedanken und der Einbindung durch die Betreuung ($r = -.25$, $p = .00$). Das heißt, je „besser/stärker" die Einbindung durch die Betreuung, desto weniger häufig sind die Abbruchgedanken der Promovierenden. Bei der Intensität der Abbruchgedanken zeigte sich hingegen ein etwas anderes Bild, denn zum ersten Mal nimmt die Bedeutung der Peer-Relations zu. Es konnte ein negativer und signifikanter (aber nur geringer) Zusammenhang zwischen der Intensität der Abbruchgedanken und den Peer-Relations nachgewiesen werden ($r = -.11$, $p = .04$). Das heißt, je „besser/stärker" die Einbindung in die Peer-Relations, desto weniger intensiv denken die Promovierenden an den Abbruch ihrer Promotion. Gleichermaßen wirkt sich die Einbindung durch die Betreuung auf die Intensität der Abbruchgedanken aus. Hier konnte ein negativer und signifikanter (aber ebenfalls nur geringer) Zusammenhang nachgewiesen werden ($r = -.13$, $p = .01$). Das heißt, je „besser/ stärker" die Einbindung durch die Betreuung, desto weniger intensiv sind die Abbruchgedanken der Promovierenden.

Bei der Einsamkeit der Promovierenden ergaben sich ebenfalls Korrelationen zu den Abbruchgedanken der Promovierenden: Beim Vorhandensein von Abbruchgedanken zeigte sich ein geringer positiver, aber hoch signifikanter Zusammenhang ($r = .13$, $p = .00$). Je höher also die wahrgenommene Einsamkeit der Promovierenden, desto höher ist die Wahrscheinlichkeit, dass sie an den Abbruch ihrer Promotion denken. Auch bei der Häufigkeit der Abbruchgedanken konnte ein geringer. aber positiver und signifikanter Zusammenhang nachgewiesen werden ($r = .11$, $p = .03$). Das heißt, je höher die wahrgenommene Einsamkeit, desto häufiger denken die Promovierenden an den Abbruch ihrer Promotion. Nur auf die Intensität der Abbruchgedanken scheint das Empfinden der Einsamkeit keine Auswirkungen zu haben ($r = .03$, $p = .61$).

Diese Erkenntnisse lassen darauf schließen, dass eine bessere Einbindung in die Strukturen der Promotionsprogramme, zu denen die Betreuung, aber eben auch die Peer-Relations gehören, ein wesentlicher Faktor bei der Verhinderung bzw.

Minimierung von Abbruchgedanken darstellt. Zudem scheint ein Promovieren in „Gemeinschaft" (Cluster I: „Intern" und Cluster III: in „Gemeinschaft") kein Garant dafür zu sein, dass es für die Promovierenden ausreichend Gelegenheit für Geselligkeit mit anderen Promovierenden gibt, dass sie jederzeit auf ein ausreichend großes Netzwerk im wissenschaftlichen Umfeld zurückgreifen können und dass sie ihre Familienangehörigen nicht vermissen (vgl. Tabelle A.2 im Anhang).

2.3.4 Fazit: (Neu-)Strukturierung und Abbruchgedanken

Die Typenbildung nach den ausgewählten Merkmalen hat sich als ein fundiertes Ergebnis erwiesen, da nicht nur die Clustermerkmale die größtmögliche Heterogenität unter den drei Typen aufweisen, sondern auch weitere Merkmale sich bestimmten Typen zuordnen lassen. So konnte den Typen nicht nur ein bestimmter Fachbereich, sondern auch eine bestimmte Bezeichnung der Programme zugeordnet werden. Überdies konnten sogar Korrespondenzen zwischen den Mitgliedern – den Promovierenden als NutzerInnen dieser Typen – anhand des Vorhandenseins eines Migrationshintergrundes mit einem bestimmten Typus nachgewiesen werden. Um jedoch die zu Beginn des Kapitels aufgestellten Hypothesen zu überprüfen, stellt sich die Frage, ob sich nach den bisherigen Erkenntnissen eine Rangfolge der Typen strukturierter Promotionsprogramm erstellen lässt. Nach den Maßstäben der Definition von strukturierter Promotion aus der Literatur kristallisieren sich die „leistungsbezogenen (Gemeinschafts-)Programme" (Cluster III) als der Typus mit den meisten organisationalen Vorgaben heraus. Eine visuelle Umsetzung der Rangfolge lässt sich der Abbildung 2.9 entnehmen.

Das Promovieren in „leistungsbezogenen (Gemeinschafts-)Programmen" ist gekennzeichnet durch kompetitive Aufnahmeprüfungen, Betreuung in Teams und durchschnittlich sieben promotionsbegleitende Veranstaltungen. Das Promovieren im Typus „lehrplanorientierte Programme (für Externe)" (Cluster II) hingegen weist im Vergleich zu „leistungsbezogenen (Gemeinschafts-)Programmen" weniger kompetitive Prüfungen auf, kann diesen Verlust aber durch die Anwendung von Assessment-Centern ausgleichen. Dieser Typus weist „nur" eine Einzelbetreuungsstruktur auf, aber eine gesteigerte Verpflichtung zu Kooperationen mit anderen WissenschaftlerInnen außerhalb des Programms (im Vergleich zum Cluster I). Mit sechs angebotenen Veranstaltungen ist das Angebot an promotionsbegleitenden Veranstaltungen wie bei den „leistungsbezogen (Gemeinschafts-)Programmen" (Cluster III) ähnlich hoch. Das Promovieren in einem „offenen Programm (für Interne)" (Cluster I) bildet in der Rangfolge das Schlusslicht. Neben der angebotenen Doppelbetreuung finden sich hauptsächlich transparente, weniger kompetitive Zugangsverfahren, es werden am wenigsten Veranstaltungen für die Promovierenden angeboten, und der verpflichtend wissenschaftliche Austausch anhand von Kooperationen ist ebenfalls eher gering (vgl. Abbildung 2.9).

Struktur

Offene Programme (für „Interne")
- Zugang
- Betreuung
- Kooperationen
- Seminare
- Finanzierung

Lehrplanorientierte Programme (für „Externe")
- Zugang
- Betreuung
- Kooperationen
- Seminare
- Finanzierung

Leistungsbezogene (Gemeinschafts-) Programme
- Zugang
- Betreuung
- Kooperationen
- Seminare
- Finanzierung

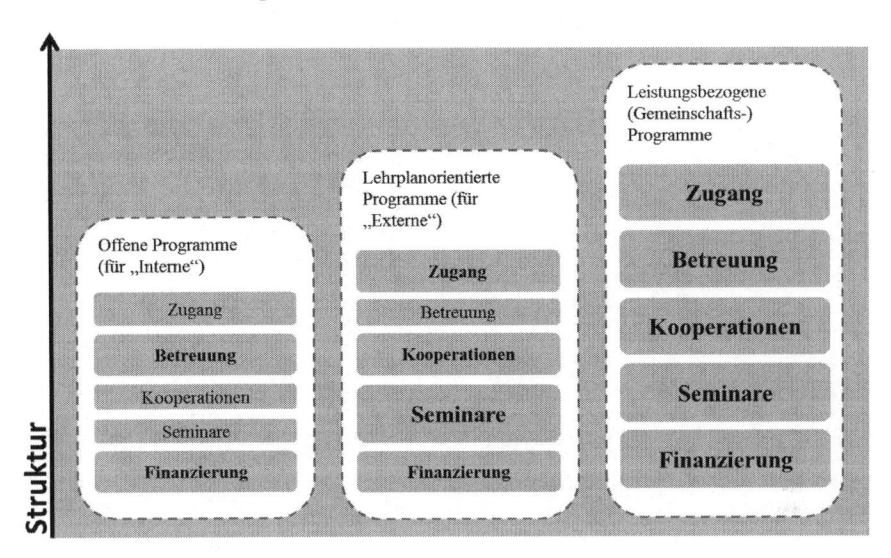

Abbildung 2.9: Drei Typen strukturierter Promotionsprogramme

Sieht man sich die Typen der Strukturierung hinsichtlich ihrer Verteilung des Vorhandenseins von Abbruchgedanken an, wird anhand der Daten deutlich, dass es sich hier um eine annähernd u-förmige Ausprägung handelt (vgl. Abbildung 2.10, links).

Die durchschnittliche Einschätzung, ob man den Abbruch der eigenen Promotion bereits in Erwägung gezogen hat oder nicht, liegt in den „offenen Programmen (für Interne)" und den „leistungsbezogenen (Gemeinschafts-)Programmen" höher als in den „lehrplanorientierten Programmen (für Externe)" (Cluster I: $M = .43$, $SD = .50$; Cluster II: $M = 0.37$, $SD = .48$; Cluster III: $M = 0.42$, $SD = .49$). Für das Vorhandensein von Abbruchgedanken ergab sich kein nennenswerter Zusammenhang zu den Typen strukturierter Promotionsprogramme ($\chi^2(2, n = 679) = 1.95$, $p = .38$, Cramer's $V = .05$). Damit kann die Hypothese (*H1*), dass in strukturierteren Programmen eher keine Abbruchgedanken vorhanden sind, nicht bestätigt werden. Die u-förmige Verteilung scheint eher darauf hinzudeuten, dass ein Zuwenig an „Struktur" und ein Zuviel an „Struktur" dafür verantwortlich ist, dass strukturiert Promovierende an den Abbruch ihrer Promotion denken. Eine weitere Erklärung für das bessere Abschneiden des zweiten Typus wäre die Vermutung, dass „externe" Promovierende die Angebote ihrer Programme eher als eine Möglichkeit bzw. Chance bewerten, während „Interne" und Promovierende aus (Gemeinschafts-)Programmen diese eher als Verpflichtung wahrnehmen.

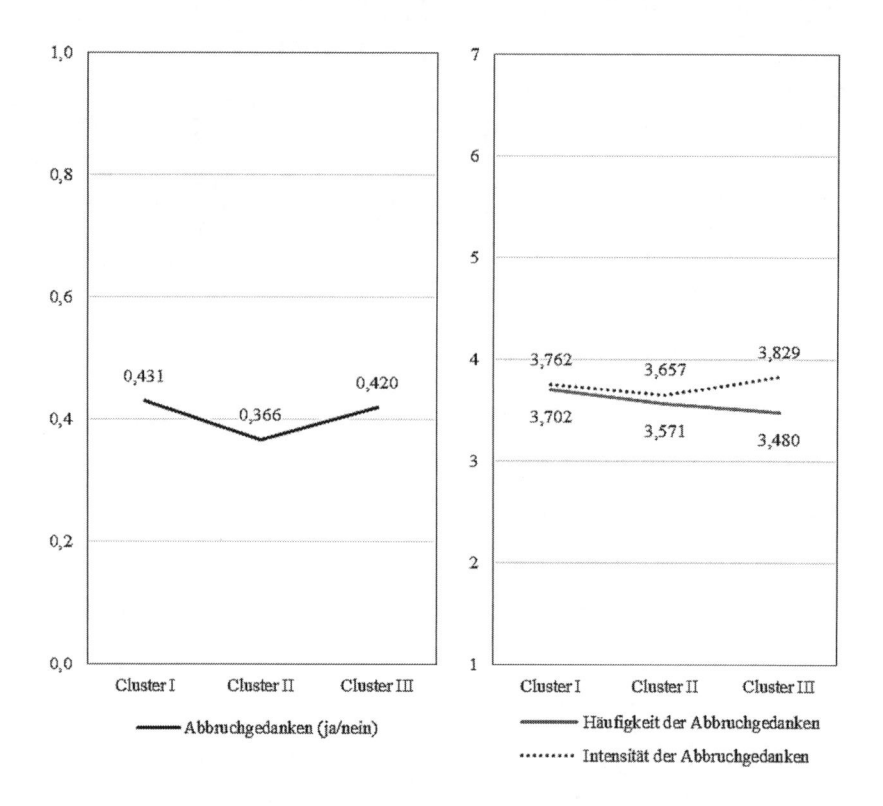

Abbildung 2.10: Clusterzugehörigkeit und Vorhandensein von Abbruchgedanken sowie Häufigkeit und Intensität der Abbruchgedanken

In Bezug auf die Hypothesen, dass die Promovierenden in stärker strukturierten Promotionsprogrammen weniger häufig und intensiv an den Abbruch ihrer Promotion denken, wird Folgendes erkennbar (vgl. Abbildung 2.10, rechts): Die Doktoranden, die in „offenen Programmen (für Interne)" oder in „lehrplanorientierten Programmen (für Externe)" promovieren, geben bei der Häufigkeit ihrer

Abbruchgedanken durchschnittlich den Skalenwert 4 an (erfragt wurde die Häufigkeit der Abbruchgedanken mit einer Antwortskala von 1 „selten" bis 7 „sehr oft"), während sich in den „leistungsbezogenen (Gemeinschafts-)Programmen" die Doktoranden eher beim Skalenwert 3 mitteln lassen (Cluster I: M = 3.70, SD = 1.73; Cluster II: M = 3.57, SD = 1.74; Cluster III: M = 3.48, SD = 1.69). Zwischen der Häufigkeit der Abbruchgedanken und den Typen strukturierter Promotionsprogramme ergab sich kein signifikanter Zusammenhang (F(2,274) = .42, p = .66, η^2 = .00). Zwar lässt sich kein Zusammenhang nachweisen, aber die Tendenz, dass mit zunehmender „Strukturierung" weniger Abbruchgedanken auftreten. Damit kann die These ($H2$), dass mehr Struktur zu weniger häufig auftretenden Abbruchgedanken beiträgt, (vorläufig) bestätigt werden. Bezüglich der Intensität der Abbruchgedanken sind die Unterschiede zwischen den einzelnen Typen von Promotionsprogramm noch geringer als bei der Häufigkeit der Abbruchgedanken und liegen im Durchschnitt bei einem Skalenwert von 4 (erfragt wurde die Intensität (Ernsthaftigkeit) der Abbruchgedanken mit einer Antwortskala von 1 „überhaupt nicht ernsthaft" bis 7 „sehr ernsthaft"; vgl. Abbildung 2.10, rechts; Cluster I: M = 3.76, SD = 1.92; Cluster II: M = 3.66, SD = 1.66; Cluster III: M = 3.83, SD = 1.60). Zwischen der Intensität der Abbruchgedanken und den Typen strukturierter Promotionsprogramme zeigte sich kein signifikanter Zusammenhang (F(2, 274) = .22, p = .80, η^2 = .00). Damit ist die These ($H3$), dass mehr Struktur auch zu weniger intensiven Abbruchgedanken beiträgt, nicht bestätigt. Dies legt die Vermutung nahe, dass für die Intensität der Abbruchgedanken andere Faktoren wirken als für die Häufigkeit von Abbruchgedanken.

2.3.4.1 Alt gegen Neu: Individualpromotion vs. strukturierte Promotion

Dass kein Zusammenhang zwischen dem Promotionsmodell – ob strukturiert oder individual – und den Abbruchgedanken der Promovierenden besteht, wurde bereits für das Untersuchungssample bestätigt (vgl. Kapitel 2.1.2), dennoch scheint an dieser Stelle eine vergleichende Darstellung zwischen den Mittelwerten der Typen strukturierter Promotionsprogramme, die sich bei der Clusteranalyse gebildet haben, (Cluster I bis III) und der Individualpromotion angebracht (vgl. Abbildung 2.11).

Die Abbildung 2.11 entspricht der Darstellung in Abbildung 2.10 ergänzt durch die Mittelwerte der Individualpromovierenden beim Vorhandensein, der Häufigkeit und Intensität ihrer Abbruchgedanken. Es geht deutlich aus der Abbildung hervor, dass sich die Individualpromovierenden mit einem Mittelwert von .42 (SD = .50, n = 79) auf dem gleichen Niveau beim Vorhandensein von Abbruchgedanken befinden wie die Promovierenden aus den „offenen Programmen (für Interne)" (Cluster I: $M = .43$, $SD = .50$) und den „leistungsorientierten (Gemeinschafts-)Programmen" (Cluster III: $M = .42$, $SD = .49$). Auch bei der Häufigkeit der Abbruchgedanken liegen die Individualpromovierenden mit einem Mittelwert von 3.76 ($SD = 1.73$, $n = 33$) nur knapp über dem Wert der Promovierenden aus den „offenen Programmen (für Interne)" (Cluster I: $M = 3.70$, $SD = 1.73$). Erst bei der Intensität der Abbruchgedanken erscheinen die Individualpromovierenden annähernd als „Ausreißer" mit einem Mittelwert von 4.06 ($SD = 1.77$, $n = 33$) über den durchschnittlichen Werten der Promovierenden aus den Typen strukturierter Promotionsprogramme (Cluster I: $M = 3.76$, $SD = 1.92$; Cluster II: $M = 3.66$, $SD = 1.66$; Cluster III: $M = 3.83$, $SD = 1.60$).

Die *Struktur* der Individualpromotion wie die *Struktur* der strukturierten Promotion zu operationalisieren, stellte sich als wenig ertragreich heraus: Die Individualpromovierenden anhand der Merkmale der kompetitiven Auswahlverfahren, der intensiven fachlichen Betreuung, der nationalen wie internationalen Kooperationen und dem formalisierten und klar strukturierten Promotionsablauf in Form eines Curriculums zu clustern, ergab, dass gerade einmal 40 von insgesamt 181 Fällen in das Verfahren eingeschlossen wurden und damit Aussagen auf empirisch gesicherter Grundlage zu treffen kaum möglich war.

Berning und Falk (2006) stellen der traditionellen (deutschen) Promotion hingegen andere Charakteristika als zum Beispiel den angloamerikanischen „Doctoral Studies" gegenüber. So unterscheiden sie die Individualpromotion – als das „Meister-Schüler-Modell" –, bei der meist ein Abhängigkeitsverhältnis von einem Promovierenden zu einem Professor bzw. einer Professorin besteht, von dem strukturierten Modell, in dem ein Team von ProfessorInnen und eine Organisationsstruktur (Anbindung an ein Programm, ein Institut oder Fakultät) als Träger und Betreuungsstruktur fungieren. Der Status der Promovierenden variiert zwischen Mitglied im Mittelbau und StudenInnenstatus. Bei der Auswahl kann zwischen informellen und formellen bzw. transparenten und kompetitiven Auswahlverfahren unterschieden werden und der Ausbildungsinhalt kann differenziert werden zwischen geringem und hohem Formalisierungsgrad. So ist es kaum sinnvoll, die Individualpromotion und die strukturierte Promotion als jeweilige Endpunkte desselben Kontinuums zu betrachten, wie bei Wergen (2011), die die Promotionsformate nach dem Grad ihrer Strukturierung unterschied und dabei der Einzel- und Individualpromotion im Vergleich zur strukturierten Promotion eine geringe Strukturierung zuordnete (ebd., S. 237). Sie bilden also kein eigenes Cluster, wenn man sie gemeinsam mit strukturiert Promovierenden analysiert (Herz und Korff, 2013, S. 96).

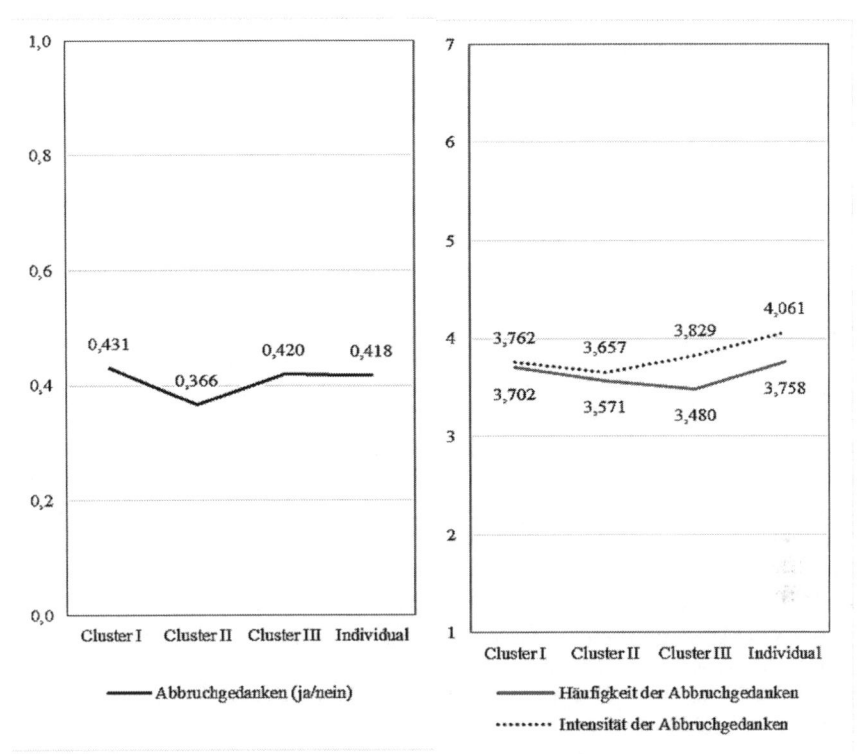

Abbildung 2.11: Das Vorhandensein, die Häufigkeit und Intensität von Abbruchgedanken im Vergleich zwischen den Typen strukturierter Promotion und der Individualpromotion

Wenn das Auftreten, die Häufigkeit und Intensität der Abbruchgedanken von Promovierenden nicht in der „Struktur" der Programme begründet liegen, welche anderen Einflussfaktoren oder Rahmenbedingungen von strukturierten Promotionsprogrammen könnten dann dazu führen, dass Promovierende den Abbruch ihres Forschungsvorhabens in Erwägung ziehen? Liegt es an den individuellen (soziodemografischen oder psychologischen) Merkmalen oder an *anderen* organisationalen (ökonomischen und programmatischen) Faktoren der Programme?

2.4 Wer denkt unter welchen Bedingungen an den Abbruch der Promotion? – Multivariate Analyse

Laut Forschungsstand können sich diverse Faktoren förderlich auf die Abbruchgedanken von Promovierenden auswirken. Abbruchgedanken sind demnach ein multifaktorielles Phänomen, *„das keine eindimensionalen Erklärungen zulässt"* (Franz, 2012, S. 103). Beim Promovieren in Programmen bietet sich jedoch zunächst eine organisationale Erklärungsperspektive (Bean, 1980/1982) an. Diese Perspektive wird, bezugnehmend auf die Multifaktorialität des Phänomens, ergänzt durch die individuelle, psychologische und ökonomische Dimension. In diesem Kapitel soll nun herausgestellt werden, welche dieser Erklärungsperspektiven sich auf Vorhandensein, Häufigkeit und Intensität von Abbruchgedanken Promovierender aus strukturierten Promotionsprogrammen in Deutschland auswirken. Die Faktoren werden zunächst in Einzelmodellen zur jeweiligen Erklärungsperspektive separat analysiert (vgl. Abschnitt 2.4.2), um ausschließlich die signifikanten Faktoren abschließend gemeinsam in drei (End-)Modellen betrachtet zu können (vgl. Abschnitt 2.4.3 bis 2.4.5). Die folgenden Analysen basieren auf den Aussagen von Promovierenden aus strukturierten Promotionsprogrammen. Das heißt, ich orientiere mich daran, wie die NutzerInnen strukturierter Promotionsprogramme ihre Abbruchgedanken innerhalb der gegebenen Umstände einschätzen. Denn strukturierte Promotionsprogramme haben eine Organisationsstruktur, innerhalb der die Promovierenden interagieren (müssen) und die deren Verhalten beeinflusst. Daher stellt sich für mich die Frage, welche individuellen und organisationalen Bedingungen sich hemmend oder fördernd darauf auswirken, ob Promovierende ihr Forschungsvorhaben beenden bzw. vorzeitig abbrechen wollen. Wer denkt folglich unter welchen Umständen in strukturierten Promotionsprogrammen an den Abbruch seiner Promotion?

Das Kapitel gliedert sich dabei, angeleitet von den Erklärungsperspektiven, in fünf Abschnitte: Zunächst wird zur Beantwortung der Frage überprüft, welche individuellen Faktoren, also der Promotion vorgelagerte Faktoren, einen Einfluss auf das Vorhandensein, die Häufigkeit und Intensität von Abbruchgedanken haben (vgl. Abschnitt 2.4.2.1). Aus psychologischer Sicht (vgl. Abschnitt 2.4.2.2) ergibt sich die These, dass es von der Persönlichkeit und der Motivation der Promovierenden abhängt, ob diese an den Abbruch ihrer Promotion denken. Für die ökonomische Erklärungsperspektive (vgl. Abschnitt 2.4.2.3) wird die Art der Finanzierung der Promotion bzw. das Beschäftigungsverhältnis, in dem die Promovierenden zu ihrem Promotionsprogramm standen, herangezogen. Aus organisationstheoretischer Perspektive (vgl. Abschnitt 2.4.2.4) erscheint ebenfalls wichtig, wie die Promotionsphase in den Programmen der strukturierten Promotion ausgestaltet ist. Zudem wird das Promovieren in Programmen als Alternative zum „Promovieren in Einsamkeit und Freiheit" propagiert (Schelsky, 1963; Engler, 2001; Tiefel, 2006, S. 252; vgl. Abschnitt 2.4.2.5).

2.4.1 Analyseverfahren und -sample

Es kann im Wesentlichen also zwischen vier Erklärungsperspektiven unterschieden werden (vgl. Abbildung 2.12), die sich zum Teil auf die Promovierenden (soziodemografische und psychologische Faktoren) oder aber auf die Promotionsprogramme als Organisation (ökonomische und programmatische Faktoren) beziehen. Eine fünfte Dimension bildet die Einbindung oder Isolation der Promovierenden, denn gerade beim Promovieren in Programmen, als Alternative zum „Promovieren in Einsamkeit und Freiheit" (Schelsky, 1963; Engler, 2001; Tiefel, 2006), bekommt die (institutionelle und personelle) Einbindung einen substanziellen Stellenwert. Im folgenden Untersuchungsmodell (vgl. Abbildung 2.12) sind nochmals alle Faktoren gemeinsam abgebildet.

Für die Berechnung der Effekte zum Vorhandensein von Abbruchgedanken werden logistische Regressionsmodelle verwendet, deren Ergebnisse die Tabellen A.3, A.7, A.10, A.11 und A.15 im Anhang und Tabelle 2.13 im Text enthalten. Die zu erklärende Größe der Regressionsmodelle ist zunächst das Vorhandensein (1) bzw. Nicht-Vorhandensein (0) von Abbruchgedanken. Die Regressionen werden schrittweise durchgeführt. Zur Beurteilung der Effektstärken werden die Odds Ratio (*Exp(B)*) und der Standardfehler des Logit (*SE*) berichtet, die nicht zwischen den Modellen verglichen werden dürfen. Die relative Erklärungskraft der einzelnen Modellschritte im Vergleich zum jeweiligen Ausgangsmodell (Modell 1) der Tabellen wird anhand der jeweiligen *Pseudo-R^2*-Werte (McFadden-R^2)[28] beurteilt.

---

28 McFaddens Pseudo-R^2 gibt die relative Verbesserung eines Modells gegenüber dem Ausgangsmodell an und kann nur als ein relatives Maß der Anpassungsverbesserung interpretiert werden (Diaz-Bone und Künemund, 2003, S. 12 f.).

Promovierende
(individuelle Faktoren)

Soziodemografische Faktoren
(Geschlecht, Alter, Familienstand, Kind(er), Bildungsstatus d. Eltern, Dauer und Fachbereich)

Psychologische Faktoren
(Persönlichkeit „Big Five" und berufliche Erwartungen)

Ökonomische Faktoren
(Finanzierung /Beschäftigungsverhältnis)

Programmatische Faktoren
(Anzahl Betreuungspersonen, Betreuungshäufigkeit, Anzahl verpfl. Tätigkeiten, angebotene Veranstaltungen, Arbeitsstunden, Abwesenheit und Arbeitsplatzausstattung)

Einbindung vs. Einsamkeit

Promotionsprogramme
(organisationale Faktoren)

Vorhandensein von Abbruchgedanken

Häufigkeit der Abbruchgedanken

Intensität der Abbruchgedanken

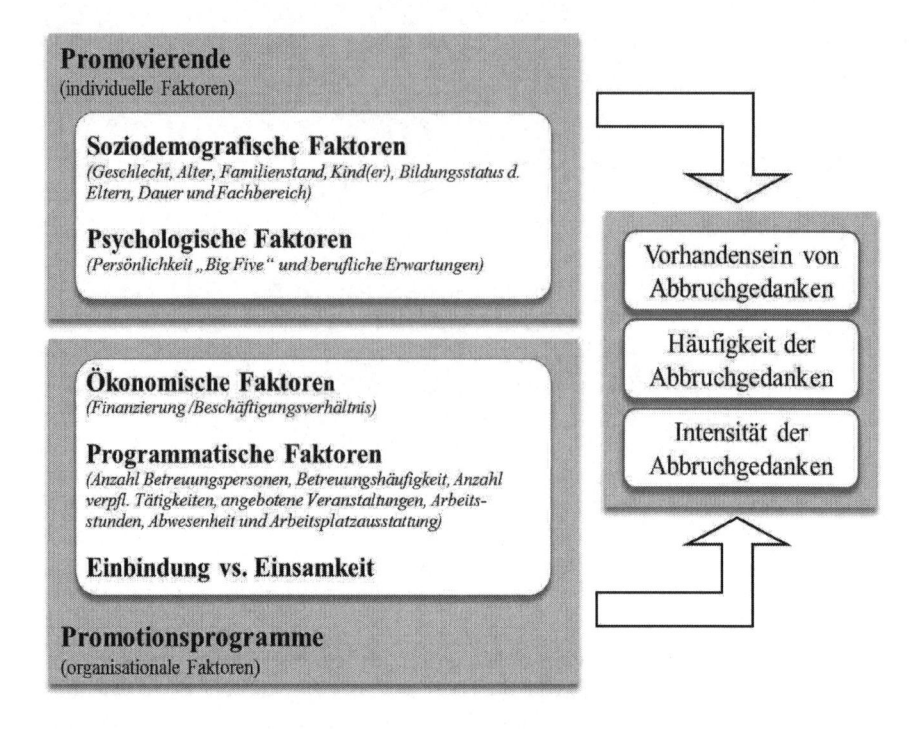

Abbildung 2.12: Untersuchungsmodell zu Abbruchgedanken als multifaktorielles Phänomen

Wird im Text bei den logistischen Regressionen auf Prozentwerte Bezug genommen, lassen diese sich wie folgt bestimmten: Bei den (positiven) Werten, die größer sind als 1, wird von der Effektstärke der Wert vor dem Komma abgezogen (Werte > 1 = $Exp(B)$ - Wert vor dem Komma), und bei den negativen Werten, die kleiner sind als 1, wird vom Wert vor dem Komma die Effektstärke abgezogen (Werte < 1 = Wert vor dem Komma - $Exp(B)$).

In einem zweiten und dritten Schritt werden für die Berechnung der Effekte der Häufigkeit (vgl. Tabellen A.4, A.8, A.10, A.12 und A.15 im Anhang und Tabelle 2.14 im Text) und der Intensität (vgl. Tabellen A.5, A.9, A.10, A.13 und A.15 im Anhang und Tabelle 2.15 im Text) der Abbruchgedanken lineare Regressionsmodelle verwendet. Die zu erklärende Größe der multiplen Regressionen ist die Häufigkeit und Intensität der Abbruchgedanken (7-stufige Skala von 1 „selten" bzw. „überhaupt nicht ernsthaft" bis 7 „sehr oft" bzw. „sehr ernsthaft"). Die Variablen sind annähernd normal verteilt (Häufigkeit: Schiefe = .26, *SE* = .14, Kurtosis = -.78, SE = .29, *n* = 289; Intensität: Schiefe = .19, *SE* = .14, Kurtosis = -.90, SE = .29, *n* = 289) und werden daher als quasi-metrische Variablen betrachtet. Auch hier werden die Regressionen schrittweise durchgeführt und die standardisierten β-Koeffizienten und deren Standardfehler (*SE*) berichtet. Die relative Erklärungskraft der einzelnen Modellschritte im Vergleich zum jeweiligen Modell (1) wird in der untersten Zeile der Tabelle mit R^2 bewertet.

Um die Vergleichbarkeit der einzelnen multivariaten Modelle zu gewährleisten, wurde das Rücklaufsample (*n* = 1081) bereinigt. So liegt der Analyse, die mit der Statistiksoftware Stata (Version 11) durchgeführt wurde, ein Untersuchungssample von *n* = 687 Fällen zugrunde. Bei einem Vergleich des Rücklaufs- und des Untersuchungssamples konnten keine systematischen Ausfälle registriert werden. Im folgenden Abschnitt „Operationalisierung und erste Ergebnisse" werden sowohl deskriptive Ergebnisse berichtet als auch die Ergebnisse aus den (logistischen und linearen) Einzelmodellen zu den soziodemografischen, psychologischen, ökonomischen und programmatischen Erklärungsperspektiven. Abschließend werden aus diesen Einzelmodellen ausschließlich die signifikanten Faktoren in die entsprechenden Endmodelle (vgl. Tabelle 2.13 in Kapitel 2.4.3, Tabelle 2.14 in Kapitel 2.4.4 und Tabelle 2.15 in Kapitel 2.4.5) überführt und analysiert.

2.4.2 Operationalisierung und erste Ergebnisse

2.4.2.1 Soziodemografische Faktoren

Hier gilt zu überprüfen, welche individuellen Faktoren einen Einfluss auf das Vorhandensein, die Häufigkeit und die Intensität von Abbruchgedanken haben. Was bringen die Promovierenden mit? Sind der Promotion vorgelagerte Faktoren entscheidend, dass strukturiert Promovierende den Abbruch ihrer Promotion in Erwägung ziehen und sogar häufiger und intensiver daran denken, ihr Promotionsprojekt abzubrechen? Nach Lovitts (2001) Überlegungen ist es nicht der Background und damit die soziodemografischen Faktoren der Promovierenden, die dabei eine Rolle spielen. Dennoch hat sich bereits in anderen Untersuchung gezeigt (Berning und Falk, 2006), dass bestimmte soziodemografische Faktoren einen Einfluss auf die Abbruchgedanken von Promovierenden haben. In der Online-Befragung wurden daher die strukturiert Promovierenden gebeten, bestimmte Angaben zu ihrer Person zu machen.

Geschlecht

Um auch in dieser Analyse den Zusammenhang zwischen den Abbruchgedanken und dem Geschlecht der Promovierenden zu überprüfen, wurde in der Analyse an erster Stelle das Geschlecht der Befragungspersonen berücksichtigt (Frage: Sind Sie männlich oder weiblich?). Die Variable nimmt den Wert (1) an, wenn die Befragungsperson weiblich, und den Wert (0), wenn die Person männlich ist. Laut Forschungsstand lässt sich vermuten, dass Frauen – genauso wie bei der Individualpromotion – den Abbruch ihres Forschungsvorhabens auch in der strukturierten Promotion eher in Erwägung ziehen als Männer. Zudem denken sie häufiger und intensiver an den Abbruch ihrer Promotion. Wie bereits in Kapitel 2 (Abschnitt 2.2) für das untersuchte Sample aufgezeigt werden konnte, legt die Verteilung nahe, dass Abbruchgedanken bei Frauen eher vorhanden sind als bei Männern (Frauen mit Abbruchgedanken 45 % (M = 0.45) und Männer mit Abbruchgedanken 34 % (M = 0.34), $F(1,1079)$ = 14.02, p = .00, η^2 = .01). Hat das Geschlecht jedoch einen Einfluss auf das Vorhandensein, die Häufigkeit und die Intensität der Abbruchgedanken? Die Ergebnisse der logistischen Regression (vgl. Tabelle A.3, A.4 und A.5 im Anhang) zeigen, dass Frauen eine um 73 % erhöhte Wahrscheinlichkeit haben (vgl. Tabelle A.3 Modell (7) im Anhang), dass bei ihnen Abbruchgedanken vorhanden sind ($Exp(B)$ = 1.73, p = .00). Das Geschlecht hat über alle Modelle hinweg einen positiven, aber nur auf das Vorhandensein der Abbruchgedanken einen hoch signifikanten Einfluss. Während der Einfluss, der sich in den linearen Regressionsmodellen auf die Häufigkeit gezeigt hat, noch signifikant ist (β = 0.15, p = .05; vgl. Tabelle A.4 Modell (7) im Anhang), d. h. Frauen denken auch häufiger als Männer an den Abbruch ihrer Promotion, verliert das Geschlecht bei der Intensität der Abbruchgedanken seinen Einfluss fast gänzlich (β = 0.08; vgl. Tabelle A.5 Modell (7) im Anhang). Die Variable ‚Geschlecht' wird daher nur im Endmodell zum Vorhandensein von Abbruchgedanken und der Häufigkeit von Abbruchgedanken berücksichtigt.

Alter

Ebenfalls berücksichtigt wurde das Alter der strukturiert Promovierenden zum Befragungszeitpunkt (Frage: Wann sind Sie geboren?). Auch wenn sich bei den deskriptiven Auswertungen kaum Unterschiede zwischen dem Alter der Promovierenden mit und ohne Abbruchgedanken gezeigt haben (ohne Abbruchgedanken: 29,6 Jahre, SD = 3.58, Min = 21, Max = 52; mit Abbruchgedanken: 30,1 Jahre, SD = 3.91, Min = 24, Max = 63), konnte dennoch ein geringer, aber signifikanter Zusammenhang zwischen dem Alter und dem Vorhandensein (r = 0.07, p = .03,

$n = 1.076$) und bei der Intensität ($r = 0.10, p = .05, n = 1.076$) von Abbruchgedanken nachgewiesen werden. Damit stellt sich allgemein die Frage nach der Bedeutung des Alter(n)s (in) der Wissenschaft (von Rahden und Dinkloh, 2011; Weingart und Winterhagen, 2011), aber hier im Speziellen, wie sich das Alter auf das Vorhandensein, die Häufigkeit und die Intensität der Abbruchgedanken unter Kontrolle anderer Faktoren auswirkt. Gerade in der strukturierten Promotion ist Zeit ein entscheidender Faktor, vor allem bezogen auf die allgemein gültige Förderdauer von 3 Jahren, sodass dem Alter der Promovierenden eine größere Bedeutung zugeschrieben wird, als es zum Beispiel in der Individualpromotion der Fall ist. Je älter also die strukturiert Promovierenden sind, desto eher gehören sie (vielleicht) zu der Gruppe, die bereits den Abbruch ihrer Promotion in Betracht gezogen hat. Denken Ältere häufiger und intensiver an den Abbruch ihrer Promotion als jüngere Promovierende? Hier zeigte sich in den logistischen Einzelmodellen (vgl. Tabelle A.3, A.4 und A.5 im Anhang), dass das Alter einen positiven, aber nur näherungsweise signifikanten Einfluss auf das Vorhandensein von Abbruchgedanken hat. Das heißt, mit zunehmendem Alter der strukturiert Promovierenden steigt die Wahrscheinlichkeit um 5,1 % ($Exp(B) = 1.05, p = .10$; vgl. Tabelle A.3 Modell (7) im Anhang), dass Abbruchgedanken auftreten können. Der Einfluss des Alters wird unter Hinzunahme der Variable ‚Kind(er) vorhanden' (ja/nein) und dem ‚Bildungsniveau der Eltern' signifikant, ist aber unter Berücksichtigung aller Faktoren nur noch näherungsweise signifikant und wurde daher im abschließenden Gesamtmodell nicht berücksichtigt. Dennoch kann festgehalten werden, dass unter bestimmten Bedingungen das Alter der strukturiert Promovierenden einen Einfluss auf das Vorhandensein von Abbruchgedanken hat, jedoch keinen Einfluss auf die Häufigkeit ($\beta = 0.07$; vgl. Tabelle A.4 Modell (7) im Anhang) und Intensität der Abbruchgedanken ($\beta = 0.03$; vgl. Tabelle A.5 Modell (7) im Anhang).

Familienstand

Der Familienstand der strukturiert Promovierenden wurde anhand der Frage „Sind sie Single, in fester Beziehung oder verheiratet?" abgefragt. Für die Regressionsmodelle wurde die Variable dummy-codiert, so dass für die Ausprägungen ‚Single' die Dummy-Variable den Wert (0) annimmt, wenn die befragte Person kein Single ist, und den Wert (1), wenn diese Single ist. Gleiches gilt für die Ausprägungen ‚in fester Beziehung' und ‚verheiratet'. Deskriptiv zeigte sich bei dieser Variable, dass zum Zeitpunkt der Befragung im Durchschnitt 28 % der strukturiert Promovierenden ohne PartnerIn waren, während 53 % in einer festen Beziehung und 19 % verheiratet sind (ohne Abbruchgedanken: Singles 28 %; in fester Beziehung 52 % und verheiratet 20 % ; mit Abbruchgedanken: Singles 27 %; in fester

Beziehung 55 und verheiratet 18 %, vgl. Kapitel 2.2). Es konnte kein Zusammenhang zum Vorhandensein, der Häufigkeit und Intensität der Abbruchgedanken nachgewiesen werden. Dennoch stellt sich die Frage, ob durch das Single-Dasein, sprich ohne partnerschaftliche Unterstützung, eher Abbruchgedanken bei strukturiert Promovierenden vorhanden sind und Singles häufiger und intensiver an den Abbruch ihrer Promotion denken als Promovierende mit PartnerIn, unabhängig von der Art der Beziehung (ob verheiratet oder nicht). In den Einzelmodellen zum Vorhandensein und der Häufigkeit der Abbruchgedanken (vgl. Tabelle A.3, A.4 und A.5 im Anhang) gehen im Vergleich zu den ‚Singles' sowohl die Effekte der Dummy-Variable ‚in fester Beziehung' als auch der Dummy-Variable ‚verheiratet' gegen Null und haben keine (signifikanten) Effekte. Erst bei der Intensität der Abbruchgedanken (β = -0.16, p = .05; vgl. Tabelle A.5 Modell (7) im Anhang) zeigen sich schwache, aber signifikant negative Effekte der Dummy-Variable ‚in fester Beziehung'. Im Vergleich zu Singles nimmt die Intensität der Abbruchgedanken bei strukturiert Promovierenden in einer festen Beziehung also ab. Daher wurde diese Variable nur im Endmodell zur Intensität der Abbruchgedanken berücksichtigt.

Kind(er)

Untersuchungen haben gezeigt, dass sich Kinder auf die Karriere von WissenschaftlerInnen auswirken und auch ein „Promovieren mit Kind", also die Vereinbarkeit von Elternschaft und Promotion, zwar möglich ist, Eltern bzw. vor allem Frauen dennoch mit mancherlei Schwierigkeiten konfrontiert sind (Briede, 2006; Metz-Göckel et al., 2009; Korff und Roman, 2013). Zwar haben Kinder nicht unbedingt selbst einen Effekt auf die Karriere. Vielmehr sind es Auszeiten, die genommen werden, die sich auf die Karriere von WissenschaftlerInnen auswirken (Schubert und Engelage, 2010). Hinderlich ist sicherlich auch die unsichere Finanzierung – z. B. über Stipendien –, bei denen zumeist die Geburt eines Kindes, Elternzeit bzw. Elternschaft oder Krankheit des Kindes nicht berücksichtigt werden (Korff und Roman, 2013). Dies legt nahe, dass sich die Frage „Haben Sie (ein) Kind(er)?", also das Vorhandensein von Kindern, auf die Überlegung, die Promotion abzubrechen, auswirken kann. Denken strukturiert Promovierende mit Kind(ern) vielleicht sogar häufiger und/oder intensiver an den Abbruch ihrer Promotion als Promovierende ohne Kind(er)? Bei den deskriptiven Auswertungen (vgl. Kapitel 2.2) hat sich gezeigt, dass nur insgesamt 9 % der Befragungspersonen ein bzw. mehr als ein Kind haben. Zudem ließ sich kein Zusammenhang zwischen dem Vorhandensein von (einem) Kind(ern) und den Abbruchgedanken nachweisen ($\chi^2(1, n = 1072) = 0.10, p = .34, \varphi = -.03$). Dennoch bleibt die Frage bestehen, welchen Effekt das Vorhandensein von Kindern auf das Vorhandensein, die Häufigkeit und Intensität von Abbruchgedanken bei strukturiert Promovierenden hat. In den Einzelmodellen (vgl. Tabelle A.3, A.4 und A.5 im Anhang) hat sich gezeigt, dass sich das Vorhandensein von Kindern negativ auf das Vorhandensein von Abbruchgedanken auswirkt, aber nur annähernd signifikant ist und deshalb nicht im Endmodell für das Vorhandensein von Abbruchgedanken einbezogen wurde. Bei der Häufigkeit der Abbruchgedanken geht der Effekt des Vorhandenseins von Kindern gegen Null und wird daher auch hier nicht im Endmodell berücksichtigt. Bei strukturiert Promovierenden mit Kind(ern) steigt jedoch die Intensität der Abbruchgedanken. Das Vorhandensein von (einem) Kind(ern) hat somit einen positiven und signifikanten Einfluss auf die Intensität der Abbruchgedanken von strukturiert Promovierenden ($\beta = 0.19$, $p = .01$; vgl. Tabelle A.5, Modell (7) im Anhang) und wird in das Endmodell zur Intensität der Abbruchgedanken aufgenommen.

Bildungsniveau der Eltern

Als schichtspezifische Variable wurde das Bildungsniveau der Eltern in die Analyse einbezogen. Die Promovierenden wurden gefragt „Welchen höchsten Bildungsabschluss hat Ihre Mutter/Ihr Vater?". Ausgewählt werden konnte zwischen kein beruflicher Abschluss, betriebliche Ausbildung, beruflich-schulische Ausbildung, Ausbildung an einer Fachhochschule, Meister-/Technikschule, Berufs-/Fachakademie, Fachhochschulabschluss, Hochschulabschluss, Promotion, Habilitation und anderer Ausbildungsabschluss. Es wurde eine Dummy-Variable ‚Bildungsniveau der Eltern' aus den Angaben zu Mutter und Vater gebildet, indem jeweils der höchste Abschluss eines Elternteils zu Grunde gelegt wurde. Der Wert (1) wird angenommen, wenn es sich um „Akademikereltern" handelt, und der Wert (0) wird angenommen bei „Nicht-Akademikereltern". Bei der deskriptiven Auswertung ließ sich bereits erkennen, dass die höheren Bildungsabschlüsse bei der Herkunftsfamilie – hier zwischen Mutter und Vater unterschieden – dominieren (vgl. Kapitel 2.2), aber dass kein Zusammenhang mit dem Vorhandensein, der Häufigkeit und der Intensität der Abbruchgedanken vorliegt. Hinter der Berücksichtigung dieser Variable steht die These, dass strukturiert Promovierenden aus Akademikerfamilien der Statuserhalt bzw. Bildungsaufstieg wichtiger ist als Promovierenden aus Nicht-Akademikerfamilien und sie daher den Abbruch ihrer Promotion nicht oder kaum in Erwägung ziehen. Zudem denken sie weniger häufig und intensiv an den Abbruch ihrer Promotion. In den logistischen Einzelmodellen (vgl. Tabelle A.3, A.4 und A.5 im Anhang) hat sich jedoch gezeigt, dass eher strukturiert Promovierende, deren Eltern ein höheres Bildungsniveau haben, eine 46 % erhöhte Wahrscheinlichkeit aufweisen, an den Abbruch ihrer Promotion zu denken ($Exp(B) = 1.46$, $p = .05$; vgl. Tabelle A.3 Modell (7) im Anhang). Der

Effekt des elterlichen Bildungsniveaus wirkt sich also positiv und signifikant auf das Vorhandensein von Abbruchgedanken aus. Das Bildungsniveau der Eltern hat nach den Ergebnissen der linearen Regressionsmodelle keinen Einfluss auf die Häufigkeit (β = -0.03; vgl. Tabelle A.4 Modell (7) im Anhang) und die Intensität (β = -0.07; vgl. Tabelle A.5 Modell (7) im Anhang) der Abbruchgedanken und wurde daher nur in das Endmodell für das Vorhandensein von Abbruchgedanken aufgenommen.

Dauer der Promotion

Die überlangen Promotionszeiten waren ebenfalls ein Grund für die Einführung der strukturierten Promotion. Durch die Begrenzung der Förderdauer auf drei Jahre sollten die Promovierenden ihre Promotion schneller zum Abschluss bringen. So steht hinter der Variable der Dauer (Frage: Wann sind Sie in Ihr Promotionsprogramm eingetreten (Jahr)?; Dauer = Befragungsjahr - Eintrittsjahr) die These, dass je länger die Promovierenden für ihre Promotion in einem strukturierten Programm brauchen, desto eher treten bei den Promovierenden Abbruchgedanken auf und desto häufiger und intensiver denken die strukturiert Promovierenden daran abzubrechen. Denn, so die Vermutung, je länger die Promovierenden für ihre Promotion brauchen, desto mehr erhöht sich der Druck, Ergebnisse abliefern zu müssen. Die deskriptive Analyse hat gezeigt, dass zum Befragungszeitpunkt die Promovierenden im Schnitt kurz vor dem Ende des dritten Promotionsjahres stehen (M = 2.68, SD = 1.72, Min = 0, Max = 14) und ein geringer, aber signifikant positiver Zusammenhang zwischen der Dauer der Promotion und dem Vorhandensein von Abbruchgedanken besteht (r = 0.08, p = .01, n = 1062). Es besteht jedoch keine Zusammenhang zwischen der Häufigkeit und der Intensität der Abbruchgedanken. Weder in den logistischen noch in den linearen Einzelmodellen (vgl. Tabelle A.3, A.4 und A.5 im Anhang) hat sich unter Kontrolle der anderen Faktoren gezeigt, dass die Dauer der Promotion einen signifikanten Einfluss auf das Vorhandensein ($Exp(B)$ = 1.07; vgl. Tabelle A.3 Modell (7) im Anhang), die Häufigkeit (β = - 0.02; vgl. Tabelle A.4 Modell (7) im Anhang) oder die Intensität (β = - 0.09; vgl. Tabelle A.5 Modell (7) im Anhang) der Abbruchgedanken hat. Daher wurde die Dauer in keinem der Endmodelle berücksichtigt.

Fachbereiche

Um auszuschließen, dass es einen Einfluss der Fachbereiche bzw. -kulturen auf die Abbruchgedanken von strukturiert Promovierenden gibt, wurden ebenfalls die Fachbereiche in der Analyse berücksichtigt. In der Online-Befragung wurden die Promovierenden gebeten anzugeben, in welcher Fächergruppe sie promovieren.

Deskriptiv konnte kein Zusammenhang zwischen dem Vorhandensein von Abbruchgedanken der Promovierenden und ihren Fachbereichen nachgewiesen werden (χ^2 = 1.84, p = .61; *Cramer's V* = .04). In den logistischen und linearen Einzelmodellen (vgl. Tabelle A.3, A.4 und A.5 im Anhang) gehen die Effekte sowohl beim Vorhandensein von Abbruchgedanken als auch bei der Häufigkeit und der Intensität der Abbruchgedanken gegen Null und haben keine (signifikanten) Effekte. Daher wurden die Fachbereiche in keinem Endmodell berücksichtigt.

Modellfit: Die Verbesserung des Modells zum Vorhandensein von Abbruchgedanken mit den soziodemografischen Faktoren gegenüber dem Ausgangsmodell ist mit 3 % marginal[29] (vgl. Tabelle A.3 im Anhang). Auch die Verbesserung des Modells zu der Häufigkeit der Abbruchgedanken ist mit 3 % eher zu vernachlässigen (vgl. Tabelle A.4 im Anhang). Hier scheint mit einer Verbesserung von 8 % das Modell zur Intensität der Abbruchgedanken die „größte" Erklärungskraft zu haben (vgl. Tabelle A.5 im Anhang).

2.4.2.2 Persönlichkeit und Motivation

Forschungsleitend für diesen thematischen Abschnitt sind die Fragen „Was bringen die Promovierenden mit?" und „Was wollen sie erreichen?". Aus psychologischer Sicht ergibt sich die Hypothese, dass es von der Persönlichkeit der Promovierenden abhängt, ob diese an den Abbruch ihrer Promotion denken oder nicht. Laut Ali und Kohun (2006) wählen manche DoktorandInnenprogramme gerade solche KandidatInnen aus, von denen sie glauben, dass sie fähig sind, den Belastungen eines Ph.D.-Studiums standzuhalten (ebd., S: 23). Zudem spielen die beruflichen Erwartungen, die man an sich und seine Promotion stellt, eine entscheidende Rolle dafür, ob die Promovierenden diese auch zu Ende bringen. Während die sozidemografischen Faktoren, auf die im vorangegangenen Abschnitt Bezug genommen wurde, bereits in Kapitel 2 (Abschnitt 2.2) „Wer promoviert strukturiert und denkt an den Abbruch der Promotion" analysiert wurden, handelt es sich bei den folgenden Faktoren, um solche, die es noch im Detail bzgl. ihrer Operationalisierung und ihrer deskriptiven Ausprägungen genauer zu betrachten gilt.

---

29 Ein Modell mit einem größeren McFadden hat eine größere Wahrscheinlichkeit gegenüber einem anderen mit einem geringeren Wert für den jeweiligen Datensatz. Daumenregel: Wenn 0.2<r² McFadden<0.4, dann hat das Modell einen ausgezeichneten Fit.

Persönlichkeit (Big Five)

In dieser Untersuchung wurde auf das Persönlichkeitskonstrukt der „Big Five" (Tupes und Christal, 1961/1992) zurückgegriffen. Die „Big Five" – auch als Fünf-Faktoren-Modell (FFM) bezeichnet – beschreibt eine bestimmte Anzahl von Charakteristika der Persönlichkeit in fünf Persönlichkeitsfaktoren: Extraversion, Verträglichkeit, Gewissenhaftigkeit, Neurotizismus und Offenheit für Erfahrungen (Costa und McCrae, 1985/1992). Folgende Selbsteinschätzungsfrage wurde daher den Promovierenden im Onlinefragebogen gestellt: „Nun etwas ganz anderes: Unsere alltäglichen Handlungen werden davon beeinflusst, welche Grundüberzeugungen wir haben. Hier sind nun unterschiedliche Eigenschaften, die eine Person haben kann, aufgelistet. Ich bin jemand, die/der…" Von den Promovierenden mussten 15 Adjektive (Kurzversion des Big Five Inventory (BFI); Lang et al., 2001)[30] auf einer Skala von 1 „trifft überhaupt nicht zu" bis 7 „trifft voll zu" bewertet werden (vgl. SOEP-Inventory Kurz-Skala (BFI-S); Schupp und Gerlitz, 2012). Das Modell ist inzwischen weit verbreitet. Laut Lang und Lüdtke (2005) sind dem Big-Five-Ansatz allerdings auch Grenzen gesetzt. Häufige Kritik beruht zum einen auf dem Einwand, dass es sich nur um alltagspsychologische Ähnlichkeitsurteile, die sich auf Wahrnehmungen von Laien stützen, handelt. Zum anderen auf dem Einwand, dass sich Unterschiede zwischen Persönlichkeiten auf nur vier, fünf oder mehr Dimensionen stützen (ebd., S. 31 f.). Dennoch ermöglicht es dieser Ansatz, „Persönlichkeitskonstrukte in ihrer Bedeutung vor einem gemeinsamen Interpretationshintergrund einzuordnen" (ebd., S. 32). Zahlreiche Arbeiten haben sich bereits „mit dem Zusammenhang zwischen Persönlichkeit und verschiedenen Leistungs- und Erfolgskomponenten und hier insbesondere der akademischen Studienleistung" beschäftigt (Fietze, 2011, S. 8). Ein Übertrag auf PromovendInnen in Programmen der strukturierten Promotion scheint damit naheliegend. Wichtig für die Untersuchung von PromovendInnen ist auch die Erkenntnis, dass Längsschnittuntersuchungen eine zeitüberdauernde Stabilität ab einem Alter von 30 Jahren zeigen (ebd., S. 7). Die Befragungspersonen und deren durchschnittliches Alter von 30 Jahren zeigen, dass sie sich demnach genau in der Phase der Stabilisierung ihrer Persönlichkeit befinden.

---

30 Die Kurzskala wurde eigens für die SOEP-Erhebung auf Grundlage des BFI-25 entwickelt, der im Jahr 2004 ein Pretest vorausging. Die Ergebnisse hinsichtlich der Validität und Reliabilität sind als zufriedenstellend zu bewerten (Lang et al., 2011). Mittels einer Hauptkomponentenanalyse (Backhaus et al., 2008, S. 323 ff.; Brosius, 2011, S. 787 ff.) konnten die fünf Persönlichkeitsdimensionen Extraversion, Verträglichkeit, Gewissenhaftigkeit, Neurotizismus und Offenheit für Erfahrungen extrahiert werden.

In Tabelle 2.11 befindet sich eine Aufstellung der einzelnen Dimensionen, den zuzuordnenden Adjektiven und den Zusammenhängen, die sich in anderen Untersuchungen mit dem Big-Five-Ansatz herauskristallisiert haben.

Tabelle 2.11: Übersicht über die Persönlichkeitsmerkmale des Big-Five-Ansatzes

Persönlichkeitsdimension	Adjektive	Zusammenhang, Untersuchung & Autoren
Neurotizismus	ängstlich, deprimiert, verlegen, emotional, leicht verärgert, besorgt, unsicher, Gegenpol: emotionale Stabilität	(-) Arbeitsteilung (Piedmont & Weinstein, 1994) (-) intrinsischer Karriereerfolg (Boudreau et al., 2001) (-) Gehalt bei Männern (Mueller & Plug, 2006)
Offenheit für Erfahrungen	einfallsreich, kultiviert, originell, vielseitig, intellektuell, aufgeschlossen, ästhetikbetont, auch Intellekt oder Kultiviertheit genannt	(+) Gehalt bei Männern (Mueller & Plug, 2006) (+) Gehalt bei Frauen (Mueller & Plug, 2006)
Verträglichkeit	freundlich, höflich, flexibel, vertrauensvoll, kooperativ, tolerant, versöhnlich, weichherzig	(-) extrinsischer Karriereerfolg (Boudreau et al. 2001) (-) Gehalt bei Männern (Mueller & Plug, 2006)
Extraversion	gesellig, gesprächig, großzügig, bestimmt, dominant, aktiv, impulsiv	(+) Arbeitsteilung (Piedmont & Weinstein, 1994) (+) Führungsfähigkeit (Furnham et al., 1997) (+) intrinsischer Karriereerfolg (Boudreau et al., 2001) (+) extrinsischer Karriereerfolg (Boudreau et al., 2001)
Gewissenhaftigkeit	verlässlich, sorgfältig, verantwortungsbewusst, planvoll, organisiert, leistungsorientiert, ausdauernd	(+) erfolgreiche Führung (Barrick & Mount, 1991; Salgado, 1997; Tett et al., 1991) (+) Führungsfähigkeit (Furnham et al., 1997) (+) Gehalt bei Frauen (Mueller & Plug, 2006)

Quelle: Fietze et al., 2009

In der vorliegenden Untersuchung gilt es die These zu überprüfen, ob emotional labilere Promovierende (hohe Neurotizismuswerte) eher an Abbruch denken und gleichermaßen häufiger und intensiver den Abbruch ihrer Promotion in Erwägung ziehen als Promovierende, die emotional stabiler sind (niedrige Neurotizismuswerte) und damit ausgeglichener, sorgenfreier sind und in Stresssituationen eher gelassen bleiben. In einem ersten Rechenschritt wurde zunächst eine Hauptkomponentenanalyse (mit Kaiserkriterium, Oblimin) durchgeführt, bei der sich die fünf Persönlichkeitsdimension den Erwartungen gemäß abbilden ließen (vgl. Tabelle A.6 im Anhang). Deskriptiv konnte nachgewiesen werden, dass sich signifikante Mittelwertunterschiede (im Rücklaufsample $n = 1081$) zwischen den Promovierenden mit und ohne Abbruchgedanken bezüglich der Persönlichkeitsdimensionen Neurotizismus und Gewissenhaftigkeit ergeben. So zeigt sich, dass

Promovierende mit Abbruchgedanken im Durchschnitt signifikant höhere Neurotizismuswerte aufweisen (M = 13.50, SD = 3.98, F (1,954) = 40.47, p = .00, η^2 = .04) als Promovierende ohne Abbruchgedanken (M = 11.81, SD = 4.06). Für die Persönlichkeitsdimension Gewissenhaftigkeit ließ sich nachweisen, dass Promovierende mit Abbruchgedanken im Durchschnitt signifikant geringere Werte in der Gewissenhaftigkeit aufwiesen (M = 15.75, SD = 3.10, F (1,947) = 6.95, p = .01, η^2 = .01) als Promovierende ohne Abbruchgedanken (M = 16.27, SD = 2.90). Bei den übrigen Dimensionen gab es keine signifikanten Mittelwertunterschiede (Extraversion: F (1,949) = 0.01, p = .92, η^2 = .00; Offenheit: F (1,943) = 0.29, p = .59, η^2 = .00; Verträglichkeit: F (1,949) = 0.84, p = .36, η^2 = .00). Ein Zusammenhang zwischen den Abbruchgedanken und den Persönlichkeitsdimensionen konnte allerdings nicht nachgewiesen werden. Die Ergebnisse der logistischen und linearen Einzelmodelle (vgl. Tabelle A.7, A.8 und A.9 im Anhang) verdeutlichen, dass der Persönlichkeitsfaktor „Neurotizismus" einen positiven und hoch signifikanten Einfluss auf das Vorhandensein ($Exp(B)$ = 1.12, p = .00) sowie einen positiven und signifikanten Einfluss auf die Häufigkeit von Abbruchgedanken hat (β = 0.19, p = .01). Demnach nimmt die Wahrscheinlichkeit des Vorhandenseins von Abbruchgedanken (um 12 %; vgl. Tabelle A.7 und A.8 Modell (1) im Anhang) und deren Häufigkeit signifikant zu, wenn Promovierende eher ängstlich, unsicher bzw. kritisch eingestellt sind. Es hat jedoch laut der linearen Regressionsmodelle keinerlei Auswirkungen auf die Intensität der Abbruchgedanken von strukturiert Promovierenden ((β = -0.06). Ein weiterer positiver Effekt, der in den logistischen Modellen allerdings nur annähernd signifikant ist, konnte bei dem Persönlichkeitsfaktor „Extraversion" nachgewiesen werden ($Exp(B)$ = 1.04, p < 0.10). So nimmt die Wahrscheinlichkeit, den Abbruch der Promotion in Betracht zu ziehen, bei extrovertierten, eher dominanten, aktiven, aber auch impulsiveren Promovierenden um 4 % zu. Dies ließ sich für die Häufigkeit der Abbruchgedanken allerdings nicht mehr nachweisen. Während die Persönlichkeitsfaktoren Neurotizismus, Extraversion, Offenheit und Verträglichkeit die Wahrscheinlichkeit, an den Abbruch der Promotion zu denken, erhöhen (alle Werte > 1), senkt sich die Wahrscheinlichkeit hingegen bei der Gewissenhaftigkeit (Wert < 1). Promovierende, die verantwortungsbewusst, leistungsorientiert und ausdauernd sind, ziehen den Abbruch ihrer Promotion also eher nicht in Erwägung. Bei der Häufigkeit der Abbruchgedanken ist es nicht nur die Gewissenhaftigkeit, sondern auch die Extraversion, die sich bei strukturiert Promovierenden senkend auswirken kann. Konträr zu den Effekten stellen sich die Ergebnisse der linearen Regressionsmodelle bei der Intensität der Abbruchgedanken dar. So hat hier der Faktor „Offenheit für Erfahrungen" einen positiven näherungsweisen Effekt auf die Intensität der Abbruchgedanken (β = 0.12, p = .10, vgl. Tabelle A.9 Modell (1) im Anhang). Promovierende denken also intensiver über einen Abbruch ihrer Promotion nach, wenn sie einfallsreich, vielseitig und aufgeschlossen sind. Da sich die Persönlichkeitsfaktoren nicht nur auf das Vorhandensein von Abbruchgedanken, sondern auch auf deren Häufigkeit und Intensität auszuwirken scheinen, werden die Big Five auch in den Endmodellen wieder aufgegriffen.

Berufliche Erwartung (Motivation)

Ergänzt wurde das psychologische Modell durch die beruflichen Erwartungen der PromovendInnen zu Beginn ihrer Promotion. Die Frage „Welche beruflichen Erwartungen hatten Sie zu Beginn Ihrer Promotion?" und die Einschätzung der Aussage „Ich strebe/strebte eine Professur an" auf einer 7-stufigen Likert-Skala von „trifft überhaupt nicht zu" bis „trifft voll zu" spiegeln wider, mit welchem Ziel bzw. mit welcher Motivation sich die PromovendInnen der Promotion widmen. Je mehr die Promovierenden eine wissenschaftliche Karriere mit dem Ziel der Professur anstreben, desto unwahrscheinlicher sind Abbruchgedanken. Auch denken diese Promovierenden weniger häufig und intensiv an den Abbruch ihrer Promotion. Beim deskriptiven Vergleich konnten signifikante Mittelwertunterschiede zwischen den Promovierenden aus strukturierten Promotionsprogrammen mit und ohne Abbruchgedanken bzgl. ihrer beruflichen Erwartungen nachgewiesen werden ($F = 9.49$, $p = .00$, $\eta^2 = .01$). In den logistischen Einzelmodellen (vgl. Tabelle A.7, A.8 und A.9 im Anhang) zeigte sich jedoch nur ein signifikant negativer Effekt für das Vorhandensein von Abbruchgedanken ($Exp(B) = 0.91$, $p < .01$). Das heißt, wenn Promovierende aus strukturierten Promotionsprogrammen ein klares Ziel – hier in Form der Professur – vor Augen haben, wirkt sich dies um 9 % (vgl. Tabelle A.7 Modell (2) im Anhang) senkend auf die Wahrscheinlichkeit des Vorhandenseins von Abbruchgedanken aus. Während sich die Motivation, eine Professur zu erreichen, laut den Ergebnissen der linearen Modelle erhöhend auf die Häufigkeit von Abbruchgedanken auswirkt ($\beta = 0.06$; vgl. Tabelle A.8 Modell (2) im Anhang), hat sie bei der Intensität einen eher senkenden Einfluss ($\beta = -0.05$; vgl. Tabelle A.9 Modell (2) im Anhang). Die berufliche Erwartung der Promovierenden hat jedoch keinen signifikanten Einfluss auf die Häufigkeit und die Intensität der Abbruchgedanken und wird daher nur im Endmodell für das Vorhandensein von Abbruchgedanken aufgenommen.

Modellfit: Die Verbesserung des Modells zum Vorhandensein von Abbruchgedanken mit den psychologischen Faktoren gegenüber dem Ausgangsmodell ist mit 5 % eher zu vernachlässigen (vgl. Tabelle A.7 im Anhang). Auch die Verbesserung des Modells zur Häufigkeit der Abbruchgedanken ist mit 3 % eher marginal (vgl.

Tabelle A.8 im Anhang). Und mit einer Verbesserung von 2 % scheinen die Persönlichkeit und Motivation die geringste Erklärungskraft für die Intensität der Abbruchgedanken zu haben (vgl. Tabelle A.9 im Anhang).

2.4.2.3 Ökonomische Faktoren

Im Folgenden geht es um die Effekte der Ausstattung und Struktur der Promotionsprogramme – deren organisationale Faktoren – und deren Auswirkungen auf die Abbruchgedanken ihrer Promovierenden. Es steht die Frage im Mittelpunkt: Was passiert mit den Promovierenden während der Promotion in einem strukturierten Programm? Für die ökonomische Erklärungsperspektive wurde die Art der Finanzierung der Promotion bzw. das Beschäftigungsverhältnis, in dem sich die Promovierenden während des Promotionsprozesses befanden, herangezogen. Amerikanische Studien haben gezeigt, dass Promovierende, die sich selbst finanzieren müssen, ihre Promotion mit weniger Wahrscheinlichkeit abschließen als Promovierende, die eine Finanzierung erhalten (Lovitts und Nelson, 2000). Die strukturierte Promotion in Deutschland ist hingegen meist mit einem ganz bestimmten Finanzierungsmodell verbunden: der Finanzierung über Stipendien (Korff und Roman, 2013).

Beschäftigung bzw. Finanzierung

Wie die deskriptive Auswertung der Daten bereits gezeigt hat, wird die Promotion in strukturierten Promotionsprogrammen am häufigsten über Stipendien finanziert (vgl. Kapitel 2.2). So sind jeweils über die Hälfte der Promovierenden aus strukturierten Programmen über Stipendien im Rahmen der Programme finanziert (Männer: 56 % und Frauen: 53 %). Zum Vergleich ist die Gruppe ohne jegliche Finanzierung für ihre Promotion recht gering, aber dennoch vertreten (Männer: 3 % und Frauen: 4 %; vgl. Tabelle II.3). Diese Gruppe wurde in der Analyse als Referenzkategorie herangezogen. Neben der Finanzierung der Promotion über Stipendien ließen sich auch Finanzierungen über Stellen entweder innerhalb oder außerhalb der Programme ausmachen. Dies können zum Beispiel Projektstellen, Qualifizierungsstellen oder Koordinationsstellen sein. Meist handelt es sich hier um befristete 50 %-Stellen (vgl. Tabelle II.3). Für die Ergebnisse der logistischen und linearen Einzelmodelle (vgl. Tabelle A.10 im Anhang) kann insgesamt festgehalten werden, dass sich keine signifikanten Effekte der Finanzierung bzw. des Beschäftigungsverhältnisses auf das Vorhandensein, die Häufigkeit und Intensität der Abbruchgedanken nachweisen ließen. Daher wurde die Finanzierung bzw. das Beschäftigungsverhältnis auch nicht in den Endmodellen berücksichtigt. Bei den

Effektrichtungen (vgl. Tabelle 2.12) ergeben sich jedoch im logistischen Einzelmodell widersprüchliche Ergebnisse (vgl. Tabelle A.10 im Anhang). So wirkt sich eine befristete Stelle als wissenschaftliche/r MitarbeiterIn *außerhalb* des Promotionsprogramms ($Exp(B)$ = 1.24) genauso wie ein Stipendium *im* Rahmen des Promotionsprogramms ($Exp(B)$ = 1.25) erhöhend auf die Wahrscheinlichkeit des Auftretens von Abbruchgedanken aus, während sich hingegen eine befristete Stelle als wissenschaftliche/r MitarbeiterIn *im* Promotionsprogramm selbst ($Exp(B)$ = 0.78) senkend auf die Wahrscheinlichkeit des Auftretens von Abbruchgedanken auswirkt (vgl. Tabelle A.10 Modell (1) im Anhang). Für die Häufigkeit der Abbruchgedanken ergibt sich aus den linearen Regressionsmodellen ein ganz ähnliches Bild. Auch hier wirkt sich eine befristete wissenschaftliche MitarbeiterInnenstelle (β = 0.080) und ein Stipendium *im* Rahmen des Programms (β = 0.040) erhöhend auf die Häufigkeit der Abbruchgedanken aus, während sich auch hier eine befristete Stelle als wissenschaftliche/r MitarbeiterIn *im* Promotionsprogramm (β = - 0.01), eher senkend auf die Häufigkeit der Abbruchgedanken auswirkt (vgl. Tabelle A.10 Modell (2) im Anhang). Bei der Intensität der Abbruchgedanken zeigte sich im Gegensatz dazu, dass die befristete Stelle als wissenschaftliche/r MitarbeiterIn *im* Programm (β = 0.01) und das Stipendium *im* Rahmen des Programms (β = 0.05) sich förderlich auf die Intensität der Abbruchgedanken auswirkten, während sich die Stelle *außerhalb* des Programms (β = - 0.10) als eher mindernd auf die Intensität der Abbruchgedanken auswirkt. Auch wenn das Modellfit für die ökonomischen Faktoren insgesamt eher schlecht ausfällt (s. u.), ist die Erklärungskraft im letzten Modell zur Intensität der Abbruchgedanken am höchsten (vgl. Tabelle A.10 Modell (3) im Anhang). Wenn diese Effekte auch nur marginal sind, bildet sich hier eine These ab, die eine genauere Betrachtung wert wäre (vgl. Tabelle 2.12): Nicht die Art der Finanzierung, ob nun über eine Stelle oder ein Stipendium, wirkt sich förderlich, zumindest laut dieser Untersuchung, auf die Intensität des potenziellen Abbruchs von Promovierenden aus strukturierten Promotionsprogrammen aus, sondern vielmehr, ob diese Finanzierung innerhalb oder außerhalb des Programms stattfindet. Hier stellt sich also die Frage, ob eine unabhängige Finanzierung der strukturierten Promotion bzw. eine Distanz zwischen Finanzierung und Förderung – ähnlich der Forderung nach einer Trennung von Betreuung und Begutachtung – förderlich für die Verhinderung von Abbruchgedanken und dem tatsächlichen Abbruch wäre, sprich: Auch hier sollte das Abhängigkeitsverhältnis aufgelöst werden.

Tabelle 2.12: Effektrichtung bei dem binär logistischen und den linearen Regressionsmodell(en) zu den ökonomischen Einflussfaktoren auf das Vorhandensein von Abbruchgedanken (1), auf die Häufigkeit von Abbruchgedanken (2) und deren Intensität (3)

	(1)	(2)	(3)
Befr. Stelle als wiss. MitarbeiterIn im Programm	-	-	+
Befr. Stelle als wiss. MitarbeiterIn außerhalb des Programms	+	+	-
Stipendium im Rahmen des Programms	+	+	+
Extern gefördertes Stipendium	-	+	-
Sonstiges	-	+	-

Modellfit: Die Verbesserung des Modells zum Vorhandensein, zur Häufigkeit und Intensität von Abbruchgedanken mit den ökonomischen Faktoren gegenüber dem Ausgangsmodell ist mit zweimal 1 und 2 % sehr gering (vgl. Tabelle A.10 im Anhang).

2.4.2.4 Programmatische Faktoren

Aus organisationstheoretischer Perspektive erscheinen nicht nur die ökonomischen Faktoren als wichtig, sondern ebenfalls, wie die Promotionsphase in den Programmen der strukturierten Promotion ausgestaltet ist. Hier stehen also die programmtischen Faktoren im Fokus der Betrachtung und deren Auswirkungen auf die Abbruchgedanken von Promovierenden aus strukturierten Promotionsprogrammen. Bei Berning und Falk (2006) erwies sich zum Beispiel eine nicht ausreichend intensive Betreuung als stärkster Einflussfaktor auf Überlegungen abzubrechen.

Anzahl der Betreuungspersonen

Ein Ziel der strukturierten Promotion ist die Aufhebung des Meister-Schüler-Modells bzw. des Abhängigkeitsverhältnisses eines Promovierenden von nur einer Betreuungsperson. „Während Individualpromovierende mehrheitlich in einem Einzelbetreuungsverhältnis stehen, wird die Mehrheit der strukturiert Promovierenden von mehr als einer Person betreut" (Baader et al., 2013, S. 220). Nur ein Viertel der strukturiert Promovierenden berichtet jedoch von Betreuungen durch ein Team (ebd., S. 108). Deskriptiv hat sich gezeigt, dass sich zwischen der

Gruppe der Promovierenden aus strukturierten Promotionsprogrammen mit und ohne Abbruchgedanken keine nennenswerten Mittelwertunterschiede in der Anzahl der Betreuungspersonen ergeben, und es konnte kein Zusammenhang zu den Abbruchgedanken nachgewiesen werden (ohne Abbruchgedanken: M = 1.81, n = 641, SD = 1.11; mit Abbruchgedanken: M = 1.81, n = 440, SD = 1.08, $F(1/1079)$ = 0.02, p = .89, η^2 = .00). Folglich stellt sich die Frage, ob sich eine zunehmende Anzahl an Betreuungspersonen förderlich oder hinderlich auf das Vorhandensein, die Häufigkeit und Intensität der Abbruchgedanken von Promovierenden aus strukturierten Promotionsprogrammen auswirkt. Daher wurde die „Anzahl der Betreuungspersonen" in die Analyse aufgenommen, um deren Effekte auf die Abbruchgedanken zu bestimmen. Die logistischen Einzelmodelle (vgl. Tabelle A.11, A.12 und A.13 im Anhang) bringen so zum Vorschein, dass – unter Kontrolle der anderen Faktoren – mit zunehmender Anzahl der Betreuungspersonen die Wahrscheinlichkeit des Vorhandenseins von Abbruchgedanken um 7 % sinkt ($Exp(B)$ = 0.93). Allerdings ist dieser Effekt nicht signifikant. Bei den linearen Regressionsmodellen zeigt sich, dass die Anzahl der Betreuungspersonen auf die Häufigkeit (β = 0.01) und Intensität (β = 0.05) der Abbruchgedanken zwar positive, aber nur geringe Effekte hat, so dass die Anzahl der Betreuungspersonen in den Endmodellen keine Berücksichtigung findet.

Betreuungshäufigkeit

Ob auch eine Steigerung der Betreuungsintensität dazu führt, dass Promovierende den Abbruch ihrer Promotion nicht in Erwägung ziehen bzw. weniger häufig und intensiv an den Abbruch ihrer Promotion denken, soll mit der Betreuungshäufigkeit in der strukturierten Promotion betrachtet werden. Diese wurde anhand der Frage „Wie bewerten Sie die Häufigkeit der Gespräche bzw. Beratungen?" überprüft. Leider wurde diese Variable nicht metrisch erhoben, so dass eine Dummy-Codierung vorgenommen werden musste. Es wurden drei Dummy-Variablen gebildet: „Betreuung seltener als erwünscht", „Betreuung so häufig wie erwünscht" (Referenzkategorie) und „Betreuung häufiger als erwünscht", die jeweils den Wert (0) annehmen, wenn die Aussage nicht zutrifft, und den Wert (1), wenn die Aussage zutreffend ist. Bei der deskriptiven Auswertung ließ sich nachweisen, dass ein Zusammenhang zwischen der Betreuungshäufigkeit und dem Vorhandensein von Abbruchgedanken besteht (χ^2 (2, n = 888) = 48.86, p = .00, *Cramer's V* = .24), jedoch keiner bei der Häufigkeit ($F(6,358)$ = 2.19, p = .04, η^2 = .04) und Intensität der Abbruchgedanken ($F(6,358)$ = 1.07, p = .38, η^2 = .02). In den Einzelmodellen gilt es nun zu überprüfen, welche Effekte die Betreuungshäufigkeit auf die Abbruchgedanken hat und wie diese sich unter der Kontrolle von anderen Variablen verhält. Anhand der logistischen Regressionsmodelle (vgl. Tabelle A.11, A.12

und A.13 im Anhang) zeigt sich, dass sie sich sowohl bei einer Betreuung, die seltener stattfindet als erwünscht ($Exp(B)$ = 2.70, p < .00), als auch bei einer Betreuung, die häufiger stattfindet als erwünscht ($Exp(B)$ = 1.65), positiv auf das Vorhandensein von Abbruchgedanken auswirkt. So steigt bei den Promovierenden, die angegeben haben, dass ihre Betreuung seltener stattfindet als erwünscht, die Wahrscheinlichkeit des Vorhandenseins um 70 %, und bei den Promovierenden, die angegeben haben, dass ihre Betreuung häufiger stattfindet als erwünscht, um 65 % (vgl. Tabelle A.11 Modell (7) im Anhang). Das heißt, dass eine zu seltene, aber auch zu häufige Betreuung, im Vergleich zur Betreuung, die wie gewünscht angeboten wird, dafür sorgt, dass bei den Promovierenden eher Abbruchgedanken vorhanden sind. Im linearen Modell zur Häufigkeit der Abbruchgedanken verhält es sich ganz ähnlich und der Effekt, bei der Betreuung, die häufiger stattfindet als erwünscht, ist (auf dem 10 %igen Niveau) sogar annähernd signifikant. Das heißt auch die Häufigkeit der Abbruchgedanken nimmt zu, wenn Promovierende seltener (β = 0.11, p < .10) und häufiger (β = 0.13, p < .05) als erwünscht betreut werden. Die Betreuungshäufigkeit der Promovierenden hat jedoch keinen signifikanten Einfluss auf die Intensität der Abbruchgedanken und wurde daher nur in die Endmodelle für das Vorhandensein und die Häufigkeit von Abbruchgedanken mit einbezogen.

Anzahl der verpflichtenden Tätigkeiten

Vor allem die „promotionsfernen" Tätigkeiten, wie Lehre und Projektarbeit, führt Moes (2010) als Gründe für eine hohe Promotionsdauer und Abbruchquote bei den Individualpromovierenden an, von denen die Promovierenden in strukturierten Programmen, so seine Annahme, weitestgehend befreit sind. Allerdings führt in den strukturierten Programmen ein „mehr oder weniger sinnvoll" abgestimmtes Curriculum bei den Promovierenden zu einer Belastung ihres Zeitbudgets (ebd., S. 47 f.). Während im *Chance*-Projekt davon ausgegangen wurde, dass von einem „Mehr oder Weniger an verpflichtenden Tätigkeiten und von der Gestaltung von Abwesenheitsregelungen Grade der Strukturierung der Programme abgelesen werden können" (Herz und Korff, 2013, S. 91 f.), soll in dieser Untersuchung der Effekt von der Anzahl verpflichtender Tätigkeiten auf die Abbruchgedanken ermittelt werden. Je höher der Anteil der verpflichtenden Aktivitäten während der Promotion, so die Vermutung, desto eher tendieren die Promovierenden zu Abbruchgedanken. Um dieser These nachzugehen, sollten die Promovierenden die Frage „Welche der genannten Aktivitäten/Tätigkeiten führen/führten Sie während Ihrer Zeit im Promotionsprogramm durch?" beantworten. Hierzu wurde ein additiver Index gebildet, bei dem sich zeigt, dass die Promovierenden in strukturierten

Promotionsprogrammen durchschnittlich drei der zur Auswahl gestellten Tätigkeiten während ihrer Promotion (zusätzlich und verpflichtend) nachgingen ($M = 3.30$, $SD = 2.44$, $Min = 0$, $Max = 13$, $n = 1026$; vgl. Tabelle A.1 im Anhang). Zudem konnten signifikante Mittelwertunterschiede zwischen den Promovierenden mit ($M = 3.1$, $SD = 2.4$) und ohne ($M = 3.6$, $SD = 2.5$) Abbruchgedanken und der Anzahl der verpflichtenden Tätigkeiten nachgewiesen werden, jedoch besteht kaum ein Zusammenhang zwischen den beiden Variablen ($t(1.064) = -3,40$, $p = .00$, $\eta^2 = .01$). Bei der Häufigkeit ($r = .15$, $p < .01$) und Intensität ($r = .12$, $p < .05$) der Abbruchgedanken zeigen sich nur geringe, aber signifikante Zusammenhänge. Welchen Effekt hat die Anzahl der verpflichtenden Tätigkeiten jedoch unter der Kontrolle der anderen Variablen in den Einzelmodellen? Hier kann festgehalten werden, dass sich sowohl beim Vorhandensein von Abbruchgedanken ($Exp(B) = 1.12$, $p > .01$) als auch bei der Häufigkeit ($\beta = 0.17$, $p < .01$) die Anzahl der verpflichtenden Tätigkeiten positiv auswirken (vgl. Tabelle A.11 und A.12 Modell (7) im Anhang). Bei der Intensität der Abbruchgedanken ist der (positive) Effekt hingegen nur noch näherungsweise signifikant, und unter Hinzunahme der Variable „Büroräume vorhanden oder nicht" verschwindet die Signifikanz des Effektes völlig ($\beta = 0.10$, Mediatoreffekt). Daher werden die verpflichtenden Tätigkeiten nur in die Endmodelle zum Vorhandensein und der Häufigkeit von Abbruchgedanken aufgenommen.

Anzahl der angebotenen Veranstaltungen

Gerade durch die formale Komponente eines (verpflichtenden) Curriculums wird die strukturierte Promotion im Diskurs häufig von der Individualpromotion abgrenzt. Dennoch ist diese Komponente des „Bauplans", wie der Forschungsstand verdeutlicht, kaum beleuchtet. Sie steht häufig im Mittelpunkt der Kritik, wenn es um die Befürchtung einer übermäßigen Verschulung der Promotion geht (Hauss und Kaulisch, 2012, S. 176) oder wenn durch verpflichtende Lehrveranstaltungen, ähnlich wie die zusätzlichen verpflichtenden Tätigkeiten/Aufgaben, eine zusätzliche Belastung entsteht (Deutsche Physikalische Gesellschaft e. V., 2007, S. 1). Es stellt sich daher die Frage, ob die zusätzlichen Veranstaltungen eher hemmend oder förderlich auf die Abbruchgedanken von Promovierenden aus strukturierten Promotionsprogrammen wirken. Aus diesem Grund werden die Angaben der Promovierenden zur Anzahl der angebotenen Veranstaltungen (Frage: Welche der folgenden promotionsbegleitenden Angebote in Ihrem Promotionsprogramm – speziell für DoktorandInnen – gab/gibt es?) aufsummiert und analysiert. Am häufigsten werden das DoktorandInnenkolloquium, spezielle Vorlesungen oder Seminare für DoktorandInnen oder Veranstaltungen zum wissenschaftlichen Arbeiten genannt (vgl. Tabelle A.14 im Anhang). Durchschnittlich geben die Promovierenden an, fünf Angebote der zur Auswahl stehenden Kurse zu besuchen bzw. besucht zu haben ($M = 5.4$, $SD = 1.7$, $Min = 0$, $Max = 8$, $n = 1.081$). Zudem zeigen sich signifikante Mittelwertunterschiede zwischen den Promovierenden mit ($M = 5.3$, $SD = 1.74$) und ohne ($M = 5.5$, $SD = 1.74$) Abbruchgedanken und der Anzahl der angebotenen Veranstaltungen ($t(1.079) = 2.18$, $p = .03$, $\eta^2 = .00$), aber kein Zusammenhang zwischen den beiden Variablen. Bei der Häufigkeit ($r = -.06$) und der Intensität ($r = -.01$) der Abbruchgedanken können ebenfalls keine Zusammenhänge mit der Anzahl der angebotenen Veranstaltungen nachgewiesen werden.

Für die Einzelmodelle stellt sich die Frage, welchen Effekt die Anzahl der angebotenen Veranstaltungen auf die Abbruchgedanken von Promovierenden hat: Während sich beim Vorhandensein von Abbruchgedanken ein signifikant negativer Effekt in den logistischen Modellen zeigt, das heißt die Wahrscheinlichkeit von Abbruchgedanken mit zunehmender Anzahl an Veranstaltungen um 12,9 % abnimmt ($Exp(B) = 0.87$, $p < .01$), können bei der Häufigkeit ($\beta = -0.07$) und der Intensität ($\beta = 0.04$) der Abbruchgedanken in den linearen Regressionsmodellen keine bemerkenswerten Effekte nachgewiesen werden. So wird nur im Endmodell zum Vorhandensein von Abbruchgedanken bei Promovierenden aus strukturierten Promotionsprogrammen die Anzahl der angebotenen Veranstaltungen aufgegriffen.

Arbeitsstunden pro Woche

Bei der Betrachtung der Einschätzung der aufgewendeten Arbeitszeit pro Woche (Frage: Wie viele Stunden arbeiten Sie pro Woche durchschnittlich an Ihrer Promotion (Schreiben, Seminare, Experimente, Vorträge)?) fällt auf, dass die Arbeitsbelastung bei den strukturiert Promovierenden mit durchschnittlich 41 Stunden fast einer 100 %-Stelle entspricht ($M = 41.0$, $SD = 13.4$, $Min = 1$, $Max = 90$, $n = 1061$). Mit einer Standardabweichung von 13 Stunden streuen die Angaben der Promovierenden aus strukturierten Programmen jedoch stark. Schaut man sich die Arbeitszeit im Vergleich zwischen den Promovierenden mit und ohne Abbruchgedanken an, lässt sich festhalten, dass keine (signifikanten) Mittelwertunterschiede und kein Zusammenhang zwischen den Variablen nachgewiesen werden können ($t(1.059) = .16$, $p = .88$, $\eta^2 = .00$). Auch bei der Häufigkeit ($r = .04$) und der Intensität ($r = .01$) der Abbruchgedanken ergeben sich keine Zusammenhänge. Auch bei den logistischen und linearen Regressionsmodellen (vgl. Tabelle A.11, A.12 und A.13 Modell (7) im Anhang) zeigen sich keinerlei nennenswerte Effekte der Arbeitsstunden auf die Abbruchgedanken der Promovierenden, weshalb die Variable keine Berücksichtigung in den Endmodellen findet.

Genehmigung von Abwesenheit

Hinter der Berücksichtigung dieser Variable liegt die Vermutung, dass sich die zeitlichen Rahmenbedingungen bzw. eine starke Regulierung von Abwesenheit(szeiten) innerhalb von strukturierten Promotionsprogrammen auf die Promovierenden auswirkt. Dazu wurden die Promovierenden in der Online-Befragung gebeten, Einschätzungen auf einer 7-stufigen Skala jeweils zum Umgang mit Abwesenheitszeiten und Urlaub in ihren Promotionsprogrammen vorzunehmen (Frage: Uns interessiert, wie in Ihrem Promotionsprogramm mit Abwesenheitszeiten umgegangen wird. Abwesenheitszeiten müssen genehmigt werden. Urlaub muss ich mir genehmigen lassen.). Deskriptiv liegt die Einschätzung der Genehmigung von Abwesenheitszeiten von den Promovierenden unter dem Mittel ($M = 3.5$, $SD = 3.0$, $Min = 1$, $Max = 7$, $n = 1072$), während die Genehmigung von Urlaub genau im Mittel liegt ($M = 4.1$, $SD = 4.0$, $Min = 1$, $Max = 7$, $n = 1064$). Es können keine Mittelwertunterschiede zwischen den Promovierenden mit und ohne Abbruchgedanken sowie der Genehmigung von Abwesenheitszeiten ($t(1.070) = -.08$, $p = .94$) und der Genehmigung von Urlaub ($t(1.062) = -.46$, $p = .65$) nachgewiesen werden. Korrelationen liegen bei der Häufigkeit (Abwesenheitszeiten: $r = .06$; Urlaub: $r = .05$) und der Intensität (Abwesenheitszeiten: $r = .06$; Urlaub: $r = .01$) der Abbruchgedanken ebenfalls nicht vor. Da die beiden Variablen eine hohe und signifikante Korrelation ($r = .61$, $p = .00$) aufweisen, wird ein additiver Index aus den beiden 7-stufigen Einschätzungen zur Genehmigungspflicht von Abwesenheitszeiten und Urlaub für die Regressionsanalysen gebildet. In den logistischen und linearen Einzelmodellen zeigen sich keinerlei nennenswerte Effekte auf die Abbruchgedanken der Promovierenden, weshalb die Variable in den Endmodellen nicht berücksichtigt wird (vgl. Tabelle A.11, A.12 und A.13 Modell (7) im Anhang).

Büroräume

Bei der Ausstattung von strukturierten Promotionsprogrammen spielen (Büro-) Räume für die Promovierenden eine wesentliche Rolle (vgl. Kapitel 3.3.1). Denn das Modell der Individualpromotion in „Einsamkeit und Freiheit" (Schelsky, 1963; Engler, 2001; Tiefel, 2006) wird gern mit dem „Gemeinsam zum Doktortitel" (DFG, 2011) der strukturierten Promotionsprogramme verglichen. Daher liegt die Vermutung nahe, dass sich vorhandene Räumlichkeiten, die die strukturiert Promovierenden allein, zu zweit oder gemeinsam nutzen können, einen Einfluss darauf haben, ob sie den Abbruch ihrer Promotion in Erwägung ziehen. Anhand der Frage „Bitte machen Sie Angaben über Ihre Arbeitsplatzsituation in Ihrem Promotionsprogramm" wird die Arbeitssituation der Promovierenden ermittelt.

Die Variable nimmt den Wert (1) an, wenn keine Büroräume zur Verfügung gestellt werden, und den Wert (0), wenn Räume im Promotionsprogramm vorhanden sind. Es zeigt sich, dass bei nur 13,3 % der Promovierenden keine Büroräume zur Verfügung stehen ($n = 1081$). Ein Mittelwertunterschied zwischen Promovierenden mit und ohne Abbruchgedanken und dem Vorhandensein von Büroräumen kann nicht nachgewiesen werden ($t(1.079) = .66$, $p = .51$). Gleiches gilt bezüglich der Häufigkeit ($F(1,438) = .03$, $p = .88$, $\eta^2 = .00$) und Intensität ($F(1,438) = .08$, $p = .78$, $\eta^2 = .00$) der Abbruchgedanken und dem Vorhandensein von Büroräumen. Auch hier ergeben sich keine Effekte vom Vorhandensein von Büroräumen auf die Abbruchgedanken von Promovierenden aus strukturierten Promotionsprogrammen (vgl. Tabelle A.11, A.12 und A.13 Modell (7) im Anhang), so dass auch die Variable in den Endmodellen keine Berücksichtigung findet.

Modellfit: Die Verbesserung des Modells zum Vorhandensein von Abbruchgedanken mit den programmatischen Faktoren hat gegenüber dem Ausgangsmodell mit 6 % eine höhere Erklärungskraft im Vergleich zu den anderen Modellfits (vgl. Tabelle A.11 im Anhang). Auch die Verbesserung bei der Häufigkeit der Abbruchgedanken ist mit 6 % im Vergleich zu den anderen Werten annehmbar (vgl. Tabelle A.12 im Anhang). Mit einer Verbesserung von nur 2 % hat das Modell zur Intensität der Abbruchgedanken die „geringste" Erklärungskraft (vgl. Tabelle A.13 im Anhang).

2.4.2.5 Einbindung vs. Einsamkeit

Die Erkenntnisse aus der Clusteranalyse (vgl. Kapitel 2.3) lassen darauf schließen, dass eine bessere soziale Einbindung in die Promotionsprogramme, zu denen die Betreuung, aber eben auch die Peer-Relations gehören, ein wesentlicher Faktor bei der Verhinderung bzw. Minimierung von Abbruchgedanken darstellt. Ali und Kohun (2006/2007) stellten ebenfalls in ihrer Untersuchung fest, dass das Gefühl der Isolation der Ausgangspunkt für die Entscheidung von Promovierenden sein kann, ihr Promotionsprogramm – das Modell „Promovieren in Gemeinschaft" – zu verlassen. Daher wird die soziale Einbindung (z. B. das Gefühl, verlässliche Peers/Betreuungspersonen zu haben; DIW, 2007) in Verbindung mit der sozialen Einsamkeit – in Anlehnung an die „Loneliness Scale" von De Jong-Gierveld und van Tilburg (1985, 1999 und 2006) – in die multivariaten Analysen eingebunden. In einem ersten Rechenschritt wurde eine Hauptkomponentenanalyse (mit Kaiserkriterium, Oblimin) durchgeführt, bei der sich drei Dimensionen den Erwartungen gemäß abbilden ließen (vgl. Tabelle A.2 im Anhang). Bei der ersten Dimension handelt es sich in erster Linie um Items zur Einschätzung der Einbindung in die

Peer-Relations. Bei der zweiten Dimension handelt es sich um Items zur (generellen) Einbindung über die Betreuung(sperson(en)), während die dritte und letzte Dimension die drei Items aus der Skala „social loneliness" zusammenfasst und somit für die Einschätzung der (sozialen) Einsamkeit der Promovierenden in ihren Promotionsprogrammen steht. Deskriptiv ließ sich bereits nachweisen (vgl. Kapitel 2.2), dass bei der Einbindung in die Peer-Relations und dem Vorhandensein von Abbruchgedanken kein Zusammenhang besteht ($r = -.01, p = .71$). Hingegen ergibt sich eine negative und hoch signifikante mittelstarke Korrelation zwischen der Einbindung in die Betreuung und dem Vorhandensein von Abbruchgedanken ($r = -.34, p = .00$), sprich: Je „besser/stärker" die Einbindung durch die Betreuung, desto geringer die Wahrscheinlichkeit von Abbruchgedanken. Auch bei der Häufigkeit der Abbruchgedanken zeigt sich ein ganz ähnliches Bild. So besteht kein Zusammenhang zwischen der Häufigkeit der Abbruchgedanken und der Einbindung in die Peer-Relations ($r = -.05, p = .32$), aber durchaus eine negative und hoch signifikante mittelstarke Korrelation zwischen der Häufigkeit der Abbruchgedanken und der Einbindung durch die Betreuung ($r = -.25, p = .00$). Das heißt, je „besser/stärker" die Einbindung durch die Betreuung(spersonen), desto geringer die Abbruchgedanken der Promovierenden. Bei der Intensität der Abbruchgedanken zeigt sich hingegen ein etwas anderes Bild, da die Bedeutung der Peers zunimmt. Es kann ein negativer und signifikanter (aber nur geringer) Zusammenhang zwischen der Intensität der Abbruchgedanken und den Peer-Relations nachgewiesen werden ($r = -.11, p = .04$). Das heißt, je „besser/stärker" die Einbindung in die Peer-Relations, desto weniger intensiv denken die Promovierenden an den Abbruch ihrer Promotion. Gleichermaßen wirkt sich die Einbindung durch die Betreuung auf die Intensität der Abbruchgedanken aus. Hier kann ein negativer und signifikanter (aber ebenfalls nur geringer) Zusammenhang nachgewiesen werden ($r = -.13, p = .01$). Das heißt, je „besser/stärker" die Einbindung durch die Betreuung, desto weniger intensive Abbruchgedanken haben die Promovierenden. Es ergeben sich ebenfalls Korrelationen zwischen der empfundenen Einsamkeit der Promovierenden und ihren Abbruchgedanken: So zeigt sich beim Vorhandensein von Abbruchgedanken ein geringer positiver, aber hoch signifikanter Zusammenhang ($r = .13, p = .00$). Je höher also die wahrgenommene (soziale) Einsamkeit der Promovierenden, desto höher ist die Wahrscheinlichkeit, dass sie an den Abbruch ihrer Promotion denken. Auch bei der Häufigkeit der Abbruchgedanken kann ein geringer, aber positiver und signifikanter Zusammenhang nachgewiesen werden ($r = .11, p = .03$). Das heißt, je höher die wahrgenommene Einsamkeit, desto häufiger denken die Promovierenden an den Abbruch ihrer Promotion. Nur auf die Intensität der Abbruchgedanken scheint das Empfinden der Einsamkeit keine Auswirkungen zu haben ($r = .03, p = .61$).

Für die Einzelmodelle zur (sozialen) Einbindung durch bzw. in die Peer-Relations der Promovierenden kann als Ergebnis festgehalten werden, dass zwar für das Vorhandensein von Abbruchgedanken ein positiver, aber zu vernachlässigender Effekt nachgewiesen werden kann ($Exp(B)$ = 1.05; vgl. Tabelle A.15 Modell (1) im Anhang). Bei der Häufigkeit und Intensität der Abbruchgedanken zeigen sich hingegen negative, aber nicht signifikante, Effekte. Das heißt, mit abnehmender Einbindung in die Peer-Relations denken die Promovierenden häufiger (β = -.07; vgl. Tabelle A.15 Modell (2) im Anhang) und intensiver (β = -.09; vgl. Tabelle A.15 Modell (3) im Anhang) an den Abbruch ihrer Promotion. Nur die Einbindung in die Betreuung bzw. die Einbindung durch die Betreuungsperson(en) hat sowohl auf das Vorhandensein als auch auf die Häufigkeit und die Intensität der Abbruchgedanken einen (signifikant) negativen Effekt. Das heißt, wenn die (soziale) Einbindung in die Betreuung zunimmt, sinkt die Wahrscheinlichkeit um 47 %, dass die Promovierenden den Abbruch ihrer Promotion in Erwägung ziehen ($Exp(B)$ = 0.53, $p < .00$; vgl. Tabelle A.15 Modell (1) im Anhang). Sie denken sogar weniger häufig (β = -.27, $p < .00$; vgl. Tabelle A.15 Modell (2) im Anhang) und weniger intensiv (β = -.14, $p < .05$; vgl. Tabelle A.15 Modell (3) im Anhang) an den Abbruch ihrer Promotion. Das Ergebnis des Einzelmodells für die Auswirkungen der Einsamkeit auf das Vorhandensein von Abbruchgedanken zeigt, dass Promovierende, die ihre (soziale) Einsamkeit höher einschätzen, auch eine um 27 % (signifikant) erhöhte Wahrscheinlichkeit haben, den Abbruch ihrer Promotion in Erwägung zu ziehen ($Exp(B)$ = 1.27, $p < .01$; vgl. Tabelle A.15 Modell (1) im Anhang)). Bei der Häufigkeit der Abbruchgedanken liegt ebenfalls ein positiver und signifikanter Effekt bezüglich der Einsamkeit von Promovierenden in Promotionsprogrammen vor (β = .14, $p < .05$; vgl. Tabelle A.15 Modell (2) im Anhang). Ausgenommen bei der Intensität der Abbruchgedanken hat die wahrgenommene Einsamkeit kaum noch einen Effekt (β = .04; vgl. Tabelle A.15 Modell (3) im Anhang). Da sich sowohl bei der Einbindung als auch bei der Einsamkeit Effekte in den logistischen und linearen Regressionsmodellen auf die Abbruchgedanken der Promovierenden ergeben haben, werden diese in allen drei Endmodellen berücksichtigt.

Modellfit: Die Verbesserung des Modells zum Vorhandensein von Abbruchgedanken mit den Faktoren „Einbindung und Einsamkeit" hat gegenüber dem Ausgangsmodell mit 9 % eine recht hohe Erklärungskraft im Vergleich zu den anderen Modellfits (vgl. Tabelle A.15 Modell (1) im Anhang). Auch die Verbesserung bei der Häufigkeit der Abbruchgedanken ist mit 9 % im Vergleich zu den anderen Werten gleichermaßen hoch (vgl. Tabelle A.15 Modell (2) (3) im Anhang).

2.4.3 Das Vorhandensein von Abbruchgedanken

Nach der Darstellung der ersten Ergebnisse folgt nun die Analyse aller signifikanten Faktoren und deren Effekte auf das Vorhandensein der Abbruchgedanken im soziodemografischen Ausgangsmodell (1) unter der Kontrolle des psychologischen (2) und programmatischen Modells (3) sowie des Modells im Anhang). Mit einer Verbesserung von nur 3 % hat das Modell zur Intensität der Abbruchgedanken die „geringste" Erklärungskraft (vgl. Tabelle A.15 Modell (4) mit den Faktoren zur Einbindung und Einsamkeit (vgl. Tabelle 2.13).[31] In den Einzelmodellen haben sich die folgenden Faktoren als signifikant herausgestellt: das Geschlecht, die Herkunft, die Persönlichkeit, die beruflichen Erwartungen, die Betreuung, die Anzahl verpflichtender Tätigkeiten, die Anzahl der (Lehr-)Veranstaltungen, die Einbindung in die Peer-Group, die Einbindung durch die Betreuung bzw. Betreuungsperson und die Einsamkeit der Promovierenden in strukturierten Promotionsprogrammen. Überprüft werden soll nun, welche dieser Faktoren in welcher Weise einen Einfluss auf das Vorhandensein von Abbruchgedanken von Promovierenden aus strukturierten Promotionsprogrammen haben. Da es sich bei den Regressionskoeffizienten *Exp(B)* um Maße handelt, die nicht miteinander verglichen werden dürfen, wird jedes Regressionsmodell für sich interpretiert und nur die relative Erklärungskraft der einzelnen Modellschritte zum abschließenden Vergleich herangezogen (Backhaus et al. 2008, S. 256).

Im ersten Modell ist die erreichte Erklärungskraft recht gering und liegt, unter Hinzunahme der Variablen Geschlecht und des Bildungsniveaus der Eltern, bei nur 2 % (R^2 = .02). Frauen haben im Vergleich zu Männern laut den Ergebnissen eine um 75 % signifikant höhere Wahrscheinlichkeit, den Abbruch ihrer Promotion in Erwägung zu ziehen (*Exp(B)* = 1.75, $p < .00$). Bei Promovierenden aus Akademikerfamilien im Vergleich zu Promovierenden aus Nicht-Akademikerfamilien liegt eine um 36 % erhöhte Wahrscheinlichkeit vor, an den Abbruch ihrer Promotion zu denken, die jedoch nur auf dem 10 %-Niveau signifikant ist (*Exp(B)* = 1.36, $p < .10$).

---

31 Die ökonomische Erklärungsperspektive ist von dieser abschließenden Analyse in allen drei Endmodellen ausgenommen, da sich keinerlei signifikante Effekte in den Einzelmodellen gezeigt haben. Auch bei einer Überprüfung dieses Sachverhalts, in dem die ökonomischen Faktoren in den drei multivariaten Analysen berücksichtigt wurden, ergaben sich keinerlei nennenswerte Effekte auf das Vorhandensein, die Häufigkeit und Intensität der Abbruchgedanken oder auf die Kontrollvariablen.

Tabelle 2.13: Binär logistische (Gesamt-)Regressionsmodelle zu den unterschiedlichen Einflussfaktoren auf das Vorhandensein von Abbruchgedanken ($n = 687$)

	(1) Exp(B)/(SE)	(2) Exp(B)/(SE)	(3) Exp(B)/(SE)	(4) Exp(B)/(SE)
Frauen	1,749***	1,524*	1,518*	1,511*
Ref.: Männer	(0,161)	(0,173)	(0,182)	(0,188)
Akademiker-Eltern	1,359+	1,391*	1,433*	1,407+
Ref.: Nicht-Akademiker-Eltern	(0,158)	(0,163)	(0,171)	(0,176)
Neurotizismus		1,107***	1,102***	1,081***
		(0,021)	(0,022)	(0,023)
Extraversion		1,035	1,037	1,048+
		(0,023)	(0,024)	(0,025)
Offenheit für Erfahrungen		1,009	1,009	0,995
		(0,023)	(0,025)	(0,026)
Verträglichkeit		1,048	1,056+	1,066*
		(0,029)	(0,030)	(0,031)
Gewissenhaftigkeit		0,957	0,954	0,958
		(0,027)	(0,029)	(0,030)
Berufliche Erwartungen: Professur		0,905**	0,894**	0,871***
		(0,038)	(0,039)	(0,041)
Betreuung seltener			2,682***	1,565*
			(0,179)	(0,204)
Betreuung häufiger			1,742	1,645
Ref.: wie erwünscht			(0,421)	(0,453)
Anzahl verpflichtender Tätigkeiten während der Promotion			1,116**	1,100*
			(0,036)	(0,037)
Anzahl der angebotenen Veranstaltungen			0,865**	0,870*
			(0,052)	(0,054)
Einbindung Peer-Relations				1,044
				(0,079)
Einbindung Betreuung				0,598***
				(0,091)
Einsamkeit				1,268**
				(0,081)
Konstante	0,437***	0,093**	0,094**	0,235
SE	(-5,283)	(-3,013)	(-2,711)	(-1,519)
R^2	0,017	0,058	0,116	0,158
Verbesserung zu Modell (1) in Prozentpunkten	-	4,1	5,8	4,2

+ $p < 0,10$, * $p < 0,05$, ** $p < 0,01$, *** $p < 0,001$.

Bei Kontrolle der psychologischen Faktoren, wie der Persönlichkeit und der Motivation der Promovierenden im zweiten Modell, nimmt der Effekt des Geschlechts ab ($Exp(B) = 1.52$, $p < .05$) und ist nur noch auf einem 5 %-Niveau signifikant, während die Bildungsherkunft an Bedeutung gewinnt und signifikant wird ($Exp(B) = 1.39$, $p < .05$). Bei den Effekten der Persönlichkeitsdimensionen der Promovierenden zeigt sich, dass nach dem Persönlichkeitskonstrukt der „Big Five" ausschließlich Promovierende mit hohen Neurotizismuswerten im Vergleich zu Promovierenden, die emotional stabil sind, eine um 11 % erhöhte und hoch signifikante Wahrscheinlichkeit haben, den Abbruch ihrer Promotion in Erwägung zu ziehen (Faktor 1,1). Die Wahrscheinlichkeit, an den Abbruch der Promotion zu denken, unterscheidet sich hingegen nicht signifikant in Abhängigkeit von den anderen „Big Five"-Dimensionen wie der Extraversion ($Exp(B)$ = 1.04), der Offenheit für Erfahrungen ($Exp(B)$ = 1.01), der Verträglichkeit ($Exp(B)$ = 1.05) und der Gewissenhaftigkeit ($Exp(B)$ = 0.96). Promovierende, die darüber hinaus eine Professur erreichen möchten, ziehen mit einer 9 % geringeren Wahrscheinlichkeit den Abbruch ihrer Promotion in Erwägung ($Exp(B)$ = 0.91, $p < .01$) als Promovierende, die keine Professur anstreben. Damit wären die Annahmen bestätigt, dass zum einen bei kritischen Promovierenden eher Abbruchgedanken vorhanden sind und zum anderen bei Promovierende, die eine wissenschaftliche Karriere mit dem Ziel der Professur anstreben, Abbruchgedanken unwahrscheinlicher sind. Unter der Hinzunahme der psychologischen Faktoren verbessert sich die Erklärungskraft des Modells. Diese liegt im zweiten Modell bei 6 % (R^2 = .06).

Nimmt man im dritten Modell die programmatischen Einflussfaktoren hinzu, steigert sich das Risiko hoch signifikant und positiv um 68 %, an den Abbruch der Promotion zu denken vor allem bei Promovierenden, die bei der Betreuung angegeben haben, seltener betreut zu werden als von ihnen gewünscht ($Exp(B)$ = 2.68, $p < .00$). Promovierende, die angegeben haben, dass sie häufiger betreut werden als erwünscht, haben ebenfalls eine erhöhte Wahrscheinlichkeit, an den Abbruch ihrer Promotion zu denken; diese ist jedoch nicht signifikant ($Exp(B)$ = 1.74). Auch bei zunehmender Anzahl von verpflichtenden Tätigkeiten während der Promotion, wie zum Beispiel Lehre, Publikationen, Vorträge und Besuche von Tagungen, erhöht sich die Wahrscheinlichkeit signifikant, den Abbruch der Promotion in Betracht zu ziehen ($Exp(B)$ = 1.12, $p < .01$). Bezogen auf die Lehrveranstaltungen in strukturierten Promotionsprogrammen, die die Promovierenden selbst besuchen (müssen), zeigt sich noch ein anderer interessanter Effekt: Nimmt die Anzahl der angebotenen Lehrveranstaltungen für die Promovierenden ab, steigt das Risiko in strukturierten Promotionsprogrammen, an den Abbruch der Promotion zu denken ($Exp(B)$ = 0.87, $p < .01$). Bei Kontrolle der programmatischen Faktoren verändert sich einzig der Effekt der Persönlichkeitsdimension Verträglichkeit und wird auf einem 10 %igen Niveau annähernd signifikant ($Exp(B)$ = 1.06, $p < .10$). Damit bestätigen sich die Annahmen, dass Promovierende, die seltener betreut werden als erwünscht und die mit einer zunehmenden Anzahl an verpflichtenden Tätigkeiten während der Promotion konfrontiert werden, eine höhere Wahrscheinlichkeit haben, an den Abbruch ihrer Promotion zu denken. Die zusätzlichen Lehrveranstaltungen wirken sich hingegen eher hemmend auf das Vorhandensein von Abbruchgedanken aus. Die Erklärungskraft des gesamten Modells verdoppelt sich unter Hinzunahme der programmatischen Faktoren im Vergleich zum Ausgangsmodell auf fast 12 % ($R^2 = 0.12$).

Im vierten Modell werden die drei Faktoren, die sich aus der Hauptkomponentenanalyse der Einbindungs- und Einsamkeitsskala (vgl. Kapitel 2.4.2) ergeben haben, hinzugenommen. Die Chance, den Abbruch der Promotion in Erwägung zu ziehen, nimmt laut den Ergebnissen ab, wenn die (wahrgenommene) Einbindung durch die Betreuung(sperson) in das Programm von den Promovierenden positiv bewertet wird ($Exp(B) = 0.60, p < .00$). Umgekehrt sorgt die soziale Isolation bzw. Einsamkeit, also die Abwesenheit von Beziehungen zu anderen Personen, dafür, dass bei den Promovierenden das Risiko signifikant um 27 % ansteigt, an den Abbruch der Promotion zu denken ($Exp(B) = 1.27, p < .01$). Entgegen der Annahme, dass die Einbindung in die Peer-Group sich förderlich auf das Nicht-Vorhandensein von Abbruchgedanken auswirkt, hat dieser Faktor nur einen geringen positiven und nicht signifikanten Effekt ($Exp(B) = 1.04$).

Die Kontrolle von Einbindung und Einsamkeit hat Auswirkungen auf mehrere der berücksichtigten Variablen: So nimmt die Bedeutung der sozialen Herkunft ab und erreicht für Promovierende aus Akademikerfamilien nur noch eine näherungsweise Signifikanz. Auch der Effekt der Betreuungshäufigkeit, die seltener stattfindet als erwünscht, ist anstelle von hochsignifikant „nur noch" auf einem 5 %-Niveau signifikant. Die Bedeutung von Extravertiertheit und Verträglichkeit bei den Promovierenden nehmen hingegen in ihrer Effektstärke und dem Signifikanzniveau zu, genauso wie die Motivation der Promovierenden, eine Professur zu erreichen. Insgesamt erreicht das letzte Modell mit 16 % die höchste Erklärungskraft ($R^2 = 0.16$).

2.4.4 Zur Häufigkeit von Abbruchgedanken

Im nachfolgenden Endmodell gilt es zu überprüfen, welche der signifikanten Faktoren aus den Einzelmodellen, wie das Geschlecht, die Persönlichkeit, die Betreuung, die Anzahl der verpflichtenden Tätigkeiten, die Einbindung in die Peer-Group, die Einbindung durch die Betreuung bzw. Betreuungsperson und die Einsamkeit, einen Effekt auf die Häufigkeit der Abbruchgedanken von Promovierenden haben und wie diese Effekte im Vergleich zwischen dem soziodemografischen (1), dem psychologischen (2) und dem programmatischen Modell (3) sowie dem Modell (4) mit den Faktoren zur Einbindung und Einsamkeit ausfallen (vgl. Tabelle 2.14):

Das Geschlecht der Promovierenden verblieb als einzige signifikante Variable aus den soziodemografischen Einzelmodellen. Nach der Analyse steht fest, dass Frauen nicht nur eher den Abbruch ihrer Promotion in Erwägung ziehen, sondern auch häufiger als Männer an den Abbruch ihrer Promotion denken ($\beta = 1.14$, $p < .05$). Im ersten Modell ist der Anteil der erklärten Varianz, wie beim Modell zum Vorhandensein von Abbruchgedanken, unter Hinzunahme der Variable Geschlecht, recht gering und liegt bei nur 2 % ($R^2 = .02$).

Tabelle 2.14: Lineare (Gesamt-)Regressionsmodelle zu den unterschiedlichen Einflussfaktoren auf die Häufigkeit von Abbruchgedanken ($n = 289$)

	(1) β/(SE)	(2) β/(SE)	(3) β/(SE)	(4) β/(SE)
Frauen	0,139*	0,123*	0,117+	0,114+
Ref.: Männer	(0,209)	(0,220)	(0,217)	(0,212)
Neurotizismus		0,138*	0,143*	0,125*
		(0,026)	(0,026)	(0,025)
Extraversion		-0,038	-0,003	0,015
		(0,029)	(0,029)	(0,029)
Offenheit für Erfahrungen		0,030	0,004	-0,029
		(0,028)	(0,028)	(0,028)
Verträglichkeit		-0,001	-0,004	0,002
		(0,035)	(0,034)	(0,033)
Gewissenhaftigkeit		-0,048	-0,062	-0,043
		(0,032)	(0,031)	(0,031)
Betreuung seltener			0,146*	0,016
			(0,201)	(0,228)
Betreuung häufiger			0,102+	0,081
Ref.: wie erwünscht			(0,480)	(0,470)
Anzahl verpfl. Tätigkeit während der Promotion			0,163**	0,145*
			(0,041)	(0,039)
Einbindung Peer-Relations				-0,070
				(0,084)
Einbindung Betreuung				-0,234***
				(0,105)
Einsamkeit				0,148**
				(0,087)
Konstante	3,167***	2,893**	2,284*	2,964**
	(0,171)	(0,947)	(0,948)	(0,983)
R^2	0,019	0,044	0,099	0,160
Verbesserung zu Modell (1) in Prozentpunkten	-	2,5	5,5	6,1

+ $p < 0.10$, * $p < 0.05$, ** $p < 0.01$, *** $p < 0.001$

Unter Kontrolle der Persönlichkeit der Promovierenden bleibt der Effekt des Geschlechts im zweiten Modell bestehen ($\beta = 1.12$, $p < .05$). Die Effekte der Persönlichkeitsdimensionen der Promovierenden zeigen, dass ausschließlich Promovierende mit hohen Neurotizismuswerten, im Vergleich zu Promovierenden, die emotional stabil sind, signifikant häufiger den Abbruch ihrer Promotion in Erwägung ziehen (β = 0.14, p < .05). Die anderen Dimensionen der „Big Five", wie die Extraversion (β = -0.04), Verträglichkeit (β = -0.001) und Gewissenhaftigkeit (*Beta* = -0.05) haben zwar im Gegensatz zur Dimension Offenheit für Erfahrungen (β = 0.03) negative Effektrichtungen, die Effekte sind jedoch insgesamt sehr gering und vor allem nicht signifikant. Unter der Hinzunahme der psychologischen Faktoren verbessert sich auch die Erklärungskraft des Modells im Vergleich zum Vorangegangenen. Diese liegt im zweiten Modell bei 4 % (R^2 = .04).

Nimmt man im dritten Modell die programmatischen Einflussfaktoren hinzu, kann festgehalten werden, dass sich die Betreuung, die seltener stattfindet als erwünscht, positiv und signifikant auf die Häufigkeit der Abbruchgedanken von strukturiert Promovierenden auswirkt (β = 0.15, p < .05). Auch die Betreuung, die häufiger stattfindet als erwünscht, wirkt sich steigernd auf die Häufigkeit der Abbruchgedanken aus, ist jedoch nur annähernd signifikant (β = 0.10, p < .10). Den größten positiven Effekt weist allerdings die Anzahl der verpflichtenden Tätigkeiten während der Promotion in einem strukturierten Programm auf. Das heißt, dass mit zunehmender Anzahl an verpflichtenden Tätigkeiten auch die Häufigkeit der Abbruchgedanken bei den Promovierenden signifikant zunimmt (β = 0.16, p < .01). Auch wird die Annahme bestätigt, dass die zusätzlichen verpflichtenden Tätigkeiten sich steigernd auf die Häufigkeit der Abbruchgedanken auswirken.

Unter Hinzunahme der programmatischen Faktoren verändert sich nur der Einfluss des Geschlechts der Promovierenden auf die Häufigkeit der Abbruchgedanken. Der Effekt verringert sich und ist nur noch auf einem 10 %-Niveau signifikant (β = 1.12, p < .10). Das heißt, dass die programmatische Gestaltung einen größeren Einfluss auf die Häufigkeit der Abbruchgedanken hat als die Geschlechtszugehörigkeit der Promovierenden. Die Erklärungskraft des Modells verdoppelt sich durch das Hinzufügen der programmatischen Faktoren im Vergleich zu den Vorgängermodellen auf 10 % (R^2 = 0.10).

Im vierten Modell werden wiederum die drei Faktoren, die sich aus der Hauptkomponentenanalyse der Einbindungs- und Einsamkeitsskala (vgl. Kapitel 2.4.2) ergeben haben, hinzugenommen. Die Ergebnisse zeigen, dass sowohl eine „schlechtere" Einbindung durch die Peer-Relations (β = -0.07) als auch durch die Betreuung bzw. Betreuungsperson(en) (β = -0.23, p < .00) die Promovierenden häufiger an den Abbruch ihrer Promotion denken lässt. Während die Einbindung über die Peer-Relations entgegen der Annahme nicht signifikant ausfällt, ist die Einbindung über die Betreuung bzw. Betreuungsperson(en) im Gegensatz dazu hoch signifikant. Die Isolation bzw. wahrgenommene Einsamkeit der Promovierenden wirkt sich wiederum erhöhend auf die Häufigkeit der Abbruchgedanken aus und ist auf einem 1 %-Niveau signifikant (β = 0.15, $p < .01$). Bei der Kontrolle von Einbindung und Einsamkeit ergaben sich Änderungen bei den berücksichtigten Variablen dahingehend, dass die Bedeutung der Betreuung, ob nun seltener (β = 0.02) oder häufiger (β = 0.08) als erwünscht, abnimmt und in beiden Fällen nicht mehr signifikant ist. Selbst der Effekt der Anzahl der verpflichtenden Tätigkeiten während der Promotion nimmt etwas ab, ist aber immer noch auf einem 5 %-Niveau signifikant (β = 0.15, $p < .05$). Insgesamt liegt die Erklärungskraft des letzten Modells wiederum bei 16 % ($R^2 = 0.16$).

2.4.5 Die Intensität von Abbruchgedanken

Abschließend gilt es alle Faktoren, die sich in den Einzelmodellen als signifikant erwiesen haben, hinsichtlich ihrer Effekte auf die Intensität der Abbruchgedanken zu untersuchen (vgl. Tabelle 2.15). Dazu gehören: der Familienstatus, das Vorhandensein von (einem) Kind(ern), die Persönlichkeit, die Einbindung in die Peer-Group, die Einbindung durch die Betreuung(sperson) und die Einsamkeit der Promovierenden. Dies wird im Vergleich zwischen dem soziodemografischen (1), psychologischen (2) und programmatischen Modell (3) und dem Modell (4) mit den Faktoren zur Einbindung und Einsamkeit durchgeführt (vgl. Tabelle 2.15). In den vorgeschalteten Analysen (vgl. Kapitel 2.4.2) hat sich bereits gezeigt, dass sich weniger und vor allem andere Faktoren auf die Intensität der Abbruchgedanken auswirken, als es beim Vorhandensein und der Häufigkeit der Abbruchgedanken von Promovierenden aus strukturierten Programmen der Fall war.[32] Dies wird durch die folgenden Erkenntnisse noch weiter gestützt:

So ist es zum Beispiel nicht das Geschlecht der Promovierenden, sondern der Familienstand, der einen (negativen) Effekt auf die Intensität der Abbruchgedanken hat. Die Ergebnisse der Analyse stellen ebenfalls heraus, dass Promovierende, die nicht in einer festen Beziehung sind, (signifikant) intensiver über den Abbruch ihrer Promotion nachdenken (β = -0.17, $p < .05$). Auch bei unverheirateten Promovierenden zeigt sich ein ganz ähnlicher Effekt auf die Intensität der Abbruchgedanken, jedoch ist dieser nicht signifikant (β = -0.07). Alleinstehende Promovierende denken demnach, der Annahme entsprechend, intensiver über den Abbruch ihrer Promotion nach als Promovierende mit PartnerIn. Das Vorhandensein

---

32 Eine Überprüfung, in der in den drei Endmodellen alle signifikanten Variablen gleichermaßen aufgenommen wurden, ergab keinerlei nennenswerte Veränderungen in den Effekten auf das Vorhandensein, die Häufigkeit und Intensität der Abbruchgedanken oder auf die Kontrollvariablen. Die Endmodelle, in denen alle Variablen aufgenommen wurden, sind auf Anfrage bei der Autorin erhältlich.

von (einem) Kind(ern) wirkt sich im Gegensatz zum Familienstand positiv und signifikant auf die Intensität der Abbruchgedanken aus (β = 0.16, p < .01). Das heißt, ein „Promovieren mit Kind" verstärkt die Intensität der Abbruchgedanken. In diesem soziodemografischen Modell fällt die erreichte Erklärungskraft, unter Hinzunahme der Variablen Familienstand und Kind(er), recht „hoch" aus und liegt bei 6 % (R^2 = .06). In den entsprechenden Modellen zum Vorhandensein und der Häufigkeit von Abbruchgedanken fiel die erreichte Erklärungskraft wesentlich geringer aus.

Tabelle 2.15: Lineare (Gesamt-)Regressionsmodelle zu den unterschiedlichen Einflussfaktoren auf die Intensität von Abbruchgedanken (n = 289)

	(1) β/(SE)	(2) β/(SE)	(3) β/(SE)
in fester Beziehung	-0,172*	-0,171*	-0,166*
	(0,220)	(0,222)	(0,221)
verheiratet	-0,065	-0,059	-0,067
Ref.: Single	(0,310)	(0,311)	(0,311)
Kind(er)	0,175**	0,168**	0,160**
Ref.: Kein(e) Kind(er)	(0,374)	(0,379)	(0,379)
Neurotizismus		-0,043	-0,043
		(0,024)	(0,024)
Extraversion		0,013	0,035
		(0,028)	(0,029)
Offenheit für Erfahrungen		0,107+	0,085
		(0,027)	(0,028)
Verträglichkeit		0,028	0,035
		(0,034)	(0,034)
Gewissenhaftigkeit		0,009	0,019
		(0,030)	(0,030)
Einbindung Peer-Relations			-0,067
			(0,086)
Einbindung Betreuung			-0,128*
			(0,091)
Einsamkeit			0,035
			(0,088)
Konstante	4,073***	3,206***	3,586***
SE	(0,928)	(0,182)	(0,966)
R^2	0,055	0,072	0,093
Verbesserung zu Modell (1) in Prozentpunkten	-	1,7	2,1

+ p < 0.10, * p < 0.05, ** p < 0.01, *** p < 0.001

Unter Kontrolle der Persönlichkeit der Promovierenden bleiben die Effekte des Familienstands (β = -0.17, p < .05) und das Vorhandensein von (einem) Kind(ern) (β = 0,17, p < .01) bestehen. Bei den Effekten der Persönlichkeitsdimensionen der strukturiert Promovierenden zeigt sich, dass ausschließlich Promovierende mit höheren Werten bei der Offenheit für Erfahrungen, im Vergleich zu Promovierenden, die weniger offen oder vielseitig sind, ernsthafter den Abbruch ihrer Promotion in Erwägung ziehen (β = 0.11, p < .10). Dieser Effekt ist nur auf einem 10 %-Niveau signifikant, während die Effekte der anderen Dimensionen der „Big Five" auf die Intensität der Abbruchgedanken eher marginal und nicht signifikant sind. Unter der Hinzunahme der psychologischen Faktoren verbessert sich auch die Erklärungskraft des Modells im Vergleich zum Vorangegangenen. Diese liegt im zweiten Modell bei 7 % (R^2 = .07).

Im dritten Modell werden wiederum die drei Faktoren, die sich aus der Hauptkomponentenanalyse der Einbindungs- und Einsamkeitsskala (vgl. Kapitel 2.4.2) ergeben haben, hinzugenommen. Die Ergebnisse zeigen, dass sowohl eine „schlechtere" Einbindung durch die Peer-Relations (β = -0.07) als auch durch die Betreuung bzw. Betreuungsperson(en) (β = -0.13, p < .05) die Promovierenden intensiver an den Abbruch ihrer Promotion denken lässt. Während die Einbindung über die Peer-Relations, entgegen der Annahme, nicht signifikant ausfällt, ist die Einbindung über die Betreuung bzw. Betreuungsperson(en) auf einem 5 %-Niveau signifikant. Die Isolation bzw. wahrgenommene Einsamkeit der Promovierenden wirkt sich wiederum erhöhend auf die Intensität der Abbruchgedanken aus, ist aber nicht signifikant (β = 0.04). Bei der Kontrolle von Einbindung und Einsamkeit ergaben sich keine Änderungen hinsichtlich der anderen berücksichtigten Variablen. Insgesamt liegt die Erklärungskraft des letzten Modells wiederum bei 9 % (R^2 = 0.09).

2.4.6 Fazit: Abbruchgedanken als strukturelles oder individuelles Defizit?

Zuvor wurde der Beantwortung der Frage nachgegangen, welche Faktoren der unterschiedlichen Erklärungsperspektiven dazu führen, dass DoktorandInnen aus strukturierten Promotionsprogrammen den Abbruch ihres Forschungsvorhabens in Erwägung ziehen und dass sie sogar häufiger und intensiver an den Abbruch ihrer Promotion denken. Im Resümee gilt es nun zu klären, ob die Erklärung eher in den Individuen oder in den strukturierten Promotionsprogrammen als Organisation zu suchen ist. Sind Abbruchgedanken also eher als ein strukturelles oder individuelles Defizit zu verstehen?

Wie sich im Endmodell zum Vorhandensein von Abbruchgedanken herausgestellt hat, tragen die individuellen Eigenschaften, wie das Geschlecht, die Bildungsherkunft, die Persönlichkeit und Motivation der Promovierenden zwar zur Erklärung von Abbruchgedanken und deren Vorhandensein bei, tun dies aber eher in geringem Maße. Wenn man die Ergebnisse zum Vorhandensein von Abbruchgedanken bündelt, ergibt sich ein Erkenntnisgewinn gegenüber dem Ausgangsmodell von 2 % ($R^2 = 0.02$, vgl. Tabelle 2.13) für das soziodemografische Modell (1) und ein Gewinn von 6 % ($R^2 = 0.06$) für das psychologische Modell (2). Zwischen den Modellen ergibt sich damit eine Verbesserung von 4,1 Prozentpunkten. Der Erkenntnisgewinn des programmatischen Modells (3) gegenüber dem Ausgangsmodell ist hingegen mit 12 % ($R^2 = 0.12$) im Vergleich zum Ausgangsmodell (1), das sich nur auf die Promovierenden selbst bezieht, eine Verbesserung um 9,9 Prozentpunkte. Das heißt, die programmatischen Faktoren, wie die Betreuung, die verpflichtenden Tätigkeiten während der Promotion und die angebotenen Veranstaltungen, haben einen hohen Erklärungsanteil am Vorhandensein von Abbruchgedanken bei Promovierenden aus strukturierten Promotionsprogrammen. Erst im letzten Modell (4), in dem die Faktoren Einbindung und Einsamkeit berücksichtigt werden, nähern wir uns einem akzeptablen Fit. Hier erreicht die Erklärungskraft zum Vorhandensein von Abbruchgedanken im Vergleich zum Ausgangsmodell (1) abschließend sogar 16 % ($R^2 = 0.16$).

Auch bei der Häufigkeit der Abbruchgedanken sind es die organisationalen Faktoren, deren Erklärungskraft ein größeres Gewicht zukommt als den individuellen Faktoren: So ergibt sich ein Erkenntnisgewinn gegenüber dem Ausgangsmodell von ebenfalls 2 % ($R^2 = 0.02$, vgl. Tabelle 2.14) durch das soziodemografische Modell (1) und ein Gewinn um 4 % ($R^2 = 0.04$) durch das psychologische Modell (2). Zwischen den Modellen ergibt sich demnach ein Erkenntnisgewinn von nur 2,5 Prozentpunkten. Die Erklärungskraft des Geschlechts und die Persönlichkeit der Promovierenden haben zwar einen Einfluss auf die Häufigkeit der Abbruchgedanken, diese fällt jedoch eher gering aus. Im Gegensatz dazu ist die Verbesserung des programmatischen Modells (3) gegenüber dem Ausgangsmodell mit 10 % ($R^2 = 0.10$) im Vergleich zum Modell (2), das sich auf die psychologischen Faktoren der Promovierenden bezieht, eine Verbesserung von sogar 5,5 Prozentpunkten. Vor allem die seltene Betreuung und eine höhere Anzahl an verpflichtenden Tätigkeiten während der Promotion tragen dazu bei, dass die Promovierenden aus strukturierten Promotionsprogrammen häufiger über den Abbruch ihrer Promotion nachdenken. Auch bei der Untersuchung der Faktoren und Effekte auf die Häufigkeit der Abbruchgedanken nähern wir uns erst im letzten Modell (4) wieder einem akzeptablen Fit. Durch eine Verbesserung von sogar 6,6 Prozentpunkten nach der Hinzunahme der Faktoren Einbindung und Einsamkeit liegt die Erklärungskraft im Vergleich zum Ausgangsmodell (1) ebenso wie beim Vorhandensein von Abbruchgedanken bei 16 % ($R^2 = 0.16$).

Durch die Analysen zum Vorhandensein und der Häufigkeit von Abbruchgedanken wird deutlich, dass zwar die Promovierenden mit ihrem individuellen

Background –konträr zu internationalen Erkenntnissen nach Lovitts (2001) –, ihren soziodemografischen Merkmalen sowie ihrer Persönlichkeit und Motivation eine Rolle spielen, es aber vor allem darauf ankommt, wie die Promotionsphase in den Programmen der strukturierten Promotion mit ihrer Betreuung, den zusätzlichen verpflichtenden Tätigkeiten und den angebotenen Veranstaltungen ausgestaltet ist. Während beim Vorhandensein der Abbruchgedanken (vgl. Tabelle 2.13) vor allem die programmatischen Faktoren zu einer besseren Erklärung beigetragen haben, sind es bei der Häufigkeit der Abbruchgedanken (vgl. Tabelle 2.14) die Komponenten der Einbindung und Einsamkeit, die sich förderlich oder hinderlich auf die Abbruchgedanken der Promovierenden aus strukturierten Promotionsprogrammen auswirken. Eine Reflexion über den Abbruch der Promotion kommt demnach in einer „schlechten" organisationalen Einbindung und bei einem geringeren Angebot von Betreuung und Veranstaltungen sowie zu vielen zusätzlichen verpflichtenden Tätigkeiten häufiger vor.

Bei der Intensität von Abbruchgedanken ergibt sich allein für das soziodemografische Modell (1) ein Erkenntnisgewinn gegenüber dem Ausgangsmodell von 6 % ($R^2 = 0.06$, vgl. Tabelle 2.15). Im Vergleich zu den Modellen des Vorhandenseins und der Häufigkeit von Abbruchgedanken sind die Erklärungskraft des Familienstands und das Vorhandensein von (einem) Kind(ern) fast doppelt so stark. Kommt im psychologischen Modell (2) noch die Persönlichkeit der Promovierenden hinzu, ergibt sich eine Verbesserung von zusätzlichen 1,7 Prozentpunkten für die individuellen Faktoren und eine Erklärungskraft im Vergleich zum Ausgangsmodell (1) von 7 % ($R^2 = 0.07$). Im Gegensatz zu den Modellen des Vorhandenseins und der Häufigkeit haben bei der Intensität der Abbruchgedanken die programmatischen Faktoren in den Einzelmodellen keinerlei Effekte (vgl. Abschnitt 2.4.2.4) und wurden daher im Endmodell nicht berücksichtigt. Das heißt aber auch, dass als organisationale Faktoren ausschließlich die Einbindung und Einsamkeit im letzten Modell (3) zu einem Erkenntnisgewinn von 2,1 Prozentpunkten beitragen können. Die Erklärungskraft der aufgenommenen Variablen für die Intensität der Abbruchgedanken liegt damit im Vergleich zum Ausgangsmodell (1) insgesamt bei nur 9 % ($R^2 = 0.09$).

Während sich auf das Vorhandensein und die Häufigkeit von Abbruchgedanken – wenn auch nur in geringem Maße – eher Faktoren auswirken, die man als der Promotion vorgelagerte oder stabile Faktoren beschreiben könnte, wie die Herkunft, das Geschlecht oder die Persönlichkeit der Promovierenden, zeigen die Ergebnisse, dass sich auf die Intensität der Abbruchgedanken von Promovierenden aus strukturierten Promotionsprogrammen vielmehr Faktoren auswirken, die sich im Lebensverlauf verändern (können), wie zum Beispiel der Familienstand und die Elternschaft. Wie bereits belegt werden konnte, findet die Promotion in einer

Lebensphase statt, in der familiäre Verantwortlichkeiten zunehmen (Ali und Kohun, 2006; Team Chance, 2013). Es ist eine Lebensphase, die als „Rushhour" des Lebenslaufs (Schmidt, 2011) angesehen wird und in der sich die jungen Erwachsenen nicht nur mit ihren Bildungszertifikaten im Wettbewerb befinden, sondern sich zugleich im Privaten Herausforderungen, wie Partnerschaft, Sorge für Familie und Kind(er) etc., stellen müssen (Team Chance, 2013, S. 201). Die doppelte Entgrenzung im Alltag – „Wissenschaft als Lebensform" trifft auf die „Rushhour des Lebenslaufs" (ebd.) – und die „unumgänglichen Opfer" zum Beispiel für die Familie können laut Hockey (1994) einen Schatten auf die Promotionsphase werfen, so dass sich die Promovierenden nach einer Kosten-Nutzen-Abwägung auch bewusst für einen Abbruch entscheiden können. Deutlich wird aber auch, dass die Promovierenden als NutzerInnen bzw. Mitglieder der strukturierten Programme eine Anpassung oder Bewältigung von Veränderungen offenbar eher von sich selbst erwarten. Während sich der Familienstand und die Elternschaft auf die Intensität der Abbruchgedanken auswirken, halten nur die Einbindung durch die Betreuung oder die Betreuungsperson dem potenziellen Abbruch entgegen. Die Promotionsprogramme bzw. deren Organisationsstruktur bilden – gerade bei der Intensität der Abbruchgedanken – in der Wahrnehmung der Promovierenden hingegen keine Faktoren, die den Abbruchgedanken entgegenwirken, so dass die Entscheidung für einen Abbruch unter bestimmten Umständen vielleicht (immer) näher liegt als ein Durchhalten um jeden Preis. Wie sich das Eintreten unvorhersehbarer Ereignisse im Prozess der Promotion, wie zum Beispiel die Geburt eines Kindes, die Krankheit des/der PartnerIn oder die Heirat, auf die Abbruchgedanken auswirken, wären interessante Fragestellungen für eine Längsschnittuntersuchung, können aber hier im Querschnitt nicht beantwortet werden.

Es kann also festgehalten werden, dass sich weder die Struktur noch das Individuum, sondern vielmehr die (Neu-)Organisation der Promotion förderlich oder hemmend auf die Abbruchgedanken der Promovierenden auswirkt.

3 Gemeinsam im gläsernen Käfig – Qualitative Analyse

Was ist es, was die Promovierenden in strukturierten Programmen von einem Abbruch ihrer Promotion abhält? Wie beschreiben die Promovierenden selbst die Struktur ihrer Promotionsprogramme – die (Neu-)Organisation – und wie positionieren sie sich zu dieser? Gibt es Aspekte, die der quantitativen Befragung verborgen geblieben sind? „Gemeinsam im gläsernen Käfig" ist in der Gesamtkonzeption dieser Forschungsarbeit hypothesengenerierend angelegt und gibt zum Teil Aufschluss über den Prozess des Organisierens, über die Herstellung einer Ordnung, die (Aus-)Gestaltung von strukturierten Promotionsprogrammen und welche Rolle dabei ihre Mitglieder – die Promovierenden – selbst übernehmen. Die empirische Datengrundlage bilden dabei deutschlandweite und fächerübergreifende Gruppendiskussionen mit Promovierenden aus strukturierten Promotionsprogrammen (vgl. Abbildung 1.3). Zu Beginn dieses Kapitels werden neben der Erhebungs- und Analysemethode auch das Sample der TeilnehmerInnen und die Bildung des Datenkorpus beschrieben (vgl. Abschnitt 3.1). Im Anschluss daran wird zunächst eine Auffälligkeit der Abbruchthematik in den Kontext der Erhebungsmethode gestellt, die sich beim Erstellen der Verlaufsprotokolle herauskristallisiert hat (vgl. Abschnitt 3.2). Schließlich folgt die Analyse zu den einzelnen Kategorien – *Raum, Kontrolle, Geld, Zeit* und *Druck* –, um die Ergebnisse, das gemeinsam geteilte Phänomen, im Fazit „(Neu-)Strukturierung durch (Un-)Sicherheit" zu bündeln (vgl. Abschnitt 3.3).

3.1 Erhebungsmethode und Sample

Die Gruppendiskussionen wurden, genauso wie die Online-Befragung der strukturiert Promovierenden, im Rahmen des Forschungsprojektes *Chance* von Mai bis September 2011 in den jeweiligen Forschungseinrichtungen der interviewten Gruppe durchgeführt. Die Auswahl der DiskussionsteilnehmerInnen wurde nicht von den MitarbeiterInnen des Projektes selbst, sondern entweder über die Koordinatorenstellen (Personen, welche als KoordinatorInnen fungieren) oder über die

PromovendInnen selbst zusammengestellt. Bei den meisten Gruppendiskussionen handelt es sich somit um interviewte Realgruppen. Die Realgruppen wurden über die Mitgliedschaft im gleichen Programm definiert: Gruppen, die nicht nur zum Zweck der Diskussion gebildet werden, sondern deren TeilnehmerInnen auch im Alltag miteinander in Beziehung stehen (Bohnsack et al., 2010, S. 220 f.). Nur in einigen Ausnahmefällen hatten die TeilnehmerInnen vor den Gruppendiskussionen keinen Kontakt untereinander. Diese „Besonderheit" sorgt in manchem strukturierten Programm, wie z. B. bei Programmen ohne Präsenzpflicht oder Kooperationen von Universitäten mit zwei Standorten desselben Programms, dafür, dass die TeilnehmerInnen keinen oder kaum Kontakt haben. Dennoch verfügen diese Promovierenden genauso wie die Promovierenden, die in einem engeren Kontakt stehen, durch das Promovieren im selben Programm über einen gemeinsamen Erfahrungshorizont (Przyborski, 2004, S. 48), wodurch sich die kollektiven Orientierungsmuster abzeichnen können (Bohnsack et al., 2010, S. 8 f.). Die Diskussionsleitung wurde von einer/einem MitarbeiterIn aus dem Projekt übernommen und das Vorgehen anhand eines Diskussionsleitfadens kontrolliert (vgl. dazu den Diskussionsleitfaden bei Korff und Roman, 2013, S. 229). Die Verantwortung für die technischen und dokumentarischen Gegebenheiten lag bei einer weiteren Person. Von dieser Person wurden die Diskussionen auch auf Tonband aufgenommen, Beobachtungsprotokolle geführt und zur genaueren Beschreibung des Samples Kurz-Fragebögen[33] an die TeilnehmerInnen nach den Gruppendiskussionen verteilt. Insgesamt wurden auf diese Weise deutschlandweit und fächerübergreifend 24 Gruppendiskussionen mit PromovendInnen aus strukturierten Promotionsprogrammen geführt und anschließend für die Analyse transkribiert (Mittelweg der Genauigkeit). Die These zum Abbruch kam nicht in allen Gruppendiskussionen zum Einsatz, was auf den Zeitmangel zurückgeführt werden kann. Die These wurde in 14 Gruppen zur Diskussion gestellt, an denen insgesamt 69 Promovierende teilgenommen haben.

Die Auswertung der Kurz-Fragebögen macht deutlich, dass – ähnlich wie bei der Online-Befragung – mehr weibliche als männliche Personen an den Gruppendiskussionen teilgenommen haben. Auch hier liegt die Vermutung nahe, dass zum einen das Projektthema mit dem Fokus auf *Gender und Diversity*, andererseits auch die Methode der Gruppendiskussionen dazu beigetragen haben, dass sich ein solcher Überhang an weiblichen Teilnehmerinnen ergeben hat. Insgesamt nahmen 69 Personen an den 14 Gruppendiskussionen teil, die im Durchschnitt 31 Jahre alt sind ($M = 30{,}5$, $SD = 4{,}1$, $Min = 24$, $Max = 45$). Von diesen Personen sind 49

---

33 Der Kurz-Fragebogen kann bei der Autorin angefordert werden.

weiblich (71 %) und 20 männlich (29 %). Die Verteilung der GruppendiskussionsteilnehmerInnen im Untersuchungssample auf die verschiedenen Fachbereiche zeigt, dass mit 30 % ($n = 21$) Promovierende aus den Sprach- und Kulturwissenschaften die größte Gruppe bildeten, gefolgt von den Rechts-, Wirtschafts- und Sozialwissenschaften mit 23 % ($n = 14$) und der Mathematik und Naturwissenschaft mit 19 % ($n = 13$). Promovierende aus anderen Fachbereichen[34] (28 %, $n = 19$) bilden das Schlusslicht.

3.1.1 Analysemethode und Datenkorpus

Zur Vorbereitung der Feinanalyse wurden in Anlehnung an die Auswertungspraxis der dokumentarischen Methode nach Bohnsack (Bohnsack, 2008; Przyborski und Wohlrab-Sahr, 2009) zwölf Passagen als Phase der Behandlung eines Themas ausgewählt, die den Datenkorpus bilden. Die Passagen beginnen jeweils mit einem von der Interviewperson initiierten Themenwechsel und werden mit der These „Strukturiert Promovierende brechen weniger häufig ab als Individualpromovierende" eingeleitet; sie enden jeweils mit einem weiteren von der Interviewperson initiierten Themenwechsel (neue Fragestellung) entsprechend dem Leitfaden (Korff und Roman, 2013, S. 229). Auf diese Weise konnten selbstläufige thematische Wechsel der Gruppendiskussionen unter dem Oberthema „Abbruch" berücksichtigt und analysiert werden. In einem ersten Schritt wurde die thematische Feingliederung der Passagen ermittelt und die Unterthemen identifiziert. So konnte das Oberthema (OT) „Abbruch" in mehrere Unterthemen (UT) – induktive Codes – unterteilt werden (offenes Codieren). Das Ziel dieses Vorgehens war es, alle Passagen, die unter einem bestimmten Unterthema bzw. einer Hypothese sachdienlich sind, zusammenzufassen (Bloor et al., 2001).

> *"The process of indexing then involves the analyst reading and rereading the text and assigning index codes, which relate to the researcher's analytic framework. At the start, index codes are likely to be quite broad, and to then become more narrow and focused as the work continues. The process can be likened to chapter headings and subheadings."* (Bloor et al., 2001).

Beim weiteren methodischen Vorgehen kamen – in Anlehnung an die Konzepte und Ideen der Grounded Theory – die verschiedenen Stufen des offenen, axialen

---

[34] Aus Anonymitätsgründen wurden zusätzlich zu den Personen, die angegeben haben, in „sonstigen Fächern" (13 %, n = 9) zu promovieren, noch die Fachbereiche zusammengefasst, die im Sample geringere Häufigkeiten aufwiesen, wie z.B. die Ingenieurwissenschaften.

und selektiven Kodierens (Glaser und Strauss, 1998) zum Einsatz (Codierung nach Unterthemen, wie z. B. Unterthema: Einbindung, Kategorie „Raum"). Um keine Lesarten und Perspektiven unberücksichtigt zu lassen, wurde das Material in einer (konstanten) Interpretationsgruppe von meist fünf Personen gemeinsam interpretiert. So konnten in der Analyse fünf Kategorien – *Raum, Kontrolle, Geld, Zeit* und *Druck* – herausgearbeitet werden[35], die in den Gruppendiskussionen zum Oberthema ‚Abbruch' (kollektiv) von den Promovierenden aus strukturierten Promotionsprogrammen geteilt wurden. Die Interpretation erfolgte zunächst nach dem Prinzip des minimalen Kontrasts, dennoch wurde auch die maximale Kontrastierung stark abweichender Einzelaussagen berücksichtigt (Strauss und Corbin, 1996, S. 148 ff.).

3.2 Abbruch als Tabu?

Eine Auswahl der zu analysierenden Passagen musste in dieser Untersuchung auch getroffen werden, da in den Verlaufsprotokollen der gesamten Gruppendiskussionen der Abbruch der Promotion von den TeilnehmerInnen nicht selbstläufig thematisiert wurde. Der initiierte Themenwechsel vom Interviewer hin zum ‚Abbruch der Promotion in einem strukturierten Programm' fand im vierten und damit letzten Block des Leitfadens (Korff und Roman, 2013, S. 229) statt. Wird das Thema ‚Abbruch' demnach nicht von außen in die Gruppe gebracht, um es zu diskutieren, fällt auf, dass es vorher nur an einer einzigen Stelle in einer Gruppendiskussion als selbstläufiger Themenwechsel angeschnitten wird. So teilt ein/eine PromovendIn in der Diskussion um den Videoclip[36], der als Stimulus die Diskussion anregen sollte, mit:

> „[…] *Wenn man sich ehrlicherweise mit anderen Promovierenden unterhält, dann hat/ geht es JEDEM auch mal eine richtig lange Weile total SCHLECHT.* Und man

---

35 Klassische intervenierende Bedingungen wie Raum (Simmel, 1903/1908; Giddens, 1988; Foucault 1991; Löw, 2001; Schroer, 2006; Dünne und Günzel, 2006; etc.) und Zeit (Elias, 1984; Giddens, 1988; Weis, 1995; Nassehi 2008; etc.) sind in der (soziologischen) Literatur umfassend diskutierte Kategorien. Auf eine detaillierte Aufarbeitung dieser Kategorien wird in dieser Arbeit jedoch verzichtet. Sie finden nur in der Reflexion der Ergebnisse Berücksichtigung (vgl. Kapitel 3.3.5).
36 Es handelt sich dabei um einen Videoclip zu einem strukturierten Promotionsprogramm, der auf der Website der Forschungseinrichtung dieses Programms frei zugänglich war. Inzwischen wurde der Clip durch einen aktuelleren ersetzt. Der ursprüngliche Clip ist auf Anfrage bei der Autorin erhältlich.

will das alles hinschmeißen und das wird auch nicht besser davon, dass ich hier irgendwie Methodenseminare mache oder sowas. [...]"[37](GD1, Zeile 165-168).

Man muss sich demnach mit anderen PromovendInnen „*ehrlicherweise*" unterhalten, sonst bleibt es unausgesprochen, dass „*es JEDEM auch mal eine richtig lange Weile total SCHLECHT*" geht und dass man „*das alles hinschmeißen*" – das Handtuch werfen, sich mit etwas abfinden, aufgeben oder eben abbrechen – will. Da der Abbruch der Promotion erst diskutiert wird, wenn die PromovendInnen in den Gruppendiskussionen darauf gestoßen werden (initiierter Themenwechsel), liegt die Vermutung nahe, dass sich die Auseinandersetzung der PromovendInnen mit diesem Thema eher unaufrichtig gestaltet – ob gegenüber sich selbst, der Gruppe (Peers) oder dem Programm bleibt zunächst offen –, denn nur wer „*ehrlich*" – aufrichtig – ist, gibt auch zu, dass es einem „*auch mal* [...] *total SCHLECHT*" in der Promotionsphase geht. Dabei scheint es sich nicht um eine kurze Episode zu handeln, sondern gleich um „*eine richtig lange Weile*". Auch das „*total SCHLECHT*" impliziert, dass die Abstufungen der Stimmung der PromovendInnen nur in totalen Zuständen – allem eingeschlossen – gemessen werden kann. Sowohl die zeitliche Einschätzung als auch die Einschätzung des Zustandes der PromovendInnen in der schlechten Phase sind demnach absolut. Die Abbruchgedanken werden „[...] *auch nicht besser davon, dass ich hier irgendwie Methodenseminare mache oder sowas*". Das verdeutlicht, dass die Ergänzung durch die formale Kursphase nicht als ein Element der Organisationsstruktur betrachtet wird, das die strukturiert Promovierenden davon abhält abzubrechen bzw. deren Abbruchgedanken verhindert.

Hier stellt sich für mich die Frage, ob diese Unehrlichkeit ein methodisch indiziertes Problem ist. Ist die Methode der Gruppendiskussionen geeignet, um ein scheinbar heikles Thema zu besprechen? Oder wird gerade durch die Diskussion in den Gruppen der Promovierenden deutlich, dass dieses Thema unter den Peers – in Realgruppen – vermieden wird bzw. eben kein Thema oder sogar ein Tabu ist und damit auch eine Auseinandersetzung mit dieser Thematik vermieden wird (Schröder, 2003)? Ist es gerade das, was zu einem klammheimlichen Ausscheiden – „*invisible problem*" – von PromovendInnen führen kann? Oder ist ein klammheimliches Ausscheiden, wie es vielleicht in der Individualpromotion vorstellbar war, aus strukturierten Promotionsprogrammen überhaupt nicht mehr möglich? Verschärft sich das Tabu des Abbruchs noch weiter dadurch, dass die Promovie-

---

[37] Eine Übersicht über die verwendeten Transkriptionszeichen und deren Bedeutungen befindet sich im Anhang.

renden nicht mehr nur der Betreuungsperson „Rechenschaft" schuldig sind, sondern einer ganzen Gruppen von Mitpromovierenden? Oder ist es kein Tabu, weil es einfach kein Thema ist?

Ein anderer Ansatz, die Vermeidung des Themas Abbruch zu erklären, ist es, die Erklärung in der (Neu-)Organisation der Promotion selbst zu suchen. Die Unehrlichkeit unter den Peers kommt vielleicht durch die Programme und deren Zielsetzung zu Stande. Im Kontext der Programme entsteht schon beim Zugang zur strukturierten Promotion und durch die Output-Orientierung der Programme (Korff et al., 2013, S. 195) eine ganz bestimmte Dynamik, die es den Promovierenden nicht erlaubt, einen Abbruch überhaupt in Betracht zu ziehen und „*ehrlich*" damit umzugehen. In den Programmen geht es ausschließlich um den Output – die Fertigstellung der Promotion –, daher verwundert es nicht, dass es – das inkorporierte Wissen (Bourdieu, 1983) der Organisation – auch nicht von den PromovendInnen, die in diesen Programmen promovieren, nicht thematisiert wird. Der Abbruch ist in den Programmen nicht vorgesehen, daher gibt es auch keine Konzepte für den Ausstieg von Promovierenden aus den Programmen. Erst wenn das Ereignis eintritt, muss eine Lösung gefunden werden. Wie sich diese Lösung gestaltet, ob es zum Beispiel eine Beratung oder Begleitung gibt, nachdem man sich für den Abbruch entschieden hat, bleibt offen.

3.3 Strukturierte Promotionsprogramme als „gläserner Käfig"

Das Phänomen des vorzeitigen Abbruchs wird – im Diskurs – meist auf gravierende Mängel in der (etablierten) DoktorandInnenausbildung zurückgeführt. Gründe für hohe Abbruchquoten werden dabei sowohl in den persönlichen Lebenslagen der NachwuchswissenschaftlerInnen als auch in den Strukturen der Doktorandenausbildung gesehen. Die Kritik an den gegebenen Strukturen – dem „Meister-Schüler-Modell" – bleibt jedoch nicht nur Kritik, denn die strukturierte Promotionsförderung soll hier Abhilfe schaffen. Durch diese Reform sollen „eine stärkere Strukturierung der Ausbildungsinhalte und eine größere Verantwortung der beteiligten Institutionen für die Doktorandenausbildung" (Berning und Falk, 2006, S. 4) Einzug halten. Die Individualpromotion rückt damit an das andere Ende eines Kontinuums und bekommt kaum bzw. sogar keine Struktur zugesprochen. Je mehr Stringenz, Ordnung und Transparenz, desto besser – so scheint die Devise. Durch die These „Strukturiert Promovierende brechen weniger häufig ihre Promotion ab als Individualpromovierende", die in die Gruppen zur Diskussion gegeben wurde, wird diese Differenzierung vom Diskurs zwischen den beiden Modellen aufgegriffen. In den meisten Gruppendiskussionen wird diese These als gegeben hingenommen und nicht hinterfragt. Ausnahmen bilden hier die Gruppendiskussionen aus der Mathematik und den Naturwissenschaften, bei denen das Thema der Dissertation oder ein nicht vorhandenes Interesse an dem Thema, das man zugewiesen bekommt, der Grund für den vorzeitigen Abbruch der Promotion sein kann:

> „[...] *Weil es kommt natürlich drauf an, was für ein Thema man bekommt. Also man muss ja irgendwie auch so ein bisschen Interesse für sein Thema dann haben und man/ Ich denke mal, dass viele abbrechen, weil sie irgendwann nicht mehr sehen, dass da irgendwas bei rauskommt oder, ja, dass vielleicht das Thema sie nicht anspricht oder sowas.* [...]" (GD5, Zeile 10-14).

Was bedeutet es aber für die Promovierenden (anderer Fachbereiche), in einem strukturierten Promotionsprogramm zu promovieren? Die nun folgenden Abschnitte rekonstruieren anhand der gruppenübergreifenden Analysen und Interpretationen der jeweiligen Zitate aus den Gruppendiskussionen, was die Struktur der strukturierten Promotion ist und wie sich die Promovierenden zu dieser Struktur positionieren. Was wird von ihnen als „strukturierter" im Vergleich zur Individualpromotion verstanden, wenn es darum geht, den Abbruch der Promotion zu verhindern?

3.3.1 Strukturierte Promotion eröffnet einen Raum

An der folgenden Passage lässt sich die in dieser Arbeit bereits häufiger thematisierte Polarisierung der zwei Promotionsmodelle veranschaulichen. Die Person vergleicht an dieser Stelle die strukturierte mit der externen Promotion. Die Individualpromotion kann demnach nochmals untergliedert werden in eine „*am Lehrstuhl*" und eine Promotion, bei der man „*einfach extern*" promoviert:

> „*(...), ich fühle mich sehr wohl, dass ich irgendwie einen Ort habe, an dem ich arbeite, und Leute, mit denen ich zum Mittagessen gehe. Also das gibt mir irgendwie so (...) Rhythmus und Struktur und ein Netzwerk und Leute, die (mir?) irgendwie spiegeln und sagen,* [Personenname]*, jetzt lies doch mal wieder für Freitag', oder, Ah, super hast du gelesen', so, dass man irgendwie ein Gegenüber hat und ein bisschen strukturierten Alltag. Das hilft mir, glaube ich, sehr. Also, ich könnte, also, ich glaube, wenn ICH SELBER irgendwie so richtig, also sagen wir mal, nicht mal am Lehrstuhl, sondern einfach extern promovieren würde und zu Hause sitzen würde (...) – das würde nichts werden. (...)* " (GD6, Zeile 28-36).

Für die Person findet die strukturierte Promotion an einem anderen Ort als die Individualpromotion statt und dieser Ort ist – im Gegensatz zu dem „*einfach extern promovieren* [...] *zu Hause*" – intern, in etwas eingebunden. Promovieren kann also an verschiedenen Orten stattfinden und jedes Promotionsmodell ist mit einem bestimmten Ort verbunden. Beim strukturierten Promovieren ist es „*irgendwie ein Ort*", während es bei der externen Promotion „*nicht mal am Lehrstuhl*", sondern „*einfach*" – also nichts Besonderes – nur das „*zu Hause*" ist. Während die klare Verortung „*zu Hause*" als strukturlos beschrieben wird (s. u.), bleibt der „*Ort*" für das strukturierte Promovieren zwar unbestimmt („*irgendwie*"), bietet aber Struktur: An diesem „*Ort*" gibt es „*Rhythmus und Struktur und ein Netzwerk und Leute*" – man ist in Bewegung, hat eine Ordnung, an der man sich orientieren kann, man hat ein Netz, das einen auffängt, und ein aktives Gegenüber, das spiegelt („*jetzt lies doch mal wieder*"), anerkennt („*Ah, super hast du gelesen*") und mit dem „*ich zum Mittagessen gehe*". Diese sehr dynamische wirkende Passage vermittelt den Anschein einer Rundumversorgung, denn auch Nahrung wird den Promovierenden nicht vorenthalten. Alles, was man braucht, ist verfügbar. Wie genau dieser Rhythmus, die Struktur und das Netzwerk ausgestaltet sind, bleibt jedoch unspezifisch. Dies wird deutlich durch die sprachlich wiederkehrende Verwendung des Wortes „*irgendwie*". Man hat „*irgendwie einen Ort*", „*irgendwie so (...) Rhythmus und Struktur und ein Netzwerk*" und hat auch „*irgendwie ein Gegenüber*". Der „*Ort*" bietet eine Struktur, dennoch bleibt diese unbestimmt. Der Alltag des Promovierens wird durch diesen „*Ort*" – an dem man sich „*sehr wohl*" fühlen kann und der „*hilft*", „*wenigstens ein bisschen*" – strukturiert. Im Gegensatz zur Promotion „*zu Hause*". Die „*extern*[e]" Promotion, bei der man nicht mal einen „*bisschen strukturierten Alltag*" hat, sich nicht bewegt, sondern nur sitzt. Man muss „*SELBER*" aktiv werden, wenn bei dieser Promotion irgendetwas passieren soll. Warum sollte man also die strukturierte Promotion abbrechen wollen, wenn das mit der anderen „*nichts werden*" würde? Dennoch scheint diese Person davon überzeugt, dass es gerade diese Art des Promovierens ist, die von der Gesellschaft als die „*irgendwie so richtig*[e]" Art und Weise wahrgenommen wird. Die strukturierte Promotion ist zwar diejenige, bei der man eine Rundumversorgung erhält, die aber eben nicht der „*richtig*[en]" Promotion entspricht.

Durch diese Passage wird deutlich, dass mit den unterschiedlichen Promotionsmodellen eine räumliche Verortung bzw. Trennung verbunden ist. Während die eine mit positiven Attributen versehen sogar überhäuft wird, scheint die andere nicht wünschenswert, asketisch, eine Strapaze zu sein, auch wenn es die eigentlich richtige Form des Promovierens ist. Die Verortung bzw. die Ausgestaltung des Raums der strukturierten Promotion hingegen kommt einem Ort gleich, an dem keine Wünsche offen bleiben.

Die Polarisierung der beiden Promotionsmodelle kann so weit gehen, dass für die individuelle Promotion die Freiheit steht und mit der strukturierten Promotion eine Bindung durch Verpflichtung bzw. ‚Begrenzung' (‚Unfreiheit' oder ‚Gefangenschaft') assoziiert wird. Allerdings ergibt sich der Eindruck von einer verkehrten Welt, denn Freiheit ruft im folgenden Zitat negative und ihr Gegenpol hingegen positive Assoziationen hervor (ungebunden, im Sinne von ausgeschlossen versus eingebunden). Gefangenschaft steht für den Ernst des Lebens und die damit verbundenen Verpflichtungen, während Freiheit mit einem ‚Lotterleben' verknüpft zu sein scheint:

> „[…] *Und vielleicht sind die meisten Leute, also von diesen Freien kenne ich einige, die mit mir das Studium abgeschlossen haben und dann angefangen haben, zu promovieren, aber die meisten von denen hatten das gar nicht so ERNSTHAFT vor, sondern da war es dann auch so eine Orientierungsphase. Ich weiß nicht genau, was ich arbeiten will und so schlecht war die Uni jetzt ja auch nicht, na ja, dann promoviere ich halt mal. Und vielleicht kommt dadurch dann auch eine hohe Abbrecherquote zustande.*" (GD3, Zeile 28-34).

Strukturiert Promovierende sind gegenüber „*diesen Freien*" unfrei, gebunden oder, überspitzt formuliert, Gefangene der strukturierten Promotionsprogramme. Dass die Freiheit, ungebunden zu sein, mit bestimmten Problemen verbunden sein kann, wie z. B. Unsicherheiten bei der Finanzierung, kein Austausch etc., wird in der Argumentation dieser Person nicht angeführt, sondern es wird sogar unterstellt, dass diese „*Freien*" bzw. „*die meisten von denen* […] *gar nicht so ERNSTHAFT vor*[hatten]" zu promovieren und daher die Abbruchquote ausschließlich von „*diesen Freien*" in die Höhe getrieben wird. Demnach müssen „*diese Freien*" sich erst beweisen, denn nur die, die ihre Promotion auch abschließen, haben es ernst gemeint. An „*diese Freien*" werden – laut dieser Aussage – keinerlei Erwartungen gestellt. Sie befinden sich (immer) noch in einer „*Orientierungsphase*". Sie sind orientierungslos, unentschlossen und phlegmatisch („*Ich weiß nicht genau, was ich arbeiten will und so schlecht war die Uni jetzt ja auch nicht, na ja, dann promoviere ich halt mal*"). Im Umkehrschluss bietet die strukturierte Promotion den Promovierenden einen Orientierungsrahmen, der sie zwar beschränkt – begrenzt wie ein Käfig –, aber in dieser Einschränkung ist man nicht allein. Man teilt sich den Käfig mit anderen. Im Gegensatz zu „*diesen Freien*" haben die strukturiert Promovierenden jedoch (bestimmte) Erwartungen und Verpflichtungen zu erfüllen (vgl. Abschnitt C.2a und C.3a), und nur wer sich einsperren lässt, nimmt die Promotion auch ernst.

Hier geht die räumliche Verortung der Promotion so weit, dass die Beschreibung der strukturierten Promotion im Vergleich zur Individualpromotion einem Käfig gleichkommt. Nur in diesem Käfig ist eine Fertigstellung der Promotion überhaupt möglich, denn außerhalb – ohne einen solchen Käfig – ist man orientierungslos und führt ein Lotterleben, anstatt dem Pfad der Pflicht bzw. Verpflichtung zu folgen und sich einsperren und zur Schau stellen zu lassen. Der Raum bekommt eine Form bzw. eine Struktur und gleichzeitig eine Grenze zwischen drinnen und draußen (Grenzobjekt; Oppermann und Schröder, 2013, S. 32 ff.).

3.3.1.1 Der Zugang zum Raum

Die Polarisierung der beiden Promotionsmodelle beruht jedoch nicht nur auf dem *Wie* man promoviert, ob nun strukturiert oder individuell, sondern auch, wie man für das jeweilige Modell ausgewählt wurde und damit Zugang zu einem bestimmten Raum bzw. einer bestimmten Art und Weise des Promovierens erhalten hat. Die folgende Passage verdeutlicht, wie hier von den Promovierenden in den Gruppendiskussionen differenziert wird; denn „*natürlich*" – im Sinne von selbstverständlich – ist die Auswahl „*für solche Programme* […] *anders*":

> B5: „*Ich glaube aber auch/ also was zum Beispiel auch ein Grund sein kann dafür, wenn diese These überhaupt stimmt, dass natürlich für solche Programme die Leute auch anders ausgewählt werden, //als//*"
> B1: „*//Ja.//*"
> B5: „*Leute, die individuell promovieren. Weil da kann sich ja wirklich JEDER einfach irgendwie/ also es ändert sich ja jetzt auch, dass man zumindest ein Exposé oder was auch immer abgeben muss. Aber bislang war das ja so, dass man sich einfach zur Promotion quasi einschreiben konnte und dann hat man promoviert. Und wir haben ja alle ein Auswahlverfahren hinter uns. Und deswegen ist das ja schon irgendwie so ein bisschen auf Herz und Nieren geprüft, was man da macht. Also ich glaube, es liegt auch irgendwie daran*" (GD1, Zeile 75-87).

Dass die Auswahl von strukturierten Promotionsprogrammen eine andere ist, nimmt diese Person als „*natürlich*" – gesetzte Tatsache – hin. Gleichzeitig kann dies so interpretiert werden, dass sich nicht nur der Anfang – der Eintritt in die strukturierte Promotionsförderung – von der Individualpromotion unterscheidet, sondern der weitere Prozess des strukturiert Promovierens ebenfalls anders ist: Man promoviert anders, weil man schon anders ausgewählt wurde („*Und wir haben ja alle ein Auswahlverfahren hinter uns. Und deswegen ist das ja schon irgendwie so ein bisschen auf Herz und Nieren geprüft*"). Die Aussage widerspricht jedoch der Auffassung, Promovieren sei ein Prozess – eine kontinuierliche Entwicklung des Forschungsvorhabens –, in dem man sich entwickeln könnte. *B5* geht davon aus, dass – bevor man beginnt zu promovieren – das, „*was man da macht*" bereits überprüft wurde. Das Ziel steht demnach schon zu Beginn der Promotion fest. Mit dem Eintritt in die strukturierte Promotion wird also bereits der Abbruch ausgeschlossen. Eine weitere Auffälligkeit in diesem Zitat ist die nicht kategorisierte Einführung der Promovierenden beider Promotionsmodelle. Zunächst sind Promovierende nur „*Leute*". In der weiteren Beschreibung bzw. Charakterisierung werden hingegen zwei Gruppen geöffnet und deren Unterschiede deutlich gemacht: Die Gruppe „*JEDER einfach irgendwie*" versus die Gruppe „*auf Herz und Nieren geprüft*". Die Gruppe, in der „*Leute,* [...] *individuell promovieren*" und in die „*wirklich JEDER einfach*" rein kann. Das heißt eine sehr offene Gruppe, deren TeilnehmerInnen selbstständig entscheiden können, dass sie promovieren – die „*sich einfach zur Promotion quasi einschreiben konnte*", wie z. B. für ein Studium oder einen VHS-Kurs –, die ein „*Exposé oder was auch immer*" abgeben müssen. „[W]*as auch immer*" schmälert dabei die Bedeutsamkeit eines Exposés im Kontext der Individualpromotion; es ist nichts Besonderes, wobei nicht deutlich wird, an wen das Exposé abgegeben werden muss. Es gibt also keine anderen Menschen, nur die Gruppe (die Peers), aber kein Gegenüber (keine ProfessorInnen, kein Programm).

Auf der anderen Seite werden die „*wir*" beschrieben, die „*alle ein Auswahlverfahren hinter*" sich haben und auf „*Herz und Nieren geprüft*" wurden. Dieser Gruppe werden besondere Qualitäten bzw. Eigenschaften zugeschrieben. Die brechen nicht ab, im Gegensatz zu der Gruppe „*JEDER einfach irgendwie*". Abbruch bzw. das Nicht-Abbrechen wird individualisiert und den Eigenschaften der Personen in diesen Gruppen zugeschrieben. Wenn das, „*was man da macht*", schon zu Beginn auf „*Herz und Nieren geprüft*" wird/wurde, dann schafft man es auch, die Promotion (erfolgreich) zu beenden. Das Vorhaben („*das, was man da macht*") wird – entgegen dem Abbruch – entpersonalisiert, denn die Promotion muss (über)lebensfähig sein. Die Erfolgsgarantie, die Promotion auch abzuschließen, ist gegeben, wenn diese schon am Anfang überprüft wurde, sprich: Abbruch kann verhindert werden! Es wird Machbarkeit suggeriert, wenn im Vorfeld jegliche Form der Störung – bei den Individuen – ausgeschlossen werden kann („*auf Herz und Nieren geprüft*"). Erfolg wird der Organisation – der ‚Struktur' – zugeschrieben, die prüft, während Misserfolg auf die Personen zurückfällt.

Diese Struktur (bei strukturierten Promotionsprogrammen) scheint allerdings losgelöst von Personen zu sein, die sie tragen, wie z. B. einem Auswahlkomitee bestehend aus mehreren ProfessorInnen. Es gibt ein Auswahlverfahren, aber wer dies durchführt, bleibt genauso verborgen wie die PrüferInnen, die auf „*Herz und Nieren*" prüfen. Es wird eine Organisation beschrieben, ohne die handelnden Personen zu benennen. Jedoch wird die Organisation selbst aktiv – handelt –, indem sie prüft; damit erbringt sie ebenfalls eine Leistung. Diese „aktive Organisation" fehlt hingegen bei den Individualpromovierenden. Die individual Promovierenden müssen selbst aktiv werden – handeln –, indem sie „*zumindest ein Exposé oder was auch immer abgeben*" und sich „*einfach* [...] *einschreiben*".

Die Meinung, mit dem Eintritt in die strukturierte Promotion sei bereits der Abbruch ausgeschlossen, ist kein Einzelfall. So wird in einer anderen Passage argumentiert, dass nur die Einstiegshürde zu nehmen sei, dann wäre der Rest kein Thema mehr.

„[…] *Ja, ich fände es halt merkwürdig, bei so einem Promotionsstipendium hier abzubrechen, weil man sich ja schon wirklich viel Mühe gemacht hat. Also man hat zwei Leute davon überzeugt, dass die einem so ein Gutachten schreiben, wo sie einen über den grünen Klee loben, man hat irgendwie ein zehn- bis 20-seitiges oder noch längeres Exposé mit viel Mühe geschrieben, sich einen Arbeitsplan überlegt und ist dann angenommen worden. Das heißt, dass das, was man da abgegeben hat, ja irgendwie nicht ganz blöd sein kann. Und da steckt ja schon so viel Mühe drin. Und ich habe schon mit einigen gesprochen, wo man nicht auch gesagt hat, ‚ja, komm, jetzt bewirb dich doch da mal und du könntest es ja auch schaffen.' ‚Oh, nö!, also 20 Seiten, nein, das schreibe ich nicht!' Also insofern ist glaube ich keiner hier, der sich so überlegt hat, ‚och, ja, Arbeit ist irgendwie auch nicht so toll, ach, Arbeitsmarkt oder so, dann promoviere ich mal'. Also ich glaube, dass hier nur Leute sind, die wirklich der Meinung sind, ich will das machen und die motiviert sind. Und das ist natürlich was anderes als wenn jemand überlegt, ‚ach, ich probiere das jetzt irgendwie mal'"* (GD3, Zeile 38-52).

Es erfordert allerdings „*viel Mühe*", man muss sich anstrengen, einen gewissen Aufwand (Arbeit, Kraft, Anstrengung) betreiben – vielleicht sogar Strapazen und Qualen ertragen –, um die Einstiegshürde zu schaffen. Man muss zwei Leute überzeugen, „*ein zehn- bis 20-seitiges oder noch längeres Exposé mit viel Mühe*" schreiben und sich einen Arbeitsplan überlegen. Denn strukturiert promovieren „*nur Leute […], die wirklich der Meinung sind, ich will das machen und die motiviert sind*" und sich somit von denen unterscheiden, die es irgendwie probieren und eher phlegmatisch initiiert werden: „*Oh, nö!*", „*och, ja*" und „*ach, ich probier das jetzt irgendwie mal*". Entweder man ist „*motiviert*" oder man fängt gar nicht erst an zu promovieren und verweigert sich dem Annahmeprozedere: „*Oh, nö!, also 20 Seiten, nein, das schreib ich nicht*". Wenn man bereits angefangen hat, sich Mühe zu machen – man hat es nicht leicht genommen bzw. es ist einem nicht leicht gefallen –, bricht man nicht mehr ab. Nimmt man demnach die Zugangshürde, scheint dies als Basis für den gesamten Prozess und als Garant dafür zu gelten, dass die Promotion auch abgeschlossen wird. Dass die Zeit nach dem Eintritt – der weitere Prozess – nicht thematisiert wird, suggeriert ebenfalls, dass wenn man „*dann angenommen worden*" ist, der Rest kein Thema mehr ist.

Diese Passage ist gekennzeichnet durch den Einsatz von Untertreibung und Übertreibung. Denn laut der zitierten Person gilt es, zwei Leute zu überzeugen, die einen über das normale Maß loben („*über den grünen Klee*") und ein Exposé zu schreiben, das zehn bis zwanzig Seiten oder noch länger ist. Die Steigerung beim Lob und bei der Länge des Exposés lässt auf eine Übertreibung der zu erbringenden Zugangsvoraussetzungen für eine strukturierte Promotionsförderung schließen. Die Übertreibung wird jedoch durch die Untertreibungen – man hat „*irgendwie*" so ein Exposé geschrieben, sich einen Arbeitsplan überlegt, statt ausgearbeitet und das, was man dann abgegeben hat, kann „*ja irgendwie nicht ganz blöd*" *sein"* – relativiert und lässt die Hürde des Zugangs nicht mehr unerreichbar erscheinen. So schwer ist es also gar nicht, wenn man *„nicht ganz blöd"* ist. Im Umkehrschluss bedeutet dies, diejenigen, die es nicht mal versuchen/versucht haben, sind *„blöd"* und die strukturiert Promovierenden, die sich die Mühe gemacht haben und dann angenommen wurden, sind schlau. Auch hier wird den Personen zugeschrieben (*„Leute sind, die wirklich der Meinung sind, ich will das machen und die motiviert sind"*), ob sie sich Mühe geben oder gar nicht erst anfangen zu promovieren (*„jemand überlegt ‚ach, ich probier das jetzt irgendwie mal'"*). Während die einen der Meinung sind, überlegen die anderen noch.

Es kann also festgehalten werden, dass wenn es um den Abbruch der Promotion geht, scheinbar vom Anfang und nicht vom Ende (Output) des Prozesses argumentiert wird. Der Zugang bestimmt bereits über den Output (das Ende). Entweder ist man drin, befindet sich innerhalb des Raums, dann kommt ein Abbruch nicht mehr in Frage, oder man ist draußen und hatte nie die Absicht, die Motivation bzw. hat überhaupt den Versuch unternommen, reinzukommen. AbbrecherInnen sind Abweichler. Das Abbrechen der Promotion wird als *„merkwürdig"* – eigenartig, absonderlich, kurios – beschrieben; wie die Beschreibung einer seltenen Spezies, aber nicht im Sinne von eindrucksvoll. Denn diejenigen, die sich innerhalb des Raums – im Käfig – befinden, sind diejenigen, die eindrucksvoll – schlau – sind. Ausgewählte sind Auserwählte, die sich dem Zugang zum Promotionsprogramm, mit all seiner „Mühe" und „Motivation" bzw. der qualvollen Arbeit, widmen, um in das Programm aufgenommen zu werden. Die strukturiert Promovierenden scheinen besonders viel „Leistung" am Anfang bzw. beim Zugang zur strukturierten Promotion bringen zu müssen, aber was kommt danach? Auch wenn die strukturiert Promovierenden ihre Auswahl anders als die der Individualpromovierenden darstellen, bleibt die Frage offen, wie sie sich und ob sie sich im Prozess voneinander unterscheiden.

3.3.1.2 Das Indefinitpronomen „man" als Eigenart von heiklen Themen in Gruppen

In Aussagen, die entweder die Gruppe der strukturiert Promovierenden und/oder die Anwesenden im positiven Licht und die Gruppe der Individualpromovierenden als Abwesende eher im schlechten Licht erscheinen lassen, kommt häufig das Indefinitpronomen *„man"* zum Einsatz. Ähnlich wie es Nazarkiewicz (2009) für die Vermittlungsstrategien in Bildungsmaßnahmen beschreibt, tritt auch in den Gruppendiskussionen, bei der Formulierung von Normen, Regeln oder von etwas, das (scheinbar) kollektiv als allgemeingültig bewertet wird, häufig das Indefinitpronomen „man" auf. Die Verwendung der Personalpronomen *„wir"* und *„uns"* wird vermieden und für die möglichen Reaktionen der Abwesenden, der Individualpromovierenden, werden „Beispielgeschichten" in indirekter Rede und in der „*ich*"-Form erzählt. In anderen Passagen findet sich, wie bereits an anderer Stelle beschrieben, auch die Trennung zwischen *Wir* (spezifisch) und *Die* (unspezifisch). Solche Indefinitpronomen machen es für den Sprechenden möglich, sich vor Kritik und Subjektivitätsvorwürfen zu schützen (*„Aber bislang war das ja so, dass man sich einfach zur Promotion quasi einschreiben konnte und dann hat man promoviert"*). So wird persönlich Erlebtes in hypothetische Beispiele verpackt und Äußerungen, die einen angreifbar machen, durch Indefinitpronomen abgeschwächt (Brown und Levinson, 1978). In der zuvor analysierten Passage lässt sich dazu illustrieren, wie die zitierte Person die Anwesenden bzw. alle strukturiert Promovierenden in ihre Aussagen mit einbezieht. Es wird relativiert, *„was man da abgegeben hat,* [kann] *ja irgendwie nicht ganz blöd sein"*, sonst würde die Person über sich und die anderen Anwesenden sagen: Wir sind die Schlauen. Zum einen führt die Entpersonalisierung *„WAS man da abgegeben hat"*, dazu, dass sich der Blödsinn auf einen Gegenstand – das Exposé – und zum anderen nicht auf eine Person, *„was MAN da abgegeben hat"*, sondern auf viele – die Anwesenden bzw. alle strukturiert Promovierenden – bezieht. Dadurch, dass sie es relativiert und dazu ein Indefinitpronomen verwendet, sagt die Person nur implizit, dass sie und die Gruppe ziemlich schlau sein müssen. Mögliche Gründe dafür können sein: um zu relativieren; um nicht nur sich, sondern auch ähnlich Denkende mit einzubeziehen; oder um von sich abzulenken und sich dadurch nicht angreifbar zu machen. Gleichzeitig bewirkt das Einbeziehen von sich selbst und ähnlich Denkenden eine Homogenisierung der Gruppe bzw. der Gruppenmeinung. Der Abbruch der Promotion wird innerhalb der Gruppe relativiert und bleibt auf einer allgemeinen und unpersönlichen Ebene. Die individuelle Meinung oder Erfahrungen bleiben außen vor.

3.3.1.3 Der Raum unter Druck

In einem Raum bzw. Käfig – als ein allseitig geschlossenes, mehr oder weniger perforiertes, Behältnis – kann Druck entstehen oder Druck auf diesen ausgeübt werden.

> *„Also ja dadurch, dass man einfach eingebunden ist in einer Institution ist es natürlich, also hat man eine andere Form von Druck. Aber auch so positiven Druck, zum Beispiel, dass man ganz andere Absprachen mit den Professoren hat. Man fühlt sich dadurch nicht so allein. Ich könnte mir vorstellen, dass das oft ein Problem ist, wenn*

man eine Individualpromotion hat. Also von daher könnte ich mir das schon vorstellen, dass man das innerhalb von einem Programm eher durchzieht" (GD3, Zeile 11-16).

Durch die Einbindung in den Raum, hier als Institution gerahmt, *„hat man eine andere Form von Druck"*. Mit anderen Worten: Den Promovierenden außerhalb des Raums, den individual Promovierenden, wird ebenfalls eine Form von Druck zugestanden. Dieser Druck wird jedoch nicht über die Einbindung erzeugt. Dass durch eine räumliche Verortung Druck entsteht, gilt also nur für die strukturierte Promotion. Durch die Verwendung des Wortes *„auch"* wird deutlich gemacht, dass der Druck in der strukturierten Promotion sowohl positiv als auch negativ sein kann (*„Aber auch so positiven Druck"*). Für den positiven Druck nennt die zitierte Person dann ein Beispiel: In diesem Raum hat man Druck, weil *„man ganz andere Absprachen mit den Professoren hat"*. Man hat einen anderen Druck durch andere Absprachen. Das Wort *„anders"* – nicht identisch, nicht gleich oder verschieden – wird häufig zur Beschreibung von Unterschieden zwischen der individuellen und der strukturierten Promotion herangezogen. Allerdings folgt darauf keine genauere Spezifizierung dieser Andersartigkeit, denn meist bleiben die genannten Beispiele eher vage bzw. unspezifisch. Es wird nicht thematisiert, was diese Absprachen beinhalten, und es werden keine weiteren Beispiele dafür gegeben. Der folgende Einwurf wirkt daher wie ein Themenwechsel: *„Man fühlt sich dadurch nicht so allein"*. Der Bezug wird zwar durch das *„dadurch"* zum vorher Gesagten hergestellt, aber inhaltlich stellt sich die Frage, wie *„eine andere Form von Druck"* durch *„ganz andere Absprachen"* Einsamkeit oder Isolation entgegenwirken können. Durch die Absprachen – Vereinbarungen treffen, sich einigen, sich verständigen – fühlt man sich nicht allein gelassen. Die Professoren (ausschließlich männliche Professoren)[38] wirken der Einsamkeit entgegen, indem sie einen sicheren Raum schaffen. Die Professoren gestalten den (gemeinsamen) Raum aus oder mit. Im Gegensatz dazu hat man in der Individualpromotion Absprachen, die dem Alleinsein nicht entgegenwirken (*„Ich könnte mir vorstellen, dass das oft ein Problem ist, wenn man eine Individualpromotion hat"*). Auffällig ist, dass die (Individual-)Promotion als Zustand beschrieben wird (*„man [hat] eine Individualpromotion*) und nicht als Prozess, den die Promovierenden selbst gestalten (können). In dem Zustand – der Individualpromotion – stehen die Promovierenden unter Druck, weil sie keine Sicherheit(en) durch einen gemeinsamen Raum mit den Professoren haben. Daher wird den Promovierenden innerhalb des Raums (*„innerhalb von einem Programm"*) eher die Fähigkeit zugesprochen, die Promotion fertigzustellen (*„eher durchzieht"*), als denjenigen, die nicht in einem

---

38 Eine Verwendung des generischen Maskulinums wäre hier ebenfalls denkbar.

solchen Programm promovieren. Auch hier steht der Output im Mittelpunkt und die Verwendung des Wortes „*durchziehen*" unterstreicht die zeitliche Komponente, denn es ist nicht von Dauer, man verweilt nicht bzw. man hält sich nicht lange (in diesem Raum) auf, sondern es ist nur ein Abschnitt auf einem Weg.

In der folgenden Passage wird der Raum der strukturierten Promotion in ein Außen und Innen abgesteckt und der Druck hat eine Wirkrichtung: von außen nach innen.

> „[...] *Also ich denke mal, dass hier von außen der Druck vielleicht auch ein bisschen größer ist, dass man dann sagt so: ‚Na ja, also ihr solltet jetzt das schon hier zum Abschluss bringen. Weil sonst wirft das vielleicht auch nicht das beste Licht jetzt auf die Organisation an sich, wenn jetzt hier alle abbrechen sozusagen.' Also/ Aber das nur von der Warte aus. Das ist jetzt auch nicht/ Das machen vielleicht auch nicht so wahnsinnig viele Mediziner in dem Bereich, weil es da schon ein bisschen umfangreicher ist. Aber wenn man das dann macht, dann denke ich mal, dass auch alle anderen (unv.) werden, dass es dann zum Ende kommt*" (GD5, Zeile 36-44).

Auch hier wird die strukturierte Promotion räumlich verortet – „*hier von außen der Druck*", „*hier zum Abschluss bringen*" und „*wenn jetzt hier alle abbrechen sozusagen*". Erst im Verlauf der Passage wird der Raum benannt: „*die Organisation an sich*". Das „*an sich*" impliziert eine Organisation unabhängig von Personen. Der Druck von außen auf die Organisation wird an das Innere – die Promovierenden – abgegeben und dieser Druck wird als größer eingeschätzt („*vielleicht auch ein bisschen größer*") als der Druck an einem anderen Ort. Dieser andere Ort wird allerdings nicht benannt. Die darauf folgende indirekte Rede („*dass man dann sagt so*") verschleiert, dass die Organisation selbst den Druck ausübt, denn kein Vertreter der Organisation spricht hier, sondern ein Mitglied, auf das der Druck ausgeübt wird, gibt wieder, wie die Organisation reagieren würde/könnte. Die Person scheint systemimmanente Strukturen übernommen zu haben bzw. inkorporiertes (verinnerlichtes) Wissen, das nicht gesagt zu werden braucht, weil man mitbekommt, wie die Organisation funktioniert (Projektion). Die indirekte Rede beinhaltet zum einen die Orientierung der Organisation am Output („*das schon hier zum Abschluss bringen*"), und den Mitgliedern – den Promovierenden – wird die Verantwortung für die Organisation übertragen bzw. wie sich diese nach außen in der Öffentlichkeit präsentiert, nämlich im besten Licht („*sonst wirft das vielleicht auch nicht das beste Licht jetzt auf die Organisation an sich*"). Die Organisation übernimmt hingegen keine Verantwortung für ihre Mitglieder, denn wie „*das schon hier zum Abschluss*" gebracht wird, wird nicht thematisiert, sondern die Organisation ist nur am Output interessiert. Es wird etwas verlangt von den Promovierenden („*ihr solltet*"), es ist geboten zu tun und das zeitnah („*jetzt*"). Es wird also eine Verpflichtung oder Forderung gestellt, denn es geht über eine Empfehlung, einen Ratschlag hinaus. Die Forderung „*das* [...] *zum Abschluss bringen"* ist zum einen unspezifisch, denn es wird nicht explizit genannt, was *„das"* ist, aber der Kontext, die Person, die es sagt, und die Runde, in der es gesagt wird, macht ein Verstehen ohne Worte möglich. Die Verortung *„hier"* wird sogar noch bestärkt durch eine zeitliche Komponente (*„hier"* und *„jetzt"*). Nur im Kontext Schule kann man sich eine ähnliche Kopplung von zeitlichen und räumlichen Komponenten im Zusammenhang mit einem Qualifikationsabschluss vorstellen (siehe „Schule als Machtbehälter" nach Giddens 1995). Gleichzeitige Verpflichtung und Forderung in Verbindung mit der zeitlichen Komponente machen ebenfalls das Spannungsverhältnis – in dem Druck erzeugt wird – deutlich, in dem sich die Promovierenden bewegen (müssen). Es hat nichts mit der Wertschätzung der eigenen Arbeit oder Leistung zu tun, sondern die Person scheint fast fremdbestimmt zu handeln, etwas gegen den eigenen Willen zu tun oder unter Zwang zu stehen. Die Fremdbestimmung gilt jedoch nicht nur für die sprechende Person, sondern wird auf die ganze Gruppe (*„also ihr solltet"*) übertragen. Auch der Abbruch der Promotion wird auf die gesamte Gruppe bezogen und pauschalisiert (*„wenn jetzt hier alle abbrechen sozusagen"*) bzw. ad absurdum geführt, weil entweder alle abbrechen oder keiner. Der Druck führt somit entweder zum Abbruch oder zum Abschluss von allen.

3.3.1.4 Zwischenfazit: „Der Käfig"

Durch die strukturierten Promotionsprogramme eröffnet sich ein Raum für die Promovierenden. Ein Raum, der wie Löw (2012) es beschreibt, entsteht, wenn erstens Menschen aktiv ins Geschehen eingreifen, dadurch dass sie Dinge und andere Menschen verknüpfen, zweitens mit dessen Entstehung, meist durch vorstrukturierte Bedingungen, auch Platzierungen einhergehen (ebd., S. 158). Den Raum der strukturierten Promotion überdies mit der Metapher des Käfigs zu umschreiben – als ein allseitig geschlossenes, mehr oder weniger perforiertes Behältnis –, ist der Polarisierung der beiden Promotionsmodelle geschuldet. So steht für die Promovierenden aus strukturierten Programmen die individuelle Promotion für *Freiheit*; was für ihren Gegenpol, die strukturierte Promotion, bedeutet, dass sie mit *Begrenzung* assoziiert wird. Damit verbindet sich das Verständnis vom Raum, als „konkreter Ort" und „Behälter" (Giddens, 1995), mit dem im Vorhinein beschriebenen Verständnis von Löw (2012), dass sich durch vorstrukturierte Bedingungen bei der Entstehung des Raumes – bei der (Neu-)Organisation der Promotion in strukturierten Promotionsprogrammen – bestimmte Positionierungen ergeben. Der Raum ist also gleichzeitig ein „konkreter Ort" und eine Bedingungen der Struktur selbst (ebd. S. 37). Promovierende aus strukturierten Promotionsprogrammen sind an diesen Ort – den Raum – gebunden, der ihnen Orientierung bietet, wie zum

Beispiel einen strukturierten Tagesablauf. Zudem sind sie nicht allein in diesem Raum, sondern promovieren in einer „Gruppe". Sie sind gemeinsam mit anderen Personen in diesem Raum. Der Raum hat eine Grenze zwischen drinnen und draußen, frei und begrenzt, eingeschlossen und ausgeschlossen, Mitglied und Nichtmitglied, strukturiert Promovierende und Individualpromovierende, und durch diese Grenze(n) erhält der Raum eine Form bzw. Struktur (Grenzobjekt; vgl. Oppermann und Schröder 2013, S. 32 ff.) und die Menschen werden positioniert. Die Anwendung dieser dichotomen Logik beim Zugang zum Käfig (Raum) stützt diese Erkenntnis, indem auch hier von den GruppendiskussionsteilnehmerInnen zwischen zwei Gruppen differenziert wird: „*Wir*", die strukturiert Promovierenden, die eingeschlossen sind (die doppelte Bedeutung ist durchaus beabsichtigt) und „*diese Freien*", Individual- oder auch extern Promovierende, die ausgeschlossen werden. Die Struktur, die den Zugang regelt, dient als Sieb, um so die Spreu vom Weizen zu trennen. Jedoch entscheiden die Personen, die sich einem solchen Zugangsverfahren stellen, nicht selbst für eine Promotion, sondern die Organisation hat sich für die jeweilige Person entschieden. Die Promovierenden aus strukturierten Promotionsprogrammen gehen, wenn sie Zugang zu einer solchen Organisation erhalten haben, eine Verpflichtung ein. Sie haben als Mitglied einen bestimmten Status, meist in Abhängigkeit vom Finanzierungsmodell – Stelle (wissenschaftliche MitarbeiterInnen im Mittelbau) oder Stipendium (Studierende)[39] – (vgl. Kapitel 2.2), der mit bestimmten Erwartungen verbunden ist. Durch deren Auswahl wurden sie zu Auserwählten. Sie haben ein Ziel. Sie haben einen Auftrag zu erfüllen, dem sie sich nicht mehr entziehen können. Sie haben keine Wahl und müssen ihrer Rolle entsprechen. Haben sie Zugang zum Raum der strukturierten Promotion und sind damit drinnen, eingeschlossen, Mitglied, ist ein Ausstieg nicht mehr möglich. Ein Ausstieg während des Promovierens – im Prozess – ist kein Thema oder sogar ein Tabu und scheinbar in der Struktur von der (Neu-)Organisation von Promotion nicht vorgesehen. Ein Misserfolg oder sogar ein Abbruch während des Prozesses wird nicht der Organisation, sondern (immer) dem Individuum zugeschrieben. Nicht nur aus dem möglichen Scheitern (Junge und Lechner, 2004; vgl. Abschnitt 3.3.2.1) als Person, sondern auch durch die Einbindung und die damit verbundenen Erwartungen bzw. aus der Positionierung der Promovierenden im Raum der strukturierten Promotionsprogramme kann Druck entstehen. Denn die Rolle der Promovierenden geht nach ihrer Wahrnehmung über die Mitgliedschaft in einer Organisation hinaus. Die Promovierenden sind nicht allein, aber auch nicht mehr frei, weil sie die Auserwählten der Organisation bzw. des

---

[39] Alle anderen Promovierenden tauchen, laut der GEW, in gar keiner Statusgruppe auf (GEW, 2012, S. 16).

Raums sind. Sie haben Pflichten zu erfüllen und stehen somit unter Druck, diesen Erwartungen auch nachzukommen. Sie geben für die Gemeinschaft ihre Freiheit auf und müssen dafür Druck in Kauf nehmen. Der Druck, der auf die Promovierenden ausgeübt wird, wird jedoch von den Promovierenden auch als funktional wahrgenommen: Durch die Einbindung hat man andere Absprachen – sie dienen auch der Sicherheit bzw. Absicherung (vgl. Abschnitt 3.3.1.3) –, die Promovierenden sind nicht einsam, sondern promovieren gemeinsam, und sie haben eine Garantie auf einen Abschluss der Promotion. Implizit also eine Erfolgsgarantie: Wir bringen unsere Leute zum Erfolg, egal wie.

3.3.2 Strukturierte Promotion ermöglicht Kontrolle

Wenn wir nun die räumliche Verortung und deren Metapher des Käfigs weiterverfolgen, wird seine Beschaffenheit bzw. Transparenz und damit die Sichtbarkeit derjenigen, die sich innerhalb des Raums aufhalten, bedeutsam. Was macht den Raum also zu einem *gläsernen* Käfig?

> *„Also ich würde denken, weil man dann Unterstützung hat. Man kriegt einfach mit: Andere haben auch Schwierigkeiten. Das gehört dazu. Und fragen, wie die die Probleme gelöst haben. Oder man löst die gemeinsam, weil man einfach auch zu seinem Professor oder zu seinem Betreuer ein regelmäßiges Verhältnis hat. Also bei uns, bei mir kommt das jetzt so hin, dass meine Betreuerin gleichzeitig unsere Kolleg-Sprecherin ist und im Semester sehe ich die natürlich dann an zwei Tagen. Das wäre ganz anders als wenn ich zu Hause wäre. Da entsteht ein ganz anderer Kontakt. Und die kann einen dann auch mehr begleiten, wenn sie sieht, dass man zurzeit gestresst aussieht. Oder man hat sich lange nicht mehr mit ihr verabredet, da fragt sie mal nach: ‚Wo stehst du?', oder so. Da kann man nicht so schnell so in die Versenkung wegschlüpfen. So. Und dann halt einfach die soziale Unterstützung (unv., Baby schreit). Und einfach auch Hilfe wo man sich sonst, in der Diplomarbeit, die ich zu Hause geschrieben habe, wenn ich dann über meinem Leitfaden saß und mich gefragt habe: In (unv.) Fall, ist das nun gut oder nicht? Und da wusste ich: Ich habe in drei Wochen Sprechstundentermin und kann da hingehen. Aber so habe ich hier ganz schnell eine Rückmeldung von den anderen. Und das macht es einfach leichter. Weil man auch viel schneller merkt, man ist auf dem Irrweg und muss nicht erst mal ein Interview drei Monate lang irgendwie biografisch kompliziert auswerten oder so. […]"* (GD7, Zeile 11-29).

Zunächst reagiert diese Person auf die These mit einer persönlichen Einschätzung, unspezifisch, aber direkt: *„Also ich würde denken, weil man dann Unterstützung hat."* Es folgt jedoch nicht wie erwartet eine Spezifizierung von Unterstützung, sondern eine Normalisierung: *„Andere haben auch Schwierigkeiten. Das gehört dazu."* Man ist nicht allein (im Käfig), es gibt noch andere, mit denen man sich vergleichen kann, denen es genauso geht (Gleichmacherei). Erst im Anschluss folgt eine genauere Definition von Unterstützung, bei der es um sprachlichen Austausch geht, man kommuniziert mit den anderen über Problemlösungen (*„fragen, wie die die Probleme gelöst habe"*). Zwischen den Peers wird dabei eine Hierarchie hergestellt, denn während eine Person ein Problem hat, haben die anderen bereits eine Lösung. Die Hierarchie wird hingegen aufgelöst, als die Bezugsgruppe wechselt. Die Professoren oder Betreuer sind auf derselben Ebene (*„oder man löst sie gemeinsam, weil man einfach auch zu einem Professor oder zu seinem Betreuer ein regelmäßiges Verhältnis hat"*), und begründet wird dies mit einem guten (zeitliche Komponente: *„regelmäßigen"*) Verhältnis. Es wird eine Beziehungsebene beschrieben (positiv konnotiert), die über die reine Betreuung hinausgeht. Von einer Beziehung ist hingegen auf Ebene der Peers nicht die Rede. Probleme kommen unter den Peers zur Sprache, während die Lösung gemeinsam mit den Betreuern ausgearbeitet wird.

Es folgt eine persönliche Erzählung der Person (*„bei uns, bei mir"*) in der die Betreuerin und ihre Doppelfunktion als Kollegsprecherin benannt werden. Über die Funktion der Betreuerin wird die Kontinuität des *„regelmäßigen Verhältnisses"* erläutert (*„im Semester"* und *„an zwei Tagen"*). Im Zentrum dieses Abschnittes steht die Aussage: *„Das wäre ganz anders, als wenn ich zu Hause wäre"*. Hier wird eine räumliche Verortung eingeführt, von der bisher allerdings in der Passage nicht die Rede war. Also braucht es einen Ort zum Promovieren, an dem man sich regelmäßig treffen kann, und dieser Ort ist nicht das Zuhause, sondern das Kolleg (vgl. Kapitel 3.3.1). Der Raum wird hier mit einer starken Metaphorik des Sehens verbunden: *„Und die kann einen dann auch mehr begleiten, wenn sie sieht, dass man zur Zeit gestresst aussieht"*. Diese Sichtbarkeit der Promovierenden ist nur in diesem Raum möglich, nicht aber *„zu Hause"*. An dieser Stelle wird auch zum ersten Mal zugestanden, dass es einem vielleicht (während der Promotion) nicht immer gut geht. Und auch das kann man nicht verbergen (*„wenn sie sieht, dass man zur Zeit gestresst aussieht"*). Man steht also unter Beobachtung (*„Da kann man nicht so schnell so in der Versenkung wegschlüpfen"*). An diesem Ort herrscht eine permanente Sichtbarkeit und Transparenz, ständiger Kontakt, der verhindert, dass man verschwindet, und die Betreuungspersonen fungieren als (ständiger) Beobachter. Über das Sehen an diesem Ort und die Quantität (*„regelmäßiges Verhältnis"*) entsteht ein *„anderer Kontakt"*, anders, im positiven Sinn also besonders.

Die Beziehung zur Betreuungsperson bekommt auch eine persönliche Komponente, indem sich die/der Promovierende mit ihr *„verabredet"* und *„die [...] einen dann auch mehr begleitet"*. Beide gehen gemeinsam einen bestimmten Weg, nehmen sich an die Hand, werden geführt oder gesteuert. Promovieren als Weg, bei dem die Promovierenden begleitet und unterstützt werden. Gleichzeitig sind die Promovierenden aber auch immer sichtbar und werden beobachtet. Es ist ein Weg, auf dem sie sich immer wieder selbst verorten müssen (*„Wo stehst du?"*).

Der Raum ermöglicht jedoch nicht nur Unterstützung, sondern auch Hilfe. Hier gleicht die Person die Geschehnisse mit bereits Erlebtem ab – dem Schreiben der Diplomarbeit („*die ich zu Hause geschrieben habe*"). Allein durch die Teilhabe in diesem Raum – sie ist nicht allein –, hat sie die Unterstützung, die sie braucht. Die Peers können Unsicherheit reduzieren. Unsicherheit, wie sie die Person bei der Diplomarbeit zu Hause empfunden hat („*ist das nun gut oder nicht*"). Die Peers fungieren als kompetente Ansprechpartner bzw. Rückmelder („*Aber so hab ich hier ganz schnell eine Rückmeldung*"), sie sind schneller zu erreichen als die Professoren („*im Semester*" und „*an zwei Tagen*"). Durch die Peers wird einem eine Last („*das macht es leichter*") von den Schultern genommen. Gleichermaßen zeigen sie einem den (richtigen) Weg, denn es gibt auch den Irrweg und alle, die nicht in einem solchen Kolleg sind, die keine Peers haben, können schnell auf diesen Irrweg geraten.

Es ist der öffentliche Raum – im Gegensatz zum privaten Raum „*zu Hause*" – oder der institutionelle Raum (das Kolleg), der Raum der Organisation, der es den Promovierenden erlaubt, sich zu sehen, zu treffen und mit den anderen auszutauschen, abzugleichen, was im Promotionsprozess ‚normal' ist. Damit ermöglicht der Raum wiederum Interaktion (Austausch), aus der wiederum Unterstützung resultiert. Die Aufgabe des Raums bzw. der Peers wird als wesentlich für den gesamten Prozess beschrieben, denn ohne sie könnte man auf den falschen Weg geraten. Die Unterstützung wird über den Raum ermöglicht, den die Promovierenden teilen, gemeinsam nutzen und die Peer-Group – die Unterstützer – werden zu Überprüfenden von richtig und falsch; zu Kontrolleuren, die einem den richtigen Weg weisen und gleichzeitig zur Selbstvergewisserung – Reflexion – dienen können. Man kann sich bei ihnen rückversichern, an ihnen orientieren und so seine Unsicherheit reduzieren. Die Kontrolle durch die Peers und die permanente Beobachtung durch die Betreuungspersonen wird positiv gerahmt – ist sogar gewünscht – als Unterstützung und gibt den Promovierenden Sicherheit.

Diesem Raum kann man aber auch nicht ohne weiteres entkommen, denn die Sichtbarkeit verhindert das Verschwinden (wegschlüpfen). Der Raum wird so aber auch zu einem Ort der Überwachung und (sozialen) Kontrolle. Die Betreuungspersonen werden zu Beobachtern der Promovierenden, die sich innerhalb des Käfigs befinden, und die Peers werden zu einer Kontrollinstanz innerhalb des Käfigs von richtig und falsch oder gut und schlecht. Damit besteht eine doppelte Kontrollstruktur. Nicht nur die Betreuungspersonen überprüfen (regelmäßig), wo ihre Schützlinge gerade stehen, sondern auch die Peers kontrollieren sich untereinander. Durch die doppelte Kontrollstruktur wissen die Promovierenden nie genau, wer sie gerade beobachtet oder überwacht. Der Raum ist demzufolge nicht etwas, in das die Promovierenden sich zurückziehen können, wie in ihr Zuhause, in welchem sie sicher wären. Durch die Stangen des Käfigs oder die transparenten

Wände aus Glas kann man hindurchsehen. Sie sind durchlässig. So können die Promovierenden jederzeit gesehen bzw. kontrolliert werden. Es kann aber auch auf Stress adäquat reagiert werden. Trotz der Assoziation der Gefangenschaft als Begrenzung von Freiheit bietet der Raum eine bestimmte Form von Sicherheit (Groenemeyer 2010): Sicherheit für die Fertigstellung der Promotion, nicht jedoch Sicherheit im Sinne von Geborgenheit oder Schutz für die Promovierenden. Sicherheit durch Kontrolle. So wird einerseits Sicherheit durch Kontrolle geschaffen und andererseits Unsicherheit durch die doppelte Kontrollstruktur hergestellt.

Gleichzeitig wird der Aspekt des ‚Promovierens in der Gruppe' auch als die „*Herausforderung*" der strukturierten Promotion dargestellt. Vor allem für diejenigen, die bereits Erfahrungen im Promovieren ohne den Käfig – in Freiheit – machen konnten:

> „[…] *Also für mich hat die Promotion jetzt hier im Kolleg eigentlich eher so eine neue Herausforderung gebracht, weil ich vorher einfach eher Entscheidungen alleine getroffen habe oder treffen konnte. Und jetzt muss man halt alle Entscheidungen abstimmen.* […]" (GD7, Zeile 97-100).

Für die Person gab es bereits eine andere Zeit und einen anderen Ort, an dem sie promoviert hat („*die Promotion jetzt hier im Kolleg*"), und im Jetzt und Hier kommt die Promotion „*eigentlich*" – in Wirklichkeit – einer Kampfansage („*Herausforderung*") gleich, denn „*jetzt muss man halt alle Entscheidungen abstimmen*". Jede Entscheidung, und sei sie noch so unwichtig, schließt die Mitbestimmung aller anderen, die sich im Raum („*im Kolleg*") befinden, mit ein. Strukturierte Promotion findet nicht in einem Elfenbeinturm statt, in dem die Promovierenden über ihr Reich in Einsamkeit herrschen, sondern in einem gläsernen Käfig, in dem sie ihre Freiheit gegen Sicherheit eintauschen. Und dadurch, dass man diesen Raum teilen muss, nicht einsam, sondern gemeinsam promoviert, besitzen die Peers ein Mitbestimmungsrecht („*abstimmen*"). Die Promovierenden befindet sich gemeinsam in einem gläsernen Käfig und jeder kann sich in die Entscheidungen des anderen oder in die Nutzung des Raums einmischen – diese mitbestimmen, beeinflussen und so kontrollieren.

Die Gruppe der Peers kann auch als ‚moralische Instanz' fungieren; vor allem dann, wenn ein Glied in der Kette die Gemeinschaft – den gläsernen Käfig – verlassen will. Sie beeinflussen die Entscheidungen anderer Peers, indem sie Unterstützung (an)bieten, aber auch soziale Kontrolle ausüben. Das Mittel der Wahl: das schlechte Gewissen.

> „*Ich habe jetzt zwei Fälle erlebt, zum Beispiel, die hier jetzt auch abbrechen wollten, eigentlich, und die jetzt, also, mit denen ich geredet hatte, und die gesagt haben, im Normalfall hätten sie auch abgebrochen, also hätten sie, was weiß ich, frei promoviert oder so. Dann hätten sie abgebrochen. Aber ich und jetzt auch andere Leute*

> *haben SO lange auf diese Person halt eingeredet, auf diese zwei Personen eingeredet und gesagt - und teilweise auch ein bisschen schlechtes Gewissen gemacht: ‚Guck mal, du wirst jetzt ausgewählt von', weiß nicht, wie vielen Leuten (zu einem?) Fach, ‚280 Leute haben sich beworben, und jeder würde dafür (...) also, mit dir tauschen wollen, und das ist auch ein bisschen unfair, die geben dir das Stipendium' und so weiter. ‚Komm, lass uns doch noch mal dein Proposal bearbeiten', oder ‚lass uns doch mal hierfür eine Lösung finden' oder so. Und (...) und bei einer Person ist es noch nicht definitiv, ob sie jetzt vielleicht doch abbricht oder nicht, aber sie hat gesagt so: ‚Ohne diese Unterstützung von mehreren hätte sie definitiv schon abgebrochen'. Und sie ist auch schon nach Hause gegangen, und dann (...) ist dann doch wieder zurückgekommen, solche Sachen. Weil aber, was weiß ich, weil wir die angerufen haben, und gesagt haben ‚Jetzt komm endlich wieder zurück', und solche Sachen. Also (...), und ich kann mir das, zum Beispiel bei mir, auch vorstellen, dass – ich hatte halt auch öfters, wo ich halt einfach keine Lust mehr hatte, aber es gab immer wieder Leute, hier in diesem Umfeld, die gesagt haben ‚Nee, also (...) wir unterstützen dich jetzt dabei.' Und ich glaube, wenn man alleine promoviert (...), da gibt man viel einfacher auf, also ich meine, da hat man auch kein schlechtes Gewissen dann. Da redet keiner einem ein. (...)"* (GD6, Zeile 55-76).

Der Beginn der Passage verspricht eine Erzählung über eine persönliche Erfahrung mit zwei Fällen – durch die Benutzung des Begriffs „Fälle" wird Distanz zu den Personen hergestellt bzw. es besteht eine Distanz zwischen der/dem ErzählerIn und den Personen, über die er/sie berichtet. Man geht also davon aus, dass zwischen dem/der Erzählenden und den Personen, um die es im Folgenden geht, kein (enges) Bekanntschaftsverhältnis besteht („*Ich hab jetzt zwei Fälle erlebt*"). Die Erfahrung ist noch recht frisch („*jetzt*")[40] und man erwartet eine Erzählung über zwei Personen, die tatsächlich ihre Promotion abgebrochen haben. Der Anschlusssatz relativiert jedoch die Erwartung („*die hier jetzt auch abbrechen wollten, eigentlich*"). Auch in diesem Abschnitt findet sich sowohl die Verortung im „*hier*" (Raum) als auch der zeitliche Bezug im „*jetzt*". Es kann also davon ausgegangen werden, dass es sich um Promovierende handelt, die im Moment (immer noch, denn „*abbrechen wollten, eigentlich*" impliziert, dass sie bisher nicht abgebrochen haben) in einem strukturierten Promotionsprogramm promovieren und die zitierte Person (doch) persönlich involviert ist („*mit denen ich geredet hatte*"). Die folgende Aussage „*im Normalfall hätten sie auch abgebrochen*" unterstreicht die Besonderheit der Situation (in einem strukturierten Promotionsprogramm) und macht sie – im Umkehrschluss – zu einer Ausnahme, denn im „*Normalfall*", wenn „*sie* [...] *frei promoviert*" hätten, „[...] *hätten sie abgebrochen*". Der Normalfall – eine

---

40 Wobei sich bei diesem Auszug die Frage stellt, ob es sich um eine persönliche sprachliche Eigenheit der Person handelt oder tatsächlich um einen zeitlichen Aspekt, den es zu interpretieren gilt. Die häufige Verwendung des Wortes „jetzt" scheint in jeglichen Kontexten der Erzählung Verwendung zu finden.

Situation, die gewöhnlich vorherrscht – wird hier mit Freiheit assoziiert, während das im Folgenden Geschilderte demnach als ‚Promovieren in Gefangenschaft' (vgl. Abschnitt 3.3.1.4), als Sonderfall konstruiert wird. Die ‚Freien' brechen eher, schneller ab als die ‚Unfreien'. Sie haben niemanden, der mit ihnen redet und sie dadurch vom Abbruch abhält. Niemanden, der ihnen etwas einredet – suggeriert oder ihnen einen Floh ins Ohr setzt – von etwas, dass scheinbar vorher nicht da war. Als hätten die Abbruchgedanken die Personen völlig ausgefüllt und die Idee, weiter zu promovieren, hätte überhaupt nicht existiert. Diese Idee muss erst von außen in die Personen hingetragen werden und das „SO lange", bis die Idee gefruchtet, sich festgesetzt hat („*ich und jetzt auch andere Leute haben SO lange auf diese Person halt eingeredet, auf diese zwei Personen eingeredet*"). Als Strategie wurde dafür das ‚schlechte Gewissen machen' gewählt („*teilweise auch ein bisschen schlechtes Gewissen gemacht*"). Der Person ist durchaus bewusst, dass es nicht die feine Art ist, jemandem – bewusst, zielgerichtet – ein schlechtes Gewissen zu machen, daher auch der Einsatz der Abschwächung, Verharmlosung der Situation („*teilweise*" und „*ein bisschen*"). Dennoch wird deutlich, wie Personen, die an den Abbruch ihrer Promotion denken, von den eigenen Leuten – den Peers – unter Druck gesetzt werden (können), um den Abbruch zu verhindern.

Wie wird das ‚schlechte Gewissen' erzeugt? Womit argumentieren die Peers, um andere vom Abbruch abzuhalten? Zu diesem Zweck werden Argumente auf unterschiedlichen Ebenen angeführt: So führt die zitierte Person einen beispielhaften Sermon (in indirekter Rede) an, in dem sie (1) die Person aus der Masse emporhebt: „*Guck mal, du wirst jetzt ausgewählt von, weiß nicht wie vielen Leuten*". Die ausgewählte Person wird zu etwas Besonderem, gehört einer besonderen Gruppe an, ist privilegiert, auserwählt und kann bzw. darf demzufolge nicht abbrechen. Erfolg bei der Auswahl wird demnach als ein Zeichen, nicht als ein Zeichen von Gott wie bei Weber (2002a/2002b/2002c), aber als Auserwähltheit ausgelegt (Kruse und Barrelmeyer, 2012, S. 26). Man hat nicht selber dafür gesorgt, dass man ausgewählt wurde, sondern die strukturierte Promotion entscheidet sich für einen („*du wirst jetzt ausgewählt*"). Es geht jedoch nicht darum, was die Promovierenden tatsächlich dafür leisten, sondern welche Leistung(en) der Person beigemessen bzw. zugeschrieben werden. Im zweiten Argumentationsschritt wird moralisiert (2): „*280 Leute haben sich beworben, und jeder würde dafür (...) also, mit dir tauschen wollen, und das ist auch ein bisschen unfair, die geben dir das Stipendium und so weiter*". Man muss sich einer unbekannten Personengruppe („*280 Leute*") gegenüber rechtfertigen, die nicht ausgewählt wurden. Die jederzeit mit einem tauschen würden, ebenfalls gern ein Stipendium hätten. Ein Stipendium zu haben/bekommen, ist etwas Besonderes, etwas Kostbares. Und die Person, die abbrechen will, weiß das scheinbar nicht zu schätzen, handelt ungerecht und falsch. Die Dramatik wird dem Gesagten durch das „*ein bisschen*" zwar genommen, dennoch grenzt der ‚mögliche' Abbruch an Betrug gegenüber denen („*280 Leuten*"), die das Stipendium nicht bekommen haben und es vielleicht nicht so einfach weggeworfen hätten („*das ist auch ein bisschen unfair*"). Auf dieser Ebene soll dem/der potenziellen AbbrecherIn mitgeteilt werden, dass er/sie unkorrekt, unfair und unmoralisch handeln würde. Als Letztes (3) führt die zitierte Person Argumente an, bei denen es um Hilfe und Unterstützung bei der Arbeit an der Dissertation geht. Es wird anerkannt, dass der Abbruch auch einen/mehrere Gründe haben kann, nicht grundlos ist, weil es inhaltlich oder fachlich während der Promotion Schwierigkeiten geben kann. Und die Peers fangen einen auf und finden eine gemeinsame Lösung („*Komm, lass uns doch noch mal dein Proposal bearbeiten oder lass uns doch mal hierfür eine Lösung finden oder so.*").

Im Anschluss daran beschreibt die Person, was das Gesagte – das Emporheben aus der Masse, das Aufzeigen von Fehlverhalten und das Unterstützungsangebot – bewirkt hat. Da hier nur noch von einer Person die Rede ist, die sich noch ein Hintertürchen offen hält, die Entscheidung also noch nicht endgültig getroffen wurde („*und bei einer Person ist es noch nicht definitiv, ob sie jetzt vielleicht doch abbricht oder nicht*"), scheint die zweite Person sich gefügt zu haben. Ohne die Peers, ohne die Unterstützung, ohne die Struktur hätte die unschlüssige Person schon viel früher, schneller und vor allem endgültig abgebrochen („*Ohne diese Unterstützung von mehreren hätte sie definitiv schon abgebrochen*"). Der/die Erzählende gibt aus der Perspektive der unschlüssigen Person wieder, dass diese/r die Struktur als unterstützend wahrnimmt, als hilfreiche Unterstützung, denn bisher hat sie den Abbruch noch nicht (ganz) vollzogen, obwohl die Person die Gemeinschaft – den Käfig – schon einmal verlassen hatte und nach Hause gegangen ist („*Und sie ist auch schon nach Hause gegangen, und dann (...) ist dann doch wieder zurückgekommen, solche Sachen.*"). Die Verortung „*zu Hause*" ist scheinbar mit einer Abwendung von der Gruppe verbunden. Darf man den Käfig also nie verlassen? Denn auch bei Urlaub, Krankheit oder auch für Tagungen müssen die Promovierenden den Käfig verlassen können. Es gibt also eine klare Vorstellung davon, wann und wofür man „*nach Hause*" gehen darf und wann nicht; ein möglicher Abbruch bzw. Abbruchgedanken gehören nicht dazu. Wenn jemand die Gemeinschaft verlässt und droht nicht wiederzukommen, müssen andere Maßnahmen getroffen werden. Aus welchem Grund die unschlüssige Person mit den Abbruchgedanken jedoch wieder zurückgekommen ist, kann die zitierte Person nicht sofort benennen („*Weil aber, was weiß ich*"). Sie gesteht also ein, dass es mehr als einen Grund gegeben haben kann, aus dem die Person wieder zurückgekommen ist. Erst im Anschluss gibt sie an, was sie für einen möglichen Grund für die Rückkehr hält: der Anruf und das Gesagte („*weil wir die angerufen haben, und gesagt haben „Jetzt komm endlich wieder zurück", und solche Sachen"*). Das Gesagte impliziert, dass sie sich augenblicklich (*„jetzt"*), nach sehr langer Zeit (*„endlich"*), nochmal sehen lassen soll (*„komm* [...] *wieder"*). Die Sequenz – *„Jetzt komm endlich wieder zurück"* –, die mit einem starken Aufforderungscharakter verbunden ist, könnte durch ‚nach Hause' in einen anderen Zusammenhang gestellt werden. Ein möglicher Kontext wäre es, diese Aufforderung in Gegenwart von jungen Erwachsenen vorzubringen, wenn diese außerhalb der Geborgenheit der Familie – ihrem Elternhaus – in Schwierigkeiten stecken und sie in den Schutz der Familie zurückkehren sollen. Oder wenn sie sich über einen langen Zeitraum nicht haben blicken lassen und sich die Eltern nur noch von Angesicht zu Angesicht über die Unversehrtheit des eigenen Kindes vergewissern können. Somit bietet der Raum nicht nur Sicherheit für die Fertigstellung der Promotion, sondern auch Sicherheit im Sinne von Geborgenheit oder Schutz für die Promovierenden, wie die Familie oder das Elternhaus.

Die Person führt anschließend ein Beispiel an, das auf Erfahrungswerten ihrer eigenen Person beruht (*„Also (...), und ich kann mir das, zum Beispiel bei mir, auch vorstellen, dass"*). Die Reaktion auf den Abbruch der zwei Promovierenden steht dabei im völligen Widerspruch zur Darstellung der von der zitierten Person beschriebenen eigenen Erfahrung mit ihren Abbruchgedanken (*„ich hatte halt auch öfters, wo ich halt einfach keine Lust mehr hatte"*). Während zuvor moralisch und mit dem ‚Auserwähltsein' gegen einen Abbruch argumentiert wurde, setzt die Person für sich selbst die Abbruchgedanken mit etwas Profanerem gleich, wie „keine Lust mehr" haben. Hier wird, so scheint es, ein anderer Maßstab an den tatsächlichen Abbruch als an die Intention bzw. die Gedanken an den Abbruch angelegt. Sowohl der tatsächliche Abbruch als auch die Abbruchgedanken konnten jedoch in beiden Fällen durch die Unterstützungsangebote abgewendet werden (*„aber es gab immer wieder Leute, hier in diesem Umfeld, die gesagt haben „Nee, also (...) wir unterstützen dich jetzt dabei"*). Diese Unterstützungsangebote, die den Abbruch oder die Abbruchgedanken verhindern können, werden der Individualpromotion hingegen nicht zugeschrieben: Man gibt viel schneller auf, hat kein schlechtes Gewissen und es ist keiner da, der einem etwas einredet bzw. ausredet (*„Und ich glaube, wenn man alleine promoviert (...), da gibt man viel einfacher auf, also ich meine, da hat man auch kein schlechtes Gewissen dann. Da redet keiner einem ein. (...)"*). Zudem wird der Gegensatz zwischen dem „alleine" promovieren (im privaten Raum) und dem in Gemeinschaft promovieren (*„Leute, hier in diesem Umfeld"*) abermals deutlich. Wenn man zusätzlich die Kapitulation (*„aufgeben"*) als Kampfmetaphorik interpretiert, verdeutlicht diese, dass die Promotion ein Kampf ist, den man gewinnen, aber auch verlieren kann. Einzelkämpfer kapitulieren bei diesem Unterfangen jedoch eher als Promovierende, die gemeinsam ein Ziel verfolgen und sich gegenseitig Rückendeckung geben können.

Die Konstruktion von ‚Promovieren als Mannschaftssport' kann also tatsächlich durch den Zusammenhalt der Gruppe aufgehen, während man eigentlich unterschiedliche Ausprägungen von Konkurrenzdenken erwartet hätte (vgl. Abschnitt 3.3.2.2). Die Peers bieten demzufolge Sicherheit über die Kontrolle der Gruppe. Während der Raum nur Sicherheit für die Fertigstellung der Arbeit bietet, formen die Peers sich innerhalb dieses Käfigs als Gruppe aus, als Gemeinschaft, die sich selbst erhalten muss. Keiner darf die Gruppe bzw. die Familie verlassen. Sie bietet Unterstützung, sowohl emotional als auch instrumentell (Laireiter, 2009, S. 89) – im Sinne von Informationen, z. B. wann und wo die Dissertation eingereicht werden muss oder praktischer Hilfe bei der Umsetzung von bestimmten Methoden etc. –, wenn es Schwierigkeiten bei der Dissertation gibt. Um sich selbst zu erhalten, handelt die Gruppe – oder die/der Einzelne repräsentativ für die Gruppe – grenzüberschreitend. Dabei überschreiten sie auch die Grenze zwischen dem Käfig und dem privaten Raum. Gleichzeitig wird deutlich, dass sich die Promovierenden nicht gleichgültig sind. Wenn ein/e Promovierende/r die Gruppe verlässt oder verlassen will, könnte auch das Moment der Konkurrenz greifen (eine Person weniger im Käfig würde vielleicht nicht nur mehr Platz für die Zurückgebliebenen bedeuten). Es scheint jedoch wichtig, dass die Gruppe komplett bleibt. Obwohl man nicht zusammen an einem Projekt arbeitet, fungieren sie als Team, als Familie. Man kann sich als strukturiert Promovierender seine „Familie" nicht aussuchen. Dennoch vertreten sie gemeinsame Werte und sind bzw. fühlen einander verpflichtet. Wer den Schoß der Familie verlässt, sie im Stich lässt, sollte ein schlechtes Gewissen haben, weil sie scheinbar nur gemeinsam ans Ziel kommen können (Mannschaftssport). Die Peers halten so die Organisation der strukturierten Promotion als soziale Kontrollinstanz aufrecht, verifizieren und strukturieren diese. Das schlechte Gewissen fungiert dabei als Motor für das Bleiben derjenigen, die schon mal den Abbruch ihrer Promotion in Erwägung gezogen haben.

3.3.2.1 Druck durch soziale Verpflichtung

Die Sicherheit des Raums scheinen die Promovierenden nicht ohne Gegenleistung zu erhalten, denn – unter den Kategorien Kontrolle und Geld (vgl. Kapitel 3.3.2 und 3.3.3) – kann Druck sowohl auf sozialer als auch auf ökonomischer Ebene entstehen. Beides basiert auf einem Verpflichtungsgefühl, das entweder aus Schuld oder aus Verbundenheit resultiert. So hebt ein/e TeilnehmerIn durch die Passage „*ganz dick unterstreichen*" gerade diese beiden Aspekte hervor:

> „*Also dieses soziale Verpflichtungsgefühl kann ich ganz dick unterstreichen. Mit dem Stipendium ebenso wie mit anderen Leuten.* […]" (GD1, Zeile 67-68).

Wie der Druck im Einzelnen erzeugt wird, kann an den folgenden Ausschnitten verdeutlicht werden:

> *I:* „*Was halten Sie denn von der These, dass man, wenn man in einem strukturierten Promotionsprogramm eingebunden ist, die Promotion weniger häufig abbricht, als wenn man das nicht ist, wenn man für sich individuell promoviert?"*
> *B1:* „*Kann ich mir gut vorstellen."*
> *B2:* „*Mehr Sozialdruck. Präsentieren zu müssen, Ergebnisse abliefern zu müssen* […]" (GD8, Zeile 1-7).

Während die erste Person auf die eingeführte These mit Zustimmung reagiert, führt die zweite Person drei Gründe an, die für die These sprechen würden. Als Erstes nennt sie den „*Sozialdruck*", der bei den strukturiert Promovierenden „*mehr*" vorhanden ist als (vermutlich) bei den Individualpromovierenden. Die Person fasst darunter den Druck auf Ebene der Peers, den inneren Druck im gemeinsamen Raum, den die Peers ausüben, zusammen. Als Zweites beschreibt die Person den Druck, der sich auf den Output in der strukturierten Promotion bezieht. Sozialdruck wird als etwas betrachtet, das dazu führt, dass die Promovierenden vorankommen. Druck ist funktional. „*Präsentieren*" – sich darbieten – verdeutlicht, dass die Promovierenden sich öffnen müssen, sich nach außen transparent machen müssen, offen legen müssen, was sie tun. Die Sichtbarkeit innerhalb des Käfigs ist demnach nicht nur passiv, sondern muss auch aktiv von den Promovierenden bedient werden. „*Ergebnisse abliefern*" impliziert, dass das, was präsentiert wird, auch noch erfolgreich, gewinnbringend sein soll. Zudem müssen sich die Promovierenden von ihrem Output trennen können, denn „*abliefern*" schließt abgeben, aushändigen oder überlassen mit ein. An wen abgeliefert werden muss, bleibt jedoch im Dunkeln. Zudem wird durch die Verwendung des Wortes „*müssen*" der Zwang bzw. Druck, der hinter dem „*Präsentieren*" und „*Ergebnisse abliefern*" steht, sich selbst und seine Leistungen (im gläsernen Käfig) zur Schau zu stellen, herausgestellt. Der Druck entsteht hier demnach im Wesentlichen durch Fremdbestimmung.

Druck bzw. die soziale Kontrolle fungiert auch als Mittel, um den Promotionsabbruch zu verhindern. Das schlechte Gewissen gegenüber den Peers oder auch anderen Personen (Freunden oder Familie) tut sein Übriges:

> „*Ich glaube, das ist auch die Frage. Also ich habe mal irgendwo gelesen, dass das, was sozusagen ganz viele Promovierende abhält davon, abzubrechen, ist so ein sozialer Druck. Also dass man einfach Leute hat, die wissen, man promoviert jetzt seit drei Jahren oder seit vier Jahren. Und man muss denen sagen: ‚Ich mache das nicht fertig, weil ich daran, ja, scheitere'. Also ich meine ne? Manchmal hat es auch andere Gründe, wenn man ein super attraktives Job-Angebot hat. Aber oft ist es ja, dass man es aus irgendeinem Grund nicht weiter kommt. Und natürlich je größer diese*

Gruppe ist von Leuten, denen man diese Entscheidung mitteilen muss. Und je mehr dieser Druck/ ja das kann man doch mal so sagen!" (GD1, Zeile 20-28).

Was viele Promovierende davon abhält abzubrechen, wird durch *„so ein sozialer Druck"* zusammengefasst. Die Person bezieht sich hier auf Expertenwissen (*„irgendwo gelesen"*) und liefert im Anschluss daran eine genauere Beschreibung, was sie mit sozialem Druck im Speziellen meint: Es reicht aus, dass andere Personen wissen, *„man promoviert jetzt seit drei Jahren oder seit vier Jahren"*. Die Person unterscheidet hier nicht zwischen individual und strukturiert Promovierenden, sondern stellt die Größe der Gruppe, denen man gegenüber sein Scheitern eingestehen muss, in den Mittelpunkt. Je größer die Gruppe, desto größer ist die Hürde, das eigene Scheitern einzugestehen, desto beschämender wird es, seine Entscheidung mitzuteilen (*„Und natürlich je größer diese Gruppe ist von Leuten, denen man diese Entscheidung mitteilen muss."*). Durch die zeitliche Komponente – *„seit drei Jahren oder seit vier Jahren"* – unterstreicht die Person, dass es sich nicht um ein kurzfristiges Projekt handelt, sondern dass bereits viel (nicht nur Zeit) investiert wurde. Man ist aber nur erfolgreich, wenn man die Promotion abschließt und den Doktortitel erhält; die Zeit an sich, was die Promovierenden während des Promotionsprozesses lernen, ist ohne Eigenwert. Das Konzept des Scheiterns bezieht sich hier auf die Person, nicht auf die Struktur der Promotionsprogramme (*„Ich mache das nicht fertig, weil ich daran, ja, scheitere"*). Im Gegensatz zum individuellen Scheitern führt die Person an, dass es auch andere Gründe für den Abbruch der Promotion geben kann (*„Manchmal hat es auch andere Gründe, wenn man ein super attraktives Job-Angebot hat"*). Legitim für den Abbruch scheinen aber nur bestimmte externe Gründe bzw. attraktive Jobs. Die Steigerung *„super"* macht deutlich, dass ein attraktiver Job nicht ausreicht, sondern die Job-Angebote – wegen denen man seine Promotion und die investiert Zeit aufgibt – müssen vor der Gruppe von Leuten Bestand haben und jeder Kritik standhalten, also *„super attraktive Job*[s]*"* sein. Das persönliche Scheitern – *„oft ist es ja, dass man es aus irgendeinem Grund nicht weiter kommt"* – ist hingegen nicht legitim. Welche Gründe es sein könnten, führt die Person jedoch nicht an.

3.3.2.2 Druck durch Konkurrenz?

Ein anderes Moment, welches sich durch das ‚gemeinsame' Promovieren bzw. die Gruppe der Peers im Vergleich zur Individualpromotion verschärfen könnte, ist die Konkurrenz der Promovierenden untereinander.

> I: *„Sozialer Druck ist eher das In-der-Gruppe-Sein, dass man/ oder was meint ihr?"*

> *B1: „Ja wenn der andere sagt so, ja ich habe schon wieder ein Kapitel fertig."*
> *I: „Aha"* (GD12, Zeile 29-35).

Auf die Frage des Interviewers hin, was die TeilnehmerInnen mit dem sozialen Druck (*„das In-der-Gruppe-Sein"*) meinen, bestätigt eine Person zunächst und nennt als Beispiel oder Voraussetzung für das Entstehen von sozialen Druck: *„wenn der andere sagt so, ja ich habe schon wieder ein Kapitel fertig"*. Der Druck wird hier als unabhängig von der Größe der Gruppe dargestellt, denn *„der andere"* impliziert zunächst, dass es nur ein Gegenüber braucht, um sozialen Druck zu erzeugen. Ursache für den Druck liegt hier im Vergleich der Outputmenge zwischen den Promovierenden (*„schon wieder ein Kapitel fertig"*). So wird durch das *„schon wieder"* die Aussage verstärkt, dass etwas schneller als erwartet und nicht zum ersten Mal bzw. zum wiederholten Male, nicht von einem selbst, sondern von einer anderen Person, *„fertig"* – vollendet, abgeschlossen – wurde. Innerhalb der Gruppe entsteht ein ‚Leistungswettbewerb' um die Menge des Geschriebenen und die Zeit, in der *„wieder ein Kapitel fertig"* wird. Bei der strukturierten Promotion geht es also nicht um die Befähigung, eigenständig eine wissenschaftliche Forschungsarbeit durchzuführen und mit der Promotion das Wissen zu einer bestimmten Thematik zu erweitern oder zu verändern, sondern es ist vielmehr von der Forschungsdauer bestimmt und einer Logik, die Quantität und Schnelligkeit vor Qualität und Langsamkeit stellt. Der Inhalt des *„Kapitel*[s]" und damit die Qualität des Geschriebenen werden außer Acht gelassen. Konkurrenz unter den Peers entsteht damit nicht anhand von Qualität, sondern nur anhand von Quantität.

Ein/e andere TeilnehmerIn dieser Gruppendiskussion ergänzt das zuvor Gesagte und führt aus, was die Promovierenden miteinander verglichen und warum sie dies tun:

> *„Das ist halt manchmal auch insofern schwierig, als dass man natürlich irgendwie auch von Anfang vielleicht doch in diesem Vergleich drin ist, und man vergleicht dann aber Äpfel mit Birnen halt dann häufig, ne, weil die Projekte dann doch ganz anders funktionieren, […], das heißt, die Vergleichsgrundlage ist dann irgendwie auch nicht stimmig häufig, und trotzdem sollen irgendwie alle gleich fertig werden, so ne, und ich glaube, da muss man irgendwie auch sich so rüsten irgendwie auch, dass man das irgendwie gut tariert irgendwie auch im Alltag, zu sagen: ‚nee ich habe jetzt das Projekt, und das braucht die und die Zeit, und ich mache die und die Analysen, und es ist völlig normal, dass ich so und so weit bin in meinem Projekt, und andere sind da viel schneller, weil, also' und so weit muss man irgendwie auch erst mal kommen, das so zu durchschauen. Warum es bei dem einen so läuft, und bei dem anderen, und dass man da nicht immer im Büro sitzt und denkt so, ‚oh Gott, was ist jetzt mit mir, und sie ist jetzt schon fertig mit der Datenerhebung, aber ich habe halt das Projekt', und das ist glaube ich auch nicht ganz ohne, das erst mal so transparent so für sich zu haben, ne?"* (GD12, Zeile 43-59).

Insgesamt ist die Passage durch Unsicherheit über den Sachverhalt, der sich vor allem sprachlich manifestiert, gekennzeichnet. Die Einleitung des Gesagten über „[d]*as ist halt manchmal auch insofern schwierig, als dass man natürlich irgendwie auch*", der häufige Wechsel zwischen allgemeinen Aussagen („*man*"), eigenen Erfahrungen („*ich glaube*") und der indirekten Rede sowie die häufige Verwendung des Adjektivs „*irgendwie*" unterstreichen diesen Eindruck. Die sprachliche Unsicherheit kann aber auch ein Indiz dafür sein, dass es sich um ein heikles Thema handelt, bei dem – unter Berücksichtigung, dass es sich hier um interviewte Realgruppen handelt – die TeilnehmerInnen eher vorsichtig sind, wenn sie die Konkurrenz untereinander ansprechen (sollen). Das Promovieren in der Gruppe wird von der/dem TeilnehmerIn als „*schwierig*" eingestuft, da „*man* [...] *von Anfang vielleicht doch in diesem Vergleich drin ist*". Es ist demnach der Vergleich bzw. die „*Vergleichsgrundlage*", die „*nicht stimmig*" ist. Zum einen ist sie nicht stimmig, wenn die Promovierenden ihre eigenen Projekte mit denen der anderen vergleichen („*man vergleicht dann aber Äpfel mit Birnen*"), zum anderen ist sie nicht stimmig, da die zeitlichen Vorgaben der Förderdauer oder Programme suggerieren: „*trotzdem sollen irgendwie alle gleich fertig werden*". Es wird also versucht, etwas über Quantität zu messen, das eigentlich über die Qualität bzw. den Inhalt gemessen werden sollte. Da die Qualität einer Arbeit aber nur schwer – vor allem während des Prozesses und vorwiegend subjektiv – zu bestimmen ist, wird auf quantitative, also messbare, Faktoren zurückgegriffen, wie die Förderdauer (Zeit). Für beides sollte man sich „*rüsten*" und „*tarieren*" können – vorbereitet sein, sich verteidigen und ggf. ausgleichen können. Auch hier findet die bereits weiter vorne genannte Kampfmetaphorik Anwendung (vgl. Kapitel 3.3.2), nur dass es sich an dieser Stelle um den Kampf oder die Verteidigung in den eigenen Reihen handelt. Der soziale Druck beruht jedoch weniger auf Konkurrenz, sondern vielmehr auf Unsicherheit durch den (ständigen) ‚Leistungs'-Vergleich der Projekte der Promovierenden und der Promovierenden untereinander. Einerseits handelt es sich um einen rein faktischen Vergleich zwischen den Projekten („*ich habe jetzt das Projekt, und das braucht die und die Zeit, und ich mache die und die Analysen, und es ist völlig normal, dass ich so und so weit bin in meinem Projekt, und andere sind da viel schneller, weil, also*"), andererseits findet der Vergleich auch auf persönlicher Ebene statt („*oh Gott, was ist jetzt mit mir, und sie ist jetzt schon fertig mit der Datenerhebung, aber ich habe halt das Projekt*"). Die Unsicherheit ist wiederum auf Unwissenheit („*so weit muss man irgendwie auch erst mal kommen, das so zu durchschauen*") und Intransparenz („*das ist glaub ich auch nicht ganz ohne, das erst mal so transparent so für sich zu haben*") zurückzuführen.

Der Raum der strukturierten Programme (hier: „*Büro*") schafft die Möglichkeit des Vergleichs und damit einen (direkten) Leistungswettbewerb unter den Promovierenden und ihren Forschungsvorhaben. Das wiederum ermöglicht die

Kontrolle des Outputs oder die Steigerung des Outputs in und durch die Gruppe der Peers. Der „*soziale Druck*" innerhalb der Gruppe wird durch den äußeren Druck auf die Promovierenden, immer schneller und immer mehr Output (in einer bestimmten Zeit) zu produzieren, noch zusätzlich verstärkt. Der Wissenserwerb neuer Themen- und Forschungsfelder gerät durch das wirtschaftliche Handeln und Denken eher in den Hintergrund. Konkurrenz bzw. der Vergleich der Peers untereinander entsteht damit nicht anhand von Qualität oder den Inhalten der jeweiligen Arbeiten, sondern nur anhand von messbaren quantitativen Bedingungen, wie die Anzahl von Seiten oder Kapiteln und die Zeit, in der diese Kapitel verfasst wurden. Die Promovierenden scheinen fast etwas verloren im „sozialen Spiel" (Engler, 2001) des Vergleichens und müssen sich dagegen verteidigen, indem sie sich immer wieder selbst darüber vergewissern, was die Vergleichsgrundlage ist. Das Wissen um das Spiel und die Selbstvergewisserung muss allerdings erst einmal gelernt sein.

3.3.2.3 Zwischenfazit: „Gemeinsam im gläsernen Käfig …"

Oppermann und Schröder kommen in ihrer Analyse zu dem Schluss, dass es sich bei der strukturierten Promotionsförderung „um Strukturierung, und zwar im Sinne einer stärkeren Standardisierung" (Oppermann und Schröder, 2013, S. 38) handelt. „[E]s sollen klare, vergleichbare Strukturen als Basiselemente zur Verfügung gestellt werden, aus denen alle – Individuen, Institute, Universitäten – etwas machen können" (ebd.). Wie dieses *Mehr an Standardisierung* „konkret ausgestaltet bzw. inhaltlich gefüllt wird, bleibt [im Diskurs um die strukturierte Promotionsförderung allerdings] vage" (ebd., S. 24). In der vorliegenden Analyse wird hingegen deutlich, dass die Kategorie der Kontrolle eben dieses Element der Standardisierung darstellt. Oder treffender: Die Kontrolle ergibt sich aus der Standardisierung (des Outputs) und wird durch die (Neu-)Organisation der Promotion in dieser Form erst ermöglicht. Promovierende aus strukturierten Promotionsprogrammen sind demnach nicht nur Mitglieder der Organisation, sondern gleichzeitig eine wesentliche Bedingung ihrer Organisationsstruktur. Sie gestalten den Raum der strukturierten Promotion mit, indem sie aktiv in Geschehen eingreifen, dadurch dass sie Dinge und Menschen miteinander verknüpfen (Löw, 2012, S. 158). Sie erhalten die Programme als soziale Kontrollinstanz aufrecht, verifizieren und strukturieren diese. Das heißt, dass es sich nicht nur um ein Zusammenspiel von Kernelementen handelt, wie zum Beispiel die Auswirkungen der (finanziellen) Ausstattung des Raumes auf die Anzahl der Mitglieder (vgl. Kapitel 1.2), sondern dass die Mitglieder auch als ein weiteres Element, nämlich als Teil der Organisationsstruktur – als Baustein bei der Konstruktion vom Raum (Löw, 2012,

S. 159) – fungieren. Während der Raum an sich – „als Behälter" – nur „vage" (vorstrukturierte) Bedingungen bietet, geben die Peers dem Raum *mehr Struktur* – klarere Konturen –, indem sie sich innerhalb der Programme als Gruppe „positionieren". Löw (2012) beschreibt diesen Vorgang des Errichtens, Bauens und Positionierens als „Spacing" (ebd., S. 158). Die Peers können dabei als soziale Gruppe definiert werden, die „eine bestimmte Anzahl von Mitgliedern (Gruppenmitgliedern), die zur Erreichung eines gemeinsamen Ziels (Gruppenziel) über längere Zeit in einem relativ kontinuierlichen Kommunikations- und Interaktionsprozess stehen und ein Gefühl der Zusammengehörigkeit (Wir-Gefühl) entwickeln" (Korte und Schäfer, 2002, S. 131). Die Kontrolle durch und innerhalb dieser sozialen Gruppen kann zum einen der Selbstvergewisserung dienen und auf diese Weise Unsicherheit unter den Peers reduzieren. Zum anderen kann die Kontrolle zum permanenten Vergleichen des Outputs (aus)genutzt werden. Die Grundlage des Vergleichs (Konkurrenz) bildet dabei ausschließlich die Einschätzung von Quantitäten (Zeit und Masse) und weniger die Qualität des Outputs. Zudem besteht in den Programmen eine doppelte Kontrollstruktur. So kontrollieren sich die Peers nicht nur gegenseitig, sondern sie werden zusätzlich von den Betreuungspersonen kontrolliert. Diese Doppelstruktur fördert die Unsicherheit der Promovierenden bezüglich der Frage, wer sie zu welchem Zeitpunkt kontrolliert oder beobachtet. Dies ruft Assoziationen hervor, die an ein panoptisches Prinzip (Foucault, 1994/2003) und ein Modell zur Disziplinierung und Selbstdisziplinierung erinnern. Vor allem, wenn die Idee weiterverfolgt wird, dass die Transparenz der strukturierten Promotionsprogramme nicht nur der Kontrolle der Promovierenden, sondern auch der Kontrolle der Betreuungspersonen dienen kann/soll (Rzepka, 2013, S. 78). Für die Überprüfung dieser These müsste allerdings die Perspektive auf die Betreuungspersonen und vor allem auf das Individuum innerhalb der Gruppe (Peer-Group und Betreuungsteam) ausgeweitet werden.

Innerhalb des Käfigs erzeugt die Gruppe der Peers zugleich einen sozialen Druck (Gruppendruck). Während die Begrifflichkeit an sich einen Widerspruch darstellt, denn an Druck ist wenig Soziales, entsteht der Druck dennoch im Umgang mit anderen Personen innerhalb oder durch andere Person von außerhalb des Käfigs. Es ist erwiesen, dass sich Mitglieder einer Gruppe auch gegen ihre eigene Überzeugung „der (vermeintlichen) Mehrheitsmeinung" (von Rosenstiel, 2003, S. 349) anschließen. Dies führt nicht selten dazu, dass es zu Fehlentscheidungen kommt, „wenn auf Einigkeit in der Gruppe geachtet und die Auffassung von ‚abweichenden' Gruppenmitgliedern nicht ernsthaft diskutiert oder gar unterdrückt wurde" (ebd.). „Die Standardisierung von akademischen Bildungs- und Karrierewegen ohne die systematische Berücksichtigung von Pluralisierungen und Diversität in den Lebensverläufen in ihrer zeitlichen und räumlichen Ausdehnung führt" nicht nur zu sozialen Ausschlüssen (Baader und Schröer, 2013, S. IX), sondern kann auch zu der Entscheidung führen, die Promotion abzubrechen. Der Druck innerhalb der Peer-Group basiert jedoch nicht nur auf einem Verpflichtungsgefühl der Promovierenden gegenüber „ihren" strukturierten Promotionsprogrammen als Organisationen (inkorporiertes Wissen über die Organisationsziele, vgl. Kapitel 3.3.1), sondern basiert auch auf einem Verpflichtungsgefühl gegenüber dem Gruppenziel und dem Gefühl der Zusammengehörigkeit trotz gleichzeitiger Konkurrenz (vgl. Kapitel 3.3.2). Das schlechte Gewissen fungiert dabei als Motor für das Bleiben derjenigen, die bereits den Abbruch ihrer Promotion in Erwägung gezogen haben. Ein Ausstieg aus der Gruppe scheint somit unmöglicher zu sein als der Ausstieg oder die Beendigung der Mitgliedschaft des Promotionsprogramms als Organisation. Der Raum, den die strukturierte Promotion bietet, ist – wie bereits im Zwischenfazit „Der Käfig" festgehalten – nicht etwas, in das man sich zurückziehen kann, wie in ein Zuhause, in dem man sicher wäre, sondern durch die ständige Sichtbarkeit (Transparenz) und das sich kontinuierlich Sichtbarmachen (-Müssen) können die Promovierenden sich selbst, andere und auch durch andere permanent kontrolliert werden. Die Stangen des Käfigs oder die (transparenten) Wände aus Glas machen dies möglich. Der Käfig ist jedoch nicht in allen Aspekten transparent. Vor allem bei der Einschätzung und Bewertung von Leistung(en) – die Qualität der Arbeit betreffend – dominiert offenbar eher Intransparenz und Unsicherheit bei den Promovierenden.

3.3.3 Strukturierte Promotion bietet finanzielle Absicherung

Dass Promovierende ohne finanzielle Sicherheit ihre Promotion abbrechen, gilt als Konsens unter den TeilnehmerInnen der meisten Gruppendiskussionen. Die Finanzierung in der strukturierten Promotion findet meist über Stipendien[41] statt, und diese Stipendien werden von den Promovierenden als ein weiteres sicherndes Moment der Promotion in strukturierten Programmen wahrgenommen. Unreflektiert bleibt, dass Stipendien eher als prekär gelten[42], da die StipendiatInnen nicht nur für ihren alltäglichen Bedarf aufkommen müssen, sondern auch Beiträge zur

---

41 Das Stipendium begründet kein Arbeitsverhältnis; es ist kein Entgelt im Sinne von § 14 Sozialgesetzbuch IV. Die Annahme des Stipendiums verpflichtet die Stipendiatin/den Stipendiaten zu keiner bestimmten Gegenleistung und zu keiner Arbeitnehmertätigkeit. Das Stipendium ist als Zuschuss zum Lebensunterhalt und nicht als Gegenleistung für eine wissenschaftliche Tätigkeit zu verstehen. Das Stipendium ist deshalb gemäß § 3 Nr. 44 des Einkommensteuergesetzes steuerfrei und sozialversicherungsfrei.

42 Für Neis (2009) hängt das Prekariat (in) der Wissenschaft nicht nur mit der Finanzierung zusammen, sondern mit ihr als Profession, der wissenschaftlichen Arbeit und vor allem mit dem „Prinzip Karotte" (ebd., S. 84 ff.).

Kranken- und Pflegeversicherung, private Unfall-, Haftpflicht- und Hausratsversicherung sowie für eine private Altersvorsorge, Berufs- und Arbeitsunfähigkeit selbst leisten müssen/müssten. Zudem ist für die StipendiatInnen weder die gesetzliche Renten- noch Arbeitslosenversicherung wirksam (GEW, 2012; Bilstein und Pöschl, 2013). Ein/e PromovendIn führt dazu Folgendes an:

> *B1: „Das ist ja vor allem dann, ich weiß nicht, ob das bei allen strukturierten Promotionsprogrammen so ist, aber wir haben ja zumindest erst mal drei Jahre Geld ohne Hinterfragen. Wir müssen keine Zwischenberichte oder weiterführende Anträge oder so stellen, sondern drei Jahre kriegen wir es. In diesen Jahren haben wir schon mal überhaupt kein Grund es abzubrechen, weil/" (alle lachen)*
> *B2: (lachend) „Das ist ja eine Logik!"*
> *B1: „Also, Hartz IV ist da jetzt nicht die bessere Variante"* (GD11, Zeile 7-15).

Zunächst gesteht die zitierte Person ein Nichtwissen ihrerseits ein (*„ich weiß nicht"*) und Unsicherheit darüber, ob dieses Wissen übertragbar ist – pauschalisiert werden kann – auf alle anderen strukturierten Promotionsprogramme (*„ob das bei allen strukturierten Promotionsprogrammen so ist, aber wir haben ja zumindest erst mal drei Jahre Geld ohne Hinterfragen"*). Nach ihrer eigenen Erfahrung bekommen sie drei Jahre lang Geld (*„drei Jahre kriegen wir es"*). *„Zumindest"* – im Sinne von geringstenfalls, immerhin – legt jedoch nahe, dass es scheinbar das Einzige ist, was sie von ihrem Programm bekommen. Zudem handelt es sich um ein einmaliges Erlebnis, denn *„erst mal"* steht umgangssprachlich für ‚einmal', nicht mehr als, sondern begrenzt auf *„drei Jahre"* und das ohne Kontrolle (*„ohne Hinterfragen"*). Die Kontrollinstanz wäre an dieser Stelle die Organisation und nicht die Gruppe der Peers, wie im vorangegangenen Beispiel. Bezüglich des Geldes scheint jedoch keine Kontrolle stattzufinden. Hinterfragt wird in Form von *„Zwischenberichten oder weiterführenden Anträge*[n] *oder so"*. Die Kontrolle scheint hier entweder nach den *„drei Jahren"*, wie es im Programm der zitierten Person der Fall zu sein scheint, stattzufinden, oder in anderen strukturierten Promotionsprogrammen auch schon während des Prozesses. *„[W]eiterführende Anträge"* impliziert, dass der Zeitraum der strukturierten Promotion in Abschnitte eingeteilt sein kann, bei denen eine engmaschigere Kontrolle durchgeführt wird, die Promovierenden also während der Promotion immer wieder hinterfragt – geprüft – werden, ob ihr Zugang zur strukturierten Promotion berechtigt war und sie ihre Promotion fortsetzen dürfen. Die Mitgliedschaft in einem strukturierten Promotionsprogramm kann einem also auch wieder entzogen werden. Das heißt, dass in anderen Programmen als dem der zitierten Person die Unsicherheit bezüglich der weiteren finanziellen Förderung die Promovierenden über den gesamten Promotionsprozess begleiten kann. Die Unsicherheit – Prekarität – der Stipendien wird also noch verstärkt, indem die Förderung nicht über den gesamten Zeitraum (von drei Jahren) gewährt wird. Im hier zitierten Fall – *„drei Jahre kriegen wir es"* – bietet der Raum finanzielle Sicherheit für den gesamten Zeitraum von drei Jahren. Ein Abbruch in diesen drei Jahren finanzieller Sicherheit wird – ohne Ausnahme (*„überhaupt"*) – ausgeschlossen (*„In diesen drei Jahren haben wir schon mal überhaupt kein Grund es abzubrechen, weil/"* (*alle lachen*)). Die zitierte Person wird hier vom Lachen der anderen GruppendiskussionsteilnehmerInnen unterbrochen, bevor diese eine Erklärung anschließen kann. Das Lachen an dieser Stelle kann dahingehend interpretiert werden, dass die Teilnehmenden die Aussage von B1 abschwächen wollen (Wolff und Puchta, 2007, S. 167 f.). Die Aussage, dass allein das Geld schon als ausreichendes Argument gegen einen Abbruch sprechen würde, scheinen die anderen TeilnehmerInnen entweder nicht ohne weiteres zu teilen oder sie sind peinlich berührt ob der Wahrheit in dieser Aussage. Der ebenfalls lachende Einwurf – *„Das ist ja eine Logik"* – verdeutlicht, dass B2 der Argumentation nicht unkommentiert folgt. Anders interpretiert, könnte das Lachen hier die Tatsache verschleiern wollen, wie letztendlich strukturierte Programme tatsächlich genutzt werden: als ‚sichere' Einkommensquelle. Um also entweder einen Konflikt zu vermeiden oder zu vermeiden, dass die Wahrheit an Licht kommt, wird die Aussage durch das Lachen abgemildert und die zitierte Person als ‚unlogisch' bzw. ‚allein stehend' abgetan, denn *„eine Logik"* beinhaltet, dass es auch andere Sichtweisen oder Interpretationen gibt. Die anschließende Erklärung von B1 – *„Also, Hartz IV ist da jetzt nicht die bessere Variante."* – lässt das Lachen der anderen TeilnehmerInnen langsam verstummen. Um ihre *„Logik"* zu untermauern und der relativierenden Wirkung des Lachens entgegenzuwirken, führt die zitierte Person die umstrittene Arbeitsmarktreform – als Schreckensszenario – *„Hartz IV"* an. Das Lachen verstummt zwar nicht abrupt, aber es erzielt die intendierte Wirkung in der Gruppe und unterstreicht die sich dahinter verbergende Aussage der zitierten Person: Stipendien sind immer noch besser als Hartz IV; vor allem wenn es sich um Stipendien für eine Promotion in einem (vor)bestimmten ‚Zeitraum' (*„da jetzt"*) handelt. Deutlich wird anhand des Zitates auch, dass die mehr oder weniger freiwillige Entscheidung, in der Arbeitslosigkeit seine Promotion – meist in der Endphase oder als ‚Anschlussfinanzierung' – fertigzustellen, eine zwar abweichende Art und Weise ist, die Promotion zu finanzieren (*„Variante"*), aber keinen nahezu unbekannten Weg darstellt.

3.3.3.1 Druck durch finanzielle Verpflichtung

Auch wenn die finanzielle Sicherheit in der strukturierten Promotion für eine bestimmte Dauer gewährleistet ist (vgl. Kapitel 3.3.3), kann diese bei den Promovierenden Druck in Form von Schuld(en) erzeugen.

3 Gemeinsam im gläsernen Käfig – Qualitative Analyse

> *„Ich finde, was auch ein Faktor ist, ist irgendwie das Stipendium, ne? Also ich denke, wenn man ein Stipendium hat und denkt ‚die investieren ja Geld in mich, die haben mich ja auch aus einem bestimmten Motiv heraus ausgesucht, weil sie glauben, dass ich das schaffe'. Und ich finde, das löst ja schon auch Druck aus, zu sagen, ‚ich schmeiße jetzt nicht irgendwie zwei Jahre, die sie in mich Geld investiert haben, zum Fenster raus' Also, //da kann man (unv.)//"* (GD1, Zeile 39-44).

Die Promovierenden erhalten von ihren Promotionsprogrammen einen monetären und sozialen Vertrauensvorschuss („*die investieren ja Geld in mich,* [...], *weil sie glauben, dass ich das schaffe*"). Auf Seiten der Promovierenden wird dadurch ein Verpflichtungsgefühl, das auf der Erbringung einer Gegenleistung basiert, erzeugt („*ich finde, das löst ja schon auch Druck aus*"). Dieser ökonomische Tausch – die Vorleistung von Geld und Vertrauen und die Erwartung einer Gegenleistung – manifestiert sich für die Promovierenden als (investiver) Druck. Auch hier entscheidet sich nicht die Person für die Investition oder dafür zu promovieren, sondern die Organisation („*die*"/"*sie*") hat sich für die Person(en) entschieden („*die haben mich ja auch aus einem bestimmten Motiv heraus ausgesucht, weil sie glauben, dass ich das schaffe*"). Der Beweggrund für die Auswahl beim Zugang – die Eignung – basiert zum einen auf Glauben, aufgrund einer (religiösen) Einstellung von einer Sache oder einer Person überzeugt zu sein (vgl. die Auserwählten Abschnitt 3.3.1.1), und ist zum anderen mit einem ökonomischen Verständnis – einer Bildungsinvestition – verbunden: ökonomisches Handeln durch Tausch von Geld gegen Arbeit an der Promotion. Gleichzeitig verbirgt sich in dem „*sie glauben, dass ich das schaffe*" wiederum das Ziel als Weg, im Gegensatz zum Weg als Ziel – denkbar als lebenslanges Lernen. Etwas „schaffen" steht für schöpferisches Gestalten, aber vor allem dafür, etwas erfolgreich abzuschließen. D. h. auch hier kommt ein Abbruch der Promotion nicht in Frage und entspricht nicht der erwarteten Gegenleistung.

Druck wird von außen – von der Organisation – auf die Promovierenden ausgeübt, weil sie (sich) selbst organisieren müssen. Die Promovierenden müssen das Ziel verwirklichen („schaffen"), nicht die strukturierten Promotionsprogramme. Denn den Programmen als Organisation geht es nicht um die Gestaltung des Prozesses, sondern um die Investition in den Output. Der Output ist dabei, genauso wie die Investition, personenbezogen. In diesem Fall sind die Promovierenden also, während des Prozesses, nicht austauschbar. Oder vielmehr hängt das jeweilige Forschungsvorhaben untrennbar mit einem bestimmten Mitglied der Organisation zusammen. Wenn nicht in die Person investiert wird, gibt es auch kein Forschungsvorhaben. Andere Organisationsformen halten hingegen ihr Personal – auch während des Produktionsprozesses –, nicht aber ihre Projekte oder ihre Erzeugnisse, für austauschbar (Pohlmann und Markova, 2011, S. 25). Innerhalb von strukturierten Promotionsprogrammen als Organisationen sind die Promovierenden nicht nur als Gruppe Teil der Organisationsstruktur, sondern auch Mitglieder einer Organisation, deren Arbeit wiederum in Einzelprojekten (Erzeugnis) angelegt ist. Das heißt, jedes Forschungsvorhaben und dessen Prozess muss von den Promovierenden selbstständig auf das Endresultat – den Output – hingesteuert werden. Dieser Gedanke führt uns jedoch wieder weg vom „Promovieren als Mannschaftssport" hin zum (gemeinsamen) Individualsport oder Einzelkampf. Damit ist die investive Logik der strukturierten Promotion mit einem bestimmten Bildungsverständnis verbunden, bei dem ökonomisches bzw. wirtschaftliches Denken im Vordergrund steht. Bildung, der Wissenserwerb oder die Produktion von neuem Wissen, muss keinen Spaß machen und darf nicht viel Zeit in Anspruch nehmen, sondern die Promovierenden als Maschine im Herstellungsprozess müssen Leistung bringen. Und diese beruht nicht auf Qualität, sondern auf Quantität: Eine bestimmte Summe Geld gegen eine bestimmte Anzahl von geschriebenen Kapiteln. So werden strukturierte Promotionsprogramme zu ‚unternehmerischen' Promotionsprogrammen (Dörre und Neis, 2010).

3.3.3.2 Zwischenfazit: „...oder im goldenen Käfig?"

Stipendien oder die Finanzierung der Promotion in strukturierten Promotionsprogrammen können auf Basis der Theorie des sozialen Austauschs (Thibaut und Kelly, 1959; Blau, 1964; Homans, 1972) betrachtet werden. Sozialer Austausch, wie er von Homans (1958) oder Blau (1964) verwendet wird, bezieht sich auf freiwillige Handlungen von Individuen, welche durch Gegenleistungen des Interaktionspartners motiviert sind. Gegenleistungen, die die Handlungen erwartungsgemäß einbringen (Blau, 1964, S. 91). Neben einer Belohnung und den Kosten eines sozialen Austauschs spielt auch das Vertrauen eine entscheidende Rolle. Während die Belohnung den erwarteten Nutzen darstellt, sind die Kosten das, was die Promovierenden aus- oder aufgeben. Das Vertrauen liegt hingegen darin, dass langfristig die Belohnung die Kosten überwiegen wird. Das Vertrauen der Promovierenden in eine gerechte Austauschbeziehung ist eine unumgängliche Voraussetzung für kooperatives Verhalten („intent to stay"; Lee und Mowday, 1987, S. 722). Die Austauschbeziehung sollte sich allerdings in strukturierten Promotionsprogrammen nicht nur auf das Finanzielle beschränken. Da Stipendien kein Arbeitsverhältnis begründen, also nicht als Gehalt mit vertraglich festgelegter Gegenleistung (Rechte und Pflichten) definiert werden, sondern „nur" zur Sicherung des Lebensunterhalts dienen, können sie als „symbol of trust" (Dillman, 1978, S. 16) verstanden werden. Als ein „symbol of trust" generiert das Stipendium dennoch eine Art der Verpflichtung bei den Promovierenden. Dieser Verpflichtungscharakter von Stipendien bzw. der dadurch ausgelöste Druck kann anhand der Theorie reziproken Handelns erklärt werden (Gouldner, 1960). Diese Theorie geht davon aus, dass die kulturübergreifende Norm „if you want to be helped by others you must help them" (ebd., S. 173) als Moralcode zur Stabilität des sozialen Systems beiträgt. Dies ließ sich bereits unter der Kategorie der Kontrolle nachweisen. Reziprokes Handeln erfolgt jedoch nicht ohne jegliche Voraussetzung, sondern die Verpflichtung, sei sie sozialer oder finanzieller Art, ist abhängig vom subjektiven Wert der erhaltenen Leistung. Zudem existieren unterschiedliche Vorstellungen in Bezug auf die Verbindlichkeit reziproken Handelns.[43] Das innere Dilemma – der Druck – ergibt sich für die Promovierenden daraus, dass das Stipendium aufgrund der verinnerlichten Norm zur Gegenseitigkeit und des damit verbundenen Vertrauens(vorschusses) nicht ohne eine Gegenleistung behalten werden darf. Das heißt aber auch, dass ein Abbruch ebenfalls keine Option darstellt, da dieser sich nicht mit den Wertvorstellungen der Promovierenden vereinbaren lässt (Berger, 2006, S.85). Das Stipendium wird von den Promovierenden als Bezahlung für erbrachte Leistungen verstanden, bringt dementsprechende Pflichten (Verpflichtungen) mit sich, aber enthält ihnen ihre Rechte vor.

Um noch einen Schritt weiter zu gehen, könnten strukturierte Promotionsprogramme nicht als wohlfahrtstaatliche Förderung im Sinne eines „goldenen Käfigs" definiert werden. Dem würde eine Finanzierung durch Stipendien widersprechen, denn zum derzeitigen Stand der (Neu-)Organisation der Promotion und der vorliegenden Analyse kann nicht die Rede sein von einer umfassenden Vorsorgeeinrichtung für die Promovierenden, was Renten- und Arbeitslosenversicherung betrifft oder andere ‚strukturelle' Maßnahmen der Promotionsprogramme als Organisation(en), wie zum Beispiel bezüglich der Beratung von Übergängen und Karriere (Baader et al., 2013, S. 224). Die Programme bieten zwar eine finanzielle und vor allem eine soziale Absicherung durch die Gruppe der Peers, aber das Moment des ökonomischen und wirtschaftlichen Denkens und Handelns bei der Output-Produktion der Promotionsprogramme spielt immer wieder in die Argumentation der Promovierenden mit hinein und beschränkt sich ausschließlich auf den Output. Das heißt, die Nachwuchsförderung ist bisher auf das Ziel der Universitäten und deren Programme, die Anzahl der Promotionen zu steigern, beschränkt. Auch der Prozess, der bei der Herstellung eines Produkts sonst von der Organisation ‚organisiert' wird, muss von den Promovierenden innerhalb der Programme selbst ‚organisiert' bzw. strukturiert werden. Es handelt sich demnach bei den strukturierten

---

43 So weisen Muir und Weinstein (1962) nach, dass das Denken und Handeln der Mittelschicht in stärkerem Maß durch Erwartungen an Gegenseitigkeit geleitet ist als das der Unterschicht.

Promotionsprogrammen weniger um eine Ausbildung als vielmehr um eine Förderung zur Selbstständigkeit, die demnach von der Definition der Individualpromotion (vgl. Kapitel 1, Einleitung) gar nicht so weit entfernt ist, wie dies im Diskurs um die strukturierte Promotionsförderung meist erscheint. Wenn die Programme auch unter dieser Prämisse der Selbstständigkeit oder eines „[w]er strukturiert promoviert, promoviert im Strukturieren" (Team Chance, 2013, S. 199) an die Promovierenden herangetragen würde, gäbe es vermutliche weniger Irritation bezüglich der (nicht erfüllten) Erwartungen und Hoffnungen, die nicht nur die Promovierenden an die Programme der strukturierten Promotion haben, und es gäbe weniger Enttäuschung bezüglich der Umsetzung des Struktur-Begriffs innerhalb der ‚strukturierten Promotion'. Damit stellt sich auch die Frage: Was ist (überhaupt) das „Neue" an der (Neu-)Organisation der Promotion?

3.3.4 Strukturierte Promotion bestimmt die Zeit

Ein „Promovieren nach Plan" (Korff und Roman, 2013) ist ohne die Berücksichtigung des Zeitaspekts kaum möglich. Koordinierung, Organisation, Synchronisierung oder auch Strukturierung anhand von Zeit ist gerade bei der strukturierten Promotion ein wesentlicher Bestandteil der (Neu-)Organisation der Promotion. Die Zeit ist zum einen Ressource, zum anderen wesentliches strukturierendes Element. Der Raum der strukturierten Promotion steht den Promovierenden nur für eine ganz bestimmte Zeit zur Verfügung – in der Regel für drei Jahre – und ist damit zeitlich begrenzt. Das folgende Zitat verdeutlicht die Überschneidung der vorangegangenen Kategorie Geld mit der im Folgenden beschriebenen Kategorie Zeit:

> *„Nur wegen der finanziellen Sicherheit. Aber die, die nach drei Jahren nicht fertig sind, und keine Finanzierung bekommen. Also ich stelle es mir schon schwierig vor, wenn man nach drei Jahren nicht mehr als, keine Ahnung, 50 Prozent des Projekts durchgeführt hat und dann arbeiten geht, und es versucht, danach noch nebenher fertigzustellen. Ist glaube ich das Risiko trotzdem wieder sehr hoch. Und da die Chance, innerhalb von drei Jahren komplett fertig zu sein relativ gering ist/ (...)"* (GD12, Zeile 8-14).

„Nur wegen der finanziellen Sicherheit" ist die direkte Reaktion einer Person in einer Gruppendiskussion auf die eingebrachte These „Strukturierte Promovierende brechen weniger häufig ihre Promotion ab als Individualpromovierende". Die Einschränkung durch das „nur" verdeutlicht, dass etwas nur auf das Gesagte (die These) zutrifft und dass dies (die finanzielle Sicherheit) der einzige Grund zu sein scheint, warum strukturiert Promovierende weniger häufig ihre Promotion abbrechen als Individualpromovierende. Die Finanzierung bietet den Promovierenden Gewissheit, einen Zustand, in dem man keine Gefahr läuft, die Promotion abbrechen zu müssen. Sicherheit durch die Finanzierung steht nach der zitierten Person demnach an erster Stelle. Es folgt eine weitere Einschränkung des Gesagten („*Aber die, die*"), indem zwei Gruppen differenziert werden: eine Gruppe von Promovierenden, die nach drei Jahren fertig ist und keine Finanzierung (Sicherheit) mehr braucht, und eine Gruppe von Promovierenden, „*die nach drei Jahren nicht fertig sind, und keine Finanzierung* [mehr] *bekommen*". Die Zeitspanne von „*drei Jahren*", die eine übliche Förderdauer in strukturierten Programmen darstellt (Korff und Roman, 2013), lässt darauf schließen, dass sich das Gesagte ausschließlich auf dieses Promotionsmodell bezieht. Und nur in den drei Jahren sind die strukturiert Promovierenden (vor dem Abbruch) in Sicherheit. Sie befinden sich jedoch nicht in Sicherheit, wenn sie nach den „*drei Jahren*" nicht fertig geworden sind. Erst danach beginnt für die strukturiert Promovierenden eine Phase der Unsicherheit, in der sich die Individualpromovierenden scheinbar durchgehend befinden. Es folgt eine Einschätzung der zitierten Person („*Also ich stelle es mir schon schwierig vor, wenn man*"), die verdeutlicht, dass sie sich selbst noch nicht in dieser Situation befindet bzw. befunden hat. Das „*schon*" verstärkt die Aussage, dass es eine Aufgabe ist, die als nicht leicht („*schwierig*") zu bewältigen eingestuft wird. Auch hier wird die zeitliche Eingrenzung („*nach drei Jahren"*) verwendet, um die Situation differenzierter zu beschreiben. „*Also ich stelle es mir schon schwierig vor, wenn man nach drei Jahren nicht mehr als, keine Ahnung, 50 Prozent des Projekts durchgeführt und dann arbeiten geht, und es versucht, danach noch nebenher fertigzustellen.*" Schwierig wird es also für die Promovierenden, die nach den drei Jahren nicht mehr als die Hälfte („*50 Prozent*") vom ganzen Projekt durchgeführt haben. Woher oder von wem wissen die Promovierenden, dass sie die Hälfte geschafft haben? Und warum wird das Promotionsvorhaben als Projekt bezeichnet? Schon die Bezeichnung verdeutlicht, dass es sich um ein umfangreiches Vorhaben (zu einem bestimmten Thema, gemeinsam oder selbstständig erarbeitet) handelt, das in einem festgelegten Zeitraum (Zeit: in drei Jahren; Raum: in einem strukturierten Promotionsprogramm = Zeitraum) durchgeführt werden soll. Die Promovierenden führen ihre Promotion innerhalb eines Zeitraums – nach einem bestimmten Plan – durch. Sie befinden sich auf einem Weg durch den Raum, der zeitlich bestimmt ist. Wenn man aber erst die Hälfte des Weges erreicht hat und parallel („*nebenher*") arbeiten geht, stellt die Fertigstellung der Promotion nur noch einen Versuch dar („*und es versucht, danach noch nebenher fertigzustellen*"). Einen Versuch abzubrechen, während man sich in einer Phase der Unsicherheit befindet, stellt eine geringere Hürde dar – und damit ein hohes Risiko, den Abbruch in Erwägung zu ziehen („*Ist glaub ich das Risiko trotzdem wieder sehr hoch*"). Das heißt, selbst wenn man strukturiert promoviert, endet der Raum, in dem man (finanziell) abgesichert ist, nach drei Jahren, und dann sind selbst strukturiert Promovierende dem Risiko des Abbruchs ausgesetzt („*trotzdem wieder sehr hoch*"). Da laut Aussage der Person kaum ein strukturiert Promovierender „*innerhalb von drei Jahren komplett fertig*" wird, unterscheiden sich die Chancen, die Promotion abzubrechen, also nur innerhalb des Zeitraumes zwischen den Individualpromovierenden und den strukturiert Promovierenden.

Die einzige Sicherheit, die der Raum bietet (jedenfalls für eine bestimmte Zeit), ist die finanzielle Sicherheit. Nicht die finanzielle Sicherheit selbst ist jedoch ausschlaggebend, um Promovierende von einem Abbruch abzuhalten, sondern wie die Sicherheit hergestellt wird. Während die Promovierenden sich entweder über ein Stipendium oder eine Stelle finanzieren, ist nur das Risiko bzw. die Unsicherheit darüber entscheidend, ob das Projekt in dieser Zeit fertig wird oder nicht. Das heißt der Raum ist endlich, zeitlich begrenzt. Schwierigkeiten im Prozess des Promovierens bekommen die Promovierenden aus strukturierten Programmen aber erst durch die (zeitliche) Verschiebung der Relevanz, wenn die Promotion zu einem „*danach noch nebenher*" wird. Während Individualpromovierende in der gesamten Zeit, in der sie promovieren, „*nebenher*" noch arbeiten und dies scheinbar kein Problem darstellt, ist das Risiko für die strukturiert Promovierenden, die bisher nicht „*nebenher*" gearbeitet haben, in ihrer Wahrnehmung sehr hoch. Es wird nicht nur zwischen individueller und strukturierter Promotion unterschieden, sondern auch zwischen promovieren und arbeiten. Wer arbeiten geht, kann eigentlich nicht (noch nebenher) promovieren. Es gibt demnach eine Hauptaufgabe (Promotion oder Arbeit) und eine Nebenaufgabe (Arbeit oder Promotion) und diese nehmen jeweils den Gegenpol ein, sobald die Zeit im Promotionsprogramm abgelaufen ist. Der Rahmen bzw. Raum von drei Jahren wird also nur für die Finanzierung gesetzt, jedoch nicht für die „Arbeit" an der Promotion. Die Arbeit an der Promotion geht in den meisten Fällen über den Zeitraum hinaus und ist dann nicht mehr ‚strukturiert'. Die Nicht-Strukturierung oder die fehlenden Rahmenbedingungen für die Arbeit an der Promotion haben die Promovierenden aus strukturierten Promotionsprogrammen offensichtlich mit den Individualpromovierenden gemeinsam. Es gibt keine Bedingungen dafür, wo die Promotionsarbeit (zeitlich) anfängt, was dazugehört und wo sie aufhört bzw. wo sie zeitlich endet.

Hieraus geht hervor, dass der Raum den Promovierenden nur für eine bestimmte Zeit zur Verfügung steht. Die strukturierte Promotion wird zu einem Zeitraum, der sich durch die Abhängigkeit zwischen Raum und Zeit bildet. Dadurch lassen sich aber wiederum Zeitpunkte bestimmen, die vor und nach diesem Zeitraum bestehen. Die sprachliche Rahmung der Forschungsvorhaben als „Projekte" unterstreicht zusätzlich die Begrenzung einer zeitlichen Kopplung von finanziellen Ressourcen und Output-Orientierung. Ein Nebenher bzw. gleichzeitig zu promovieren und zu arbeiten scheint hingegen nicht realisierbar oder schwierig zu sein. Auch das folgende Zitat illustriert, dass ein Arbeiten während der Promotion unter den Promovierenden als unmöglich gilt und verdeutlicht gleichzeitig, wie die Promotion von den meisten Promovierenden aus strukturierten Programmen im Lebensverlauf positioniert wird:

> „(...) Ja, dass man dann ohne Stipendium abbricht ist (...) wahrscheinlich auch verständlich, wenn man zum Beispiel Familie gründet oder wenn man Vollzeit arbeitet. Dann noch Dissertation schreiben, das wäre dann wirklich schon viel zu viel vielleicht" (GD3, Zeile 80-90).

Von der/dem GruppenteilnehmerIn wird als direkte Reaktion auf die eingebrachte These zuerst das Fehlen der finanziellen Komponente bei den Individualpromovierenden als Grund für den Promotionsabbruch bestätigt („*Ja, dass man dann ohne Stipendium abbricht*"). Dieser Grund gilt als akzeptabel („*wahrscheinlich auch verständlich*"), vor allem dann, wenn bestimmte Bedingungen zusätzlich erfüllt werden, wie die Familiengründung oder die Vollzeitarbeit, die als Beispiele von der Person angeführt werden. Die Promotion wird zudem im Lebensverlauf zeitlich vor der Elternschaft bzw. der Gründung einer Familie verortet. Eine Familiengründung ohne eine finanzielle Absicherung („*ohne Stipendium*") oder Vollzeitarbeit während der Promotionszeit („*Dann noch Dissertation schreiben*"), geschweige denn die Vorstellung, dass Menschen, die bereits Eltern sind, arbeiten und gleichzeitig promovieren, scheint völlig abwegig zu sein („*das wäre dann wirklich schon viel zu viel*"). Wobei die zitierte Person am Ende durch die Einschränkung „*vielleicht*" für sich das scheinbar Unmögliche nicht völlig ausschließt.

Auch aus der nächsten Passage geht hervor, dass eine Gleichzeitigkeit von Familiengründung und Promotion nicht vereinbar zu sein scheint. Zudem kommt ein weiterer Aspekt hinzu, der durch die Beschaffenheit der strukturierten Promotion als Zeitraum an Wichtigkeit gewinnt: der Schatten der Zukunft.

> „*Also was ich gerade dacht ist, wo ich/ ich glaube einfach, das ist einfach an einem kritischen Punkt. Wenn man das drei Jahre macht oder vier und immer noch nicht weiß, was danach wird und noch keine Sicherheit hat, dass man dann irgendwie einen Job in der Wissenschaft kriegt, selbst wenn man es wollte ganz doll. Dass diese Unsicherheit vielleicht auch dazu führt, dass man dann auch, wenn man ein gutes Job/ ein gutes Angebot kriegt, dass man dann vielleicht dann doch, gerade auch wenn es um Familiengründung geht oder um andere Themen im privaten Bereich, dass man vielleicht doch mal wechselt. Und wenn ein langes Projekt, das sich schon ewig hinzieht und dann lieber sein lässt. Das dachte ich so gerade, das könnte ich mir*

> *vorstellen. Also die Zukunftsaussichten, die ändern ja auch die strukturierten Programme hier ändern ja nichts an den Berufsaussichten oder an der/ also ich weiß zum Beispiel jetzt gar nicht, wie ich/ ich kann, ich habe das Gefühl, ich kann das eh gar nicht planen"* (GD1, Zeile 109-121).

Auch bei diesem Zitat fällt zunächst die sprachliche Unsicherheit auf. Der verschlungene Satzbau sowie die Wort- oder Satzabbrüche (*„Dass diese Unsicherheit vielleicht auch dazu führt, dass man dann auch, wenn man ein gutes Job/ ein gutes Angebot kriegt, dass man dann vielleicht dann doch"* oder *„die strukturierten Programme hier ändern ja nichts an den Berufsaussichten oder an der/ also ich weiß zum Beispiel jetzt gar nicht, wie ich/ ich kann, ich habe das Gefühl, ich kann"*) unterstreichen geradezu den Inhalt des Gesagten: Wie spricht man über Unsicherheit, wenn man sich nicht sicher ist? Diese Passage steht für die Formulierung von Unsicherheit(en) bezüglich des Abbruchs bzw. des Übergangs in eine ungewisse Zukunft.

Der Abbruch ereignet sich laut der zitierten Person *„einfach an einem kritischen Punkt"*. *„*[E]*infach"* meint an dieser Stelle nicht, dass ein Abbruch nicht schwer ist, sondern verdeutlicht vielmehr, dass es sich um eine schwierige Situation oder Entscheidung handelt (z. B. wie in einer einfach unerträglichen Situation). Der *„kritische Punkt"* kann für eine Wende bzw. einen Übergang stehen, bei der die Entscheidung für oder gegen einen Abbruch *„kritisch"* geprüft, beurteilt und sogar gefährlich sein kann. Vor dem kritischen Punkt wird ein Zeitraum beschrieben von drei bis vier Jahren, in dem die Promovierenden sich scheinbar nicht auf die Zukunft vorbereiten können bzw. ihre Zukunft nicht absichern können (*„Wenn man das drei Jahre macht oder vier und immer noch nicht weiß, was danach wird und noch keine Sicherheit hat, dass man dann irgendwie einen Job in der Wissenschaft kriegt"*). Sicherheit wird hier mit beruflicher Absicherung verbunden, die es in der Wissenschaft auch nach längerer wissenschaftlicher Tätigkeit nicht gibt, trotz geringer Ansprüche auf Seiten der Promovierenden – denn sie würden *„irgendwie einen Job in der Wissenschaft"* akzeptieren –, führen diese Unsicherheit in der Arbeitssituation und die nicht vorhandene Perspektive dazu, dass bei einer Entscheidung unter Unsicherheit – der *„kritische Punkt"* – der Ausstieg aus der Wissenschaft näher liegt als das Durchhalten um jeden Preis (*„Dass diese Unsicherheit vielleicht auch dazu führt, dass man dann auch, wenn man ein gutes Job/ ein gutes Angebot kriegt, [...] dass man vielleicht doch mal wechselt"*). Und gerade unter bestimmten Umständen – *„gerade auch wenn es um Familiengründung geht oder um andere Themen im privaten Bereich"* –, wird der Ausstieg auch als legitim eingestuft. Es wird jedoch als Wechsel und nicht als Ausstieg oder Abbruch gerahmt. Ein Wechsel impliziert eine Veränderung, eine Entwicklung, ggf. sogar eine Verbesserung des bisherigen Zustands. Ob der Wechsel akzeptiert ist, hängt von der Dauer des Projektes ab. Ein Promotionsprojekt nimmt bereits einen ziemlich großen Zeitraum („*langes Projekt*") in Anspruch. Geht es aber über diesen unbegrenzt andauernden Zeitraum hinaus („*schon ewig hinzieht*"), sollte der oder diejenige besser etwas anderes machen („*lieber sein lässt*"). Die Unsicherheit, die das Promovieren mit sich bringt, weil die Promovierenden nicht wissen, wo es danach hingehen soll, scheint nur für eine gewisse Zeit zu ertragen zu sein.

Es folgt der Abschnitt, in dem die zitierte Person unmissverständlich zum Ausdruck bringt, was genau mit „*diese Unsicherheit*" gemeint ist: „*die Zukunftsaussichten*". Die Unsicherheit betrifft die Zeit nach der Promotion. Und der Zeitraum, den die strukturierten Programme („*hier*" als Verortung des Raumes) bieten, hat keine Auswirkungen auf die Aussichten, ändert – nimmt keine andere oder bessere Form an – weder die Aussichten auf die Zukunft noch auf den Beruf („*Also die Zukunftsaussichten, die ändern ja auch die strukturierten Programme hier ändern ja nichts an den Berufsaussichten oder an der/*"). Zum Schluss schildert die Person nicht nur, dass sie keine Gewissheit hat, sondern ihre jetzige Situation („*also ich weiß zum Beispiel jetzt gar nicht*") – während sie noch promoviert – so wahrnimmt („*ich hab das Gefühl*"), dass sie sich keine Gedanken um die nächsten Schritte machen kann. Diese Aussage wird durch das „*nicht*" in Kombination mit dem „*gar*" noch verstärkt („*ich kann das eh gar nicht planen*").

Zum einen wird eine Planbarkeit der wissenschaftlichen Karriere während der Promotionszeit ausgeschlossen, zum anderen wird deutlich, dass die Organisation(en) – die strukturierten Programme – ihrem Nachwuchs keine Jobperspektive in der Wissenschaft bieten (können). Die Unsicherheit betrifft das, was nach dem „strukturierten" Zeitraum kommt, und macht die Promovierenden innerhalb des Zeitraums im schlimmsten Fall handlungsunfähig. Nicht nur die Projektförmigkeit der Forschungsvorhaben, sondern auch die strukturierte Promotionsförderung als Zeitraum ist projektförmig angelegt. Bei den Forschungsvorhaben steht bereits das Ziel zu Beginn – beim Eintritt in den Raum (vgl. Kapitel 3.3.1) – fest, ist jedoch die Zeit abgelaufen, gibt es auch keinen Raum mehr – keine Organisation, kein Gegenüber und keine Finanzierung – für die Promovierenden. Dies geht konträr zu den Prioritäten in der Lebensphase der Promovierenden, die sowohl eine berufliche als auch eine familiäre Absicherung einschließen.

Mit Blick auf den Prozess des Promovierens innerhalb von strukturierten Promotionsprogrammen wird deutlich, dass sich im Gegensatz zu den Zukunftsaussichten der Zeitraum durch eine (str)enge zeitliche Planung bzw. Strukturierung auszeichnet. So äußert sich ein/e TeilnehmerIn der Gruppendiskussionen:

„*[…]/ aber irgendwie werden wir auch schon ein bisschen darauf gedrillt, so Zeitpläne zu machen, wenn wir uns bewerben, müssen wir einen Zeitplan machen, dann, wenn wir evaluiert werden nach einem Jahr, müssen wir einen Zeitplan machen, immer so zeigen/ wir müssen zumindest irgendwie sagen, wie wir uns das vorstellen und ja, so ein bisschen hilft das vielleicht, so dass man sich so ein Ziel so sich so vor Augen behält"* (GD12, Zeile 61-67).

Die GruppendiskussionteilnehmerIn benutzt hier den Ausdruck „*gedrillt*" – durch ständige Wiederholung trainieren – und vermittelt damit den Eindruck, dass etwas zwar monoton, aber ständig gemacht wird. Die Promovierenden werden dazu angehalten Zeitpläne anzufertigen („*machen*"). Ein Zeitplan kann als ‚Programm' (ein Programm im Programm), in dem schriftlich festgehalten ist, was man bis zu einem bestimmten Zeitpunkt erarbeitet bzw. durchgeführt haben will/muss („*Zeitpläne*"), verstanden werden. Zudem handelt es sich um eine Mehrzahl von Zeitplänen. Es folgt eine Aufzählung von möglichen Zeitpunkten, zu denen die Promovierenden einen Zeitplan vorlegen „*müssen*"; es handelt sich dabei also um keine freiwillige Handlung. Die zwei Zeitpunkte, die genannt werden – zur Bewerbung und Evaluation („*wenn wir uns bewerben, müssen wir einen Zeitplan machen, dann, wenn wir evaluiert werden nach einem Jahr, müssen wir einen Zeitplan machen*") –, stehen im Kontrast zu dem zum Beginn des Zitates genannten Drill, der eine häufigere Wiederholung als zu zwei Zeitpunkten vermuten lässt. Auch das anschließende „*immer so zeigen*" hat zur Folge, dass das Gesagte so interpretiert werden könnte, dass es auch für die Zukunft, zumindest aber für den gesamten Promotionsprozess innerhalb des Programms ständig und jederzeit gilt. Erst im Anschluss daran folgt eine Abschwächung, die sich jedoch nicht auf die Häufigkeit, sondern vielmehr auf die Form der zu erstellenden Zeitpläne bezieht. „[W]*ir müssen zumindest irgendwie sagen, wie wir uns das vorstellen*" beinhaltet jedenfalls nicht das schriftliche Festhalten eines Plans. Wofür die Zeitpläne wiederum doch gut – nützlich und unterstützend – sind, wenn auch nur ein bisschen („*so ein bisschen hilft das vielleicht*"): Die Promovierenden behalten „*so*" – die Art und Weise, auf die eine Handlung hinausläuft – „*ein Ziel*" – als Stelle, an der ein Rennen endet, an dem der Zeitraum zu Ende geht – „*vor Augen*" – lassen es sich also nicht mehr nehmen, bewahren es und passen gut darauf auf. Auch wenn Zeitpläne eher lästig erscheinen, erfüllen sie also dennoch einen positiven und vor allem ‚strukturierenden' Zweck.

3.3.4.1 Zeitdruck, Zeitknappheit und Beschleunigung

Ruft man sich bei diesem letzten Analyseabschnitt die Metapher des Käfigs – der Zeitraum als ein allseitig geschlossenes, mehr oder weniger perforiertes Behältnis – ins Gedächtnis, lässt sich veranschaulichen, dass dieser Behälter unter Druck steht bzw. die Promovierenden innerhalb des „Behälters" unter Zeitdruck stehen.

3 Gemeinsam im gläsernen Käfig – Qualitative Analyse

> *„Also bei uns gibt es im* [Name] *Institut einige, die versuchen neben ihrer normalen Anstellung zu promovieren. Und, ja, die werden dann halt irgendwann fertig. Ich meine, die machen sich dann auch nicht den wahnsinnigen Druck, das jetzt in irgendeiner Zeit fertig kriegen zu müssen. Aber es ist natürlich/"* (GD4, Zeile 40-43).

Wie in vielen anderen Zitaten findet sich auch hier die Differenzierung zwischen zwei Gruppen von Promovieren: *„einige"* im Institut – eine unbestimmte Menge –, *„die versuchen neben ihrer normalen Anstellung zu promovieren"*, *„die* [...] *halt irgendwann fertig"* werden und *„die* [...] *sich dann auch nicht den wahrsinnigen Druck"* machen; gegenüber den Anwesenden, die scheinbar keine *„normale Anstellung"* haben, die zu einem bestimmten Zeitpunkt *„fertig"* werden müssen und *„wahnsinnigen Druck"* haben. Auch hier findet sich demnach die Differenzierung zwischen den strukturiert Promovierenden, die mit ihrem Programm an ein Institut angebunden sind (*„bei uns* [...] *im Institut*), in dem es auch Individualpromovierende gibt, die *„neben ihrer normalen Anstellung"* promovieren. Neben einer *„normalen Anstellung"* zu promovieren, wird im Kontext der beiden anderen Aussagen in seiner Bedeutung eingeschränkt, relativiert (*„die versuchen"*). Etwas zu versuchen bedeutet, etwas auf Probe zu tun, um festzustellen, ob man es auch kann. Es werden keinerlei Zugeständnisse angeführt, die das Promovieren neben einer *„normalen Anstellung"* in einen Kontext der Herausforderung oder der Bewältigung von Schwierigkeiten bringen. Die Anstellung wird als etwas Normales bezeichnet, im Umkehrschluss wird die Promotion, die nicht nebenher verläuft, zu etwas Unnormalem oder Besonderem, Seltenem. Bei der Aussage, *„die werden dann halt irgendwann fertig"*, steht das *„irgendwann"* im Mittelpunkt. Das nicht gesetzte zeitliche Ziel wird durch das *„halt"* – im Sinne einer Tatsache, an der man nichts ändern kann – noch (negativ) verstärk (Geringschätzung). Diese Geringschätzung wird auch in der letzten Zuschreibung dieser Aussage aufrechterhalten, während gleichzeitig die Kategorien Zeit und Druck ins Verhältnis gesetzt werden: Wenig Zeit erzeugt viel Druck und viel Zeit erzeugt wenig Druck. Die, die sich *„nicht den wahnsinnigen Druck"* machen, *„das jetzt in irgendeiner Zeit fertig kriegen zu müssen"*, stehen denen gegenüber, die einen sehr großen, unvernünftigen, fast krankhaften Druck empfinden. Außerdem zeigt sich auch hier, dass es einen Abbruch im eigentlichen Sinne gar nicht gibt, denn entweder promoviert man lang und wird *„irgendwann fertig"* oder kurz und wird in *„irgendeiner Zeit fertig"*. Fertig werden alle, ob vom unbestimmten Ende der Reise bei der Individualpromotion bis hin zu einem bestimmten Ende in strukturierten Programmen. Das heißt aber auch, dass alle Promovierenden zu einem (bestimmten) Zeitpunkt fertig werden. Die einen unter Zeitdruck, die fast mit Missgunst auf diejenigen (herab)schauen, die ohne Zeitdruck promovieren.

Die folgende Passage vervollständigt das Zitat, das bereits unter der Kategorie Kontrolle (vgl. Kapitel 3.3.2) analysiert wurde. Während sich bei der Analyse der Kontrolle gezeigt hat, dass die Peers, innerhalb des Raumes, Unsicherheit reduzieren können („*Aber so hab ich hier ganz schnell eine Rückmeldung*"), lässt sich unter der Kategorie Zeit belegen, dass und wie die Promovierenden strukturierter Promotionsprogramme unter Zeitdruck stehen und welche Rolle die Zeitknappheit während des Promotionsprozesses einnimmt.

> „[...] *Aber so habe ich hier ganz schnell eine Rückmeldung von den anderen. Und das macht es einfach leichter. Weil man auch viel schneller merkt, man ist auf dem Irrweg und muss nicht erst mal ein Interview drei Monate lang irgendwie biografisch kompliziert auswerten oder so. So jemandem bin ich mal begegnet, weil die nicht in so einem Kolleg war, wo jemand ihr dann schnell zurückgemeldet hat: Da bist du auf dem Holzweg. Du hast ein Detail falsch verstanden und du machst dir unnötige Arbeit. Da hat die gleich drei Monate verloren gehabt. Und ich glaube, das wird hier nicht so schnell passieren. Und dann verzweifelt man auch nicht so schnell*" (GD7, Zeile 26-34).

Im Zentrum dieses Zitats steht zum einen das Promovieren als „*Weg*" und zum anderen die zeitliche Komponente, die sich vor allem durch die häufige Verwendung des Adverbs „*schnell*" manifestiert. Jeder Weg bzw. jede Reise hat ein Ziel, allerdings hat jedes Ziel mehrere Wege, dieses zu erreichen. Für die zitierte Person scheint es jedoch nur einen einzigen Weg zum Ziel zu geben (Verwendung des Singulars). Dieser Weg wird einem „*von den Anderen*" gewiesen. Denn diejenigen „*die nicht in so einem Kolleg*" sind, geraten zwingend (normativ) auf den „*Holzweg*", weil niemand da ist, der einem dies „*schnell zurückgemeldet hat*". Die Person führt hierzu eine Beispielgeschichte an, die nicht auf ihren eigenen Erfahrungen beruht („*so jemandem bin ich mal begegnet*"), um den „*Holzweg*" und wie man auf diesen gerät genauer zu beschreiben. Dramatisiert wird diese Beschreibung vor allem durch den zeitlichen Bezug, der hergestellt wird: Dadurch dass die Person aus der Beispielgeschichte ohne jegliche Rückmeldung „*drei Monate lang irgendwie biografisch kompliziert auswerte*[t]", „*hat die gleich drei Monate verloren gehabt*". Zunächst wird deutlich, dass – in Relation zu einem Förderzeitraum von drei Jahren – der Verlust von drei Monaten als beachtlich betrachtet wird. Zeit ist demnach eine knappe Ressource, die man „verlieren" kann. Damit wird Zeit beim Promovieren in strukturierten Programmen zu einem kostbaren Gut. Gleichzeitig wird auch hier die Differenz zwischen dem gemeinsamen Promovieren und dem einsamen Promovieren deutlich. „*Und ich glaube, dass wird hier nicht so schnell passieren*", d. h. vor einem Zeitverlust, „*ein Detail falsch*" zu verstehen oder sich „*unnötig Arbeit*" zu machen, sind die Promovierenden in einem Kolleg eher gefeit – bieten Methodensicherheit –, als wenn sie „*nicht in so einem Kolleg*" promovieren. „[D]*ann zweifelt man auch nicht so schnell*". Wie bereits zu Beginn der Interpretation angekündigt, stellt sich als ein weiteres Phänomen nicht nur der Zeitverlust oder Zeitknappheit dar, sondern auch die Beschleunigung innerhalb der strukturierten Promotion. Alles kann oder muss „*in so einem Kolleg*" schnell – innerhalb kurzer Zeit, ohne großen Zeitaufwand – erledigt werden: „*schnell eine Rückmeldung*" bekommen, „*schneller*" merken, dass man sich auf dem Irrweg befindet, „*schnell zurückgemeldet*" bekommen, dass man „*auf dem Holzweg*" ist, dass den Promovierenden nicht „*so schnell*" drei Monate verloren gehen und dass sie „*nicht so schnell*" verzweifeln.

Für Fehler oder Versuche bleibt keine Zeit. Wird dieser Gedanke vorangetrieben, stellt sich die Frage, ob in dieser Form der Promotion bestimmte Methoden vielleicht gar nicht mehr zum Einsatz kommen, da diese nicht zielgerichtet genug im Vorgehen, zu „*kompliziert*" sind oder ein ‚Einkreisen' der Ergebnisse zu viel Zeit in Anspruch nimmt. Denn „angesichts der steigenden Fülle des an sich Möglichen" wird die zur Verfügung stehende Zeit, hier sogar klar begrenzt auf einen Zeitraum von drei Jahren, als „defizitär, als knapp [...], erlebt" (Hahn, 1987, S. 127). Viele Probleme müssen gleichzeitig behandelt bzw. Entscheidungen müssen gleichzeitig und unter Zeitknappheit möglichst schnell getroffen werden, was wiederum bedeutet, dass Entscheidungen unter Unsicherheit gefällt werden (Schimank, 2005). Die Kategorie der Kontrolle stellt den Versuch dar, das Risiko dieser Unsicherheit zu minimieren. Durch die (Neu-)Organisation der Promotion entsteht also eine Verbindung zwischen den Kategorien Kontrolle und Zeit. Diese Verbindung kann jedoch zu einer Standardisierung der Promotion führen, die darauf ausgerichtet ist, Überraschungen und sogar „Neues" möglichst zu eliminieren und damit die Wahrscheinlichkeit eines vorhersagbaren Ziels der Reise zu erhöhen (Brüsemeister, 2007, S. 280 ff.)

3.3.4.2 Zwischenfazit: Der Schatten der Zukunft

Der Titel des Kapitels wurde in Anlehnung an Axelrods (2005) Empfehlung, dass zur Förderung von Kooperation die Bedeutung der Zukunft im Verhältnis zur Gegenwart vergrößert werden muss, gewählt. Allerdings erscheint die negative Konnotation von „Schatten" im Zusammenhang mit der Intention Axelrods, Interaktionen dauerhafter zu gestalten, eher deplatziert. Im Kontext der vorhandenen Unsicherheit bei den Promovierenden in strukturierten Promotionsprogrammen, die zu einem großen Teil durch die Verknappung und Beschleunigung von Zeit erklärt werden kann, wird die Formulierung, wie ich finde, eher gerecht. Denn die Zukunftsaussichten, welche die Promovierenden aus strukturierten Promotionsprogrammen für sich selbst prognostizieren, liegen im Dunkeln, können nur in Konturen von ihnen wahrgenommen werden, erzeugen durch die nicht vorhandene

Planbarkeit Unsicherheit und wirken dadurch bedrohlich – eben wie ein Schatten der Zukunft. Während der Zeitraum, der durch das Zusammenwirken von Raum und Zeit entsteht und das *Hier* und *Jetzt* für die Promovierenden strukturiert, gewinnt vor allem das *Danach* – die Zukunft – an Bedeutung. Durch die Unsicherheit die Zukunft betreffend, sehen sich die Promovierenden dem Phänomen ausgesetzt, in der Gegenwart und unter Zeitknappheit Entscheidungen unter Unsicherheit treffen zu müssen. Je knapper die Zeit, desto kostbarer wird diese Ressource, und je mehr Energie in der Gegenwart in Entscheidungsfindungen unter Unsicherheit fließt, um Licht in den Schatten zu bringen, desto weniger steht den Promovierenden von der Ressource Zeit in der Gegenwart für die ‚eigentliche Arbeit' an der Promotion zur Verfügung. Eine Gestaltung des Übergangs – Planung oder Beratung, die Zukunft oder Karriere betreffen – von der strukturierten Promotion in die Arbeit bzw. zur Individualpromotion oder externen Promotion wird von den Promovierenden nicht beschrieben. Angesichts der Unmöglichkeit, eine strukturierte Promotion innerhalb der geförderten drei Jahre abschließen zu können, wäre eine solche Gestaltung des Übergangs für die Promovierenden und eine Implementierung in die Struktur der strukturierten Programme wichtig. Berücksichtigt man die Lebensphase, in der in der Regel eine Promotion angefertigt wird, und die Prioritäten, die die Promovierenden setzen, wie Sicherheit in Bezug auf Weiterbeschäftigung und eine tatsächliche oder potenzielle Elternschaft, wird deutlich, dass das Zeitkorsett der strukturierten Promotion sehr eng gefasst ist. In der strukturierten Promotionsförderung geht es um einen bestimmten – im Sinne eines begrenzten Zeitraums – Zeithorizont, der die Bildungszeit verlängert und in der die Promovierenden ständig verfügbar und entsprechend qualifiziert sein müssen – um die Zeitvorgaben einhalten zu können –, ohne dass Rücksicht auf Entwicklungszeiten und Bewältigungsprobleme genommen wird.

Die Ergebnisse zeigen auch, dass die Kategorie Zeit sich auf alle anderen Bedingungen der strukturierten Promotionsprogramme auswirkt: So ist der Raum, den die strukturierten Promotionsprogramme bieten, endlich, da dieser zeitlich begrenzt ist. Durch die Verknüpfung von Raum (Verortung) und Zeit (Verzeitlichung) ergibt sich demnach ein Zeitraum. Dieser Zeitraum ermöglicht eine Bestimmung von der Zeit davor und der Zeit danach. Von der Endlichkeit des Raumes sind aber auch die finanzielle Absicherung und die Kontrolle durch die Peers betroffen. Denn auch diese enden, wenn der Zeitraum endet. Überdies gilt die Zeit innerhalb des Zeitraums, aus Ermangelung anderer Kriterien, als Bewertungsgrundlage für die Leistungen der Promovierenden. Und die Verbindung von Zeit und Druck verdeutlicht, dass sich der Druck in Form von ‚Ängsten' bzgl. der Zukunftsaussichten auch auf die Zeit nach der strukturierten Promotion – im Schatten der Zukunft – manifestiert, aber nicht als Grund für einen vorzeitigen Abbruch oder Ausstieg aus einem strukturierten Promotionsprogramm angesehen wird.

3.3.5 Fazit: (Neu-)Strukturierung von (Un-)Sicherheiten

In diesem Kapitel werden die Ergebnisse der qualitativen Analyse zusammengefasst, die sich zum zentralen und kollektiv geteilten Phänomen der „(Neu-)Strukturierung von (Un-)Sicherheit" verbinden lassen. Wie ein roter Faden zieht sich die Beschreibung der Promovierenden, wie sie mit der Sicherheit und Unsicherheit während des Promotionsprozesses umgehen, durch die gesamten Zwischenergebnisse aller Kategorien. Sie beschreiben den Prozess – das ständige (Aus-)Handeln zwischen Sicherheit und Unsicherheit – als Herstellung einer Ordnung (Struktur) und geben dabei Aufschluss über ihr Strukturverständnis und wie sie sich selbst zur Struktur ihrer strukturierten Promotionsprogramme positionieren.

In der Analyse konnten fünf Kategorien – *Raum, Kontrolle, Geld, Zeit* und *Druck* – herausgearbeitet werden, die in den Gruppendiskussionen zum Oberthema ‚Abbruch' (kollektiv) von den Promovierenden aus strukturierten Promotionsprogrammen geteilt wurden. Die folgende Abbildung 3.1 stellt die fünf Kategorien als Modell der Bedingungen der (Neu-)Organisation der Promotion in strukturierten Programmen in ihrer Gesamtheit dar.

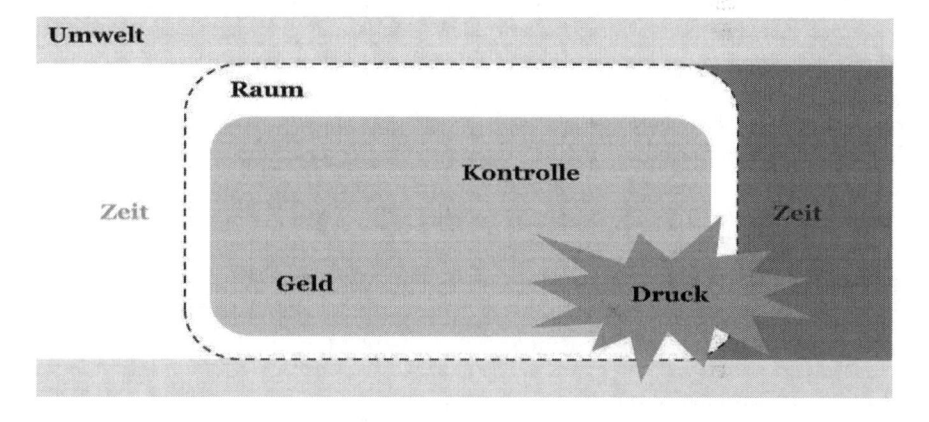

Abbildung 3.1: Modell der Bedingungen von strukturierten Promotionsprogrammen

Die Kategorie *Raum* für sich betrachtet, konstituiert sich zunächst als eine räumliche Verortung – ein „konkreter Ort" – wie z. B. ein Büroraum in einem Graduiertenkolleg (Bereich innerhalb der gestrichelten Linie). Durch die gleichzeitige Betrachtung des *Raum*es als „Behälter" – Käfig – bekommt dieser eine Begrenzung zwischen Drinnen und Draußen (gestrichelte Linie um den Raum). Während der „konkrete Ort" Sicherheit in Form von „räumlicher Einbindung" bietet, bleibt das Drinnen hingegen „vage" und damit unsicher. Die Ausstattung des *Raum*es kann sich auf diese Weise aber auch immer wieder an die entsprechenden Bedürfnisse der jeweiligen Gruppe (bei mehreren Jahrgängen) anpassen. Dennoch muss jede Gruppe die Ausstattung des Raumes (die Struktur) zunächst selbst (aktiv) herstellen bzw. untereinander aushandeln. Um in das Innere des *Raum*es zu gelangen, müssen die Promovierenden eine Zugangshürde nehmen (Auswahlverfahren), wurde diese Hürde überwunden, kann der Käfig unter bestimmten Bedingungen auch wieder verlassen werden (gestrichelte Linie um den Raum zur Umwelt: Seminare an der Universität, Feldphase oder Familienbesuche zu Hause etc.). Die Tür des Käfigs ist demnach nicht verschlossen, sondern die Grenzen zwischen den Programmen als Organisation und deren Umwelt sind durchlässig.

Der *Raum* kann allerdings auch als strukturierende Bedingung (Ordnungsdimension) verstanden werden, wenn der Raum z. B. im Zusammenhang mit einer nicht vorhandenen Präsenzpflicht betrachtet wird. Das heißt, es muss kein „konkreter Ort" vorhanden sein, an dem sich die Promovierenden treffen, sondern sie können sich auch zu unterschiedlichen Zeitpunkten – in bestimmten oder unbestimmten zeitlichen Abständen – an wechselnden Orten treffen, wie z. B. zu Sommer- oder Winter-Schools. Denkbar wäre auch ein Austausch über virtuelle Räume, per Mail (z. B. Mailinglisten, Mailverteiler etc.), in sozialen Netzwerken (z. B. Facebook) oder auf (universitätsinternen) Plattformen (z. B. Stud.IP, Learnwebs etc.).

Bereits in der Kategorie *Raum* zeigt sich, dass eine Promotion in einem strukturierten Programm nicht ohne Berücksichtigung der Kategorie *Zeit* möglich ist. Eine Organisation oder Strukturierung anhand von *Zeit* ist gerade bei der strukturierten Promotion ein wesentlicher Bestandteil der (Neu-)Organisation der Promotion (in der Abbildung angedeutet als Zeitstrahl mit den Zeiträumen vor, während und nach der Promotion in einem strukturierten Promotionsprogramm). Auch die *Zeit* ist, genauso wie der *Raum*, zum einen Ressource, zum anderen wesentliches strukturierendes Element. Der *Raum* der strukturierten Promotion steht den Promovierenden nur für eine ganz bestimmte *Zeit* zur Verfügung: Die Promotion in einem strukturierten Promotionsprogramm ist damit endlich (ZeitRaum). Das bedeutet aber auch, dass die Promovierenden nur innerhalb dieses ZeitRaums Sicherheit durch eine zeitliche Planung (Zeitpläne) erfahren, aber die Zeitknappheit sowie der Schatten der Zukunft gleichzeitig dafür sorgen, dass die Promovierenden Entscheidungen unter Unsicherheit treffen müssen.

Von der Endlichkeit des *Raum*es sind auch die beiden weiteren Kategorien *Kontrolle* und *Geld* betroffen (in der Abbildung innerhalb des Raumes dargestellt). Während der ZeitRaum eine Begrenzung und dadurch einen äußeren Rahmen schafft, wird der Inhalt des ZeitRaums durch (die Peers anhand von) *Kontrolle* und

Geld (aktiv) ausgestaltet bzw. strukturiert. Durch das *Geld* sind die Promovierenden in der Lage, ihren Lebensunterhalt während der Promotion (innerhalb des ZeitRaums) zu bestreiten. Sie sind finanziell abgesichert. Diese finanzielle Sicherheit hat jedoch ein Verfallsdatum, das dem Ende des ZeitRaums entspricht. Zugleich erhält die Peer-Group die Programme, durch das Moment der ständigen Sichtbarkeit oder Sichtbarmachung (Transparenz), als soziale Kontrollinstanz (Selbst- und Fremdkontrolle) aufrecht, verifizieren und strukturieren diese. Die Peers und die Betreuungspersonen reduzieren die Unsicherheit der Promovierenden innerhalb der Programme durch die Möglichkeit der Selbst- und Fremddisziplinierung. Gleichzeitig ist die doppelte Kontrollstruktur jedoch unberechenbar, da die Promovierenden nicht wissen, wann sie von wem kontrolliert oder beobachtet werden.

Für das Modell der Bedingungen der (Neu-)Organisation der Promotion in strukturierten Programmen bedeutet dies, dass es sich nicht nur um ein Zusammenwirken von Kategorien (Kernelementen) handelt, wie zum Beispiel die Auswirkungen der (finanziellen) Ausstattung des *Raum*es auf die Anzahl der Mitglieder (vgl. Kapitel 1.2), sondern auch, dass die Mitglieder gleichzeitig als ein Element, nämlich als Teil der Organisationsstruktur – als Baustein bei der Konstruktion des *Raum*es – fungieren. Während der *Raum* an sich – „als Behälter" – nur „vage" (vorstrukturierte) Bedingungen bietet, geben die Peers dem *Raum* mehr Struktur – einen Inhalt –, indem sie sich innerhalb der Programme als Gruppe „positionieren". Die *Zeit* fungiert in diesem Aushandlungs- und Positionierungsprozess als Dimensionierungskategorie zwischen kurz und lang (*Raum*), schnell und langsam (*Kontrolle*) und viel und wenig (*Geld*).

Der ständige Aushandlungs- und Positionierungsprozess unter Zeitknappheit erzeugt ein Spannungsverhältnis zwischen der Herstellung von Sicherheit und der Vermeidung von Unsicherheit, das sich in Form von *Druck* bei den Promovierenden manifestiert. Der Kategorie *Druck* – in der Abbildung als eine (kleine) Explosion oder Energieentladung dargestellt – kommt eine besondere Bedeutung zu, denn diese Kategorie ließ sich unter allen anderen Bedingungen beim Umgang der Promovierenden mit dem Spannungsverhältnis zwischen Sicherheit und Unsicherheit nachzeichnen. So kann in einem *Raum* bzw. Käfig – als ein allseitig geschlossenes, mehr oder weniger perforiertes Behältnis – *Druck* entstehen. Der *Druck* im Raum der strukturierten Promotionsprogramme entsteht für die Promovierenden durch die (räumliche) Einbindung, die bei den Individualpromovierenden in dieser Form (zu Hause) nicht zu finden ist. Der *Druck* kann von den Promovierenden allerdings auch selbst (aktiv) erzeugt und beeinflusst werden (Arbeitsklima). Es wird eine Nähe in den Programmen erzeugt, die als funktional beschrieben wird (bessere und schnellere Absprachen sind möglich). Diese Nähe kann durch die Begrenzung aber auch als (zu) eng empfunden werden (Verpflichtungsgefühl oder

Erwartungsdruck). So ergibt sich auf der einen Seite unter den Peers ein ‚sozialer' *Druck*, der entweder der Selbstkontrolle – in Form von Selbstvergewisserung – oder der Fremdkontrolle – in Form von Leistungsdruck (Konkurrenz) – dienen kann. Zum anderen wird ein auf wirtschaftlichem Handeln beruhender ökonomischer Druck ausgelöst, der bei den Promovierenden auf dem Zwang basiert, eine Gegenleistung für den monetären Vertrauensvorschuss (Stipendium) zu erbringen. Sowohl der soziale als auch der ökonomische Druck gründen demnach auf dem Verpflichtungsgefühl, das entweder aus der Verbundenheit oder dem Zwang gegenüber ihrem Programm als Organisation (Organisationsziel) und/oder ihrer Peer-Group (Gruppenziel) resultiert. Die Zeitknappheit und Beschleunigung von *Zeit* innerhalb des ZeitRaums der strukturierten Promotion mündet in einen Zeitdruck, unter dem die Promovierenden Entscheidungen treffen müssen, die sich ggf. auch auf ihre Zukunft auswirken können. Zeitdruck kann dabei zu Fehlentscheidungen oder sogar zu Handlungsunfähigkeit führen. Der *Druck*, der aus der Spannung beim Aushandeln zwischen Sicherheit und Unsicherheit entsteht, wird in besonderer Weise relevant, wenn es um die Betrachtung der strukturierten Promotionsprogramme als „Behälter" im Zusammenhang mit dem Abbruch der Promotion geht. Denn um dem *Druck* zu entkommen oder ihn entweichen zu lassen, wird nicht der Abbruch oder Ausstieg aus dem „Behälter" gewählt. Sogar der potenzielle Abbruch ist keine Strategie, dem *Druck* zu entkommen, sondern vielmehr baut sich der *Druck* auf, weil die Promovierenden nicht abbrechen können/dürfen.

4 Lost in Structure? – Zusammenfassung und Diskussion

Das Kapitel „Lost in Structure?" fasst die Ergebnisse des Forschungsvorhabens zur Untersuchung der Abbruchgedanken von NachwuchswissenschaftlerInnen in strukturierten Promotionsprogrammen zusammen. Das Mixing der beiden Methoden – Online-Befragung und Gruppendiskussionen –, die zum Einsatz kamen, wurde in dieser Form gewählt, um eine auf Komplementarität beruhende Beantwortung des multifaktoriellen Phänomens ‚Abbruchgedanken' und dessen (quantitative und qualitative) Bedingungen zu untersuchen (Tashakkori und Teddlie, 2003; Bryman, 2004; Flick, 2011). Beide Methoden berücksichtigen dabei ausschließlich die Perspektive der Promovierenden selbst. Aus der gleichberechtigten Zusammenführung der quantitativen und qualitativen Ergebnisse wird der Kenntnisstand, der sich aus der Kombination von übereinstimmenden, sich ergänzenden und weiterführenden Ergebnissen formt, mit diesem Kapitel erweitert. Die Zusammenführung der Ergebnisse zeigt, dass sich für die Promovierenden aus strukturierten Promotionsprogrammen bei einem potenziellen Abbruch der Promotion die Frage nach der ‚Organisation' und deren Bedingungen innerhalb dieser Programme in ganz spezieller Weise stellt: Denn die Promovierenden agieren nicht nur in einem Spannungsverhältnis zwischen Individuum und Gruppe – „Gemeinsam statt einsam?" (vgl. Kapitel 4.1) –, zwischen Organisation und Gruppe – „Strukturierte Promotion(sprogramme) zwischen Organisation und Gruppe" (vgl. Kapitel 4.2) –, sondern auch zwischen Raum, Zeit und Kontrolle – „Standardisierung durch die (Neu-)Organisation der Promotion" (vgl. Kapitel 4.3) – ohne dabei die Option des (potenziellen) Abbruchs – „No Exit" (vgl. Kapitel 4.4) – zu haben.

4.1 Gemeinsam statt einsam

Der „klassische" Weg der Individualpromotion in Deutschland diente als Vorbild für US-amerikanische Modelle, die die aus Forschung und Lehre bestehende Promotionsform durch die formale Komponente einer verpflichtenden Kursphase ergänzten. Auf diese, aber auch auf andere formale Komponenten wurde bei der aktuellen (Neu-)Organisation der Promotion in Deutschland der Fokus gelegt und dem traditionellen Promovieren „in Einsamkeit und Freiheit" verschieden stark strukturierte Formen der Doktorandenausbildung an die Seite gestellt:

In der vorliegenden Forschungsarbeit haben sich durch die strukturentdeckenden Verfahren der Clusteranalysen drei Typen strukturierter Promotionsprogramme nach den Merkmalen des „Bauplans" der (Neu-)Organisation der Promotion, wie den Auswahlverfahren, der Betreuungspersonenanzahl, der/den Kooperationsverpflichtung(en), der Anzahl der verpflichtenden Kurse im Lehrplan und der Finanzierung, ergeben (vgl. Kapitel 2.3). Dabei kristallisieren sich die „leistungsbezogenen (Gemeinschafts-)Programme" vor den „lehrplanorientierten Programmen (für Externe)" und den „offenen Programmen (für Interne)" als der Typus von Promotionsprogrammen mit den meisten organisationalen Vorgaben (für die Promovierenden) heraus. Die Typen von Strukturierungen nach „Internen", „Externen" und „Gemeinschafts"-Programmen zu unterscheiden, legt die Vermutung nahe, dass mit verschieden stark strukturierten Formen der Doktorandenausbildung unterschiedliche Ausprägungen von (sozialer) Einbindung einhergehen. Denn bei der Einschätzung der „Einsamkeit" in den unterschiedlichen Typen von Strukturierung hat sich gezeigt, dass sowohl in den „offenen Programmen (für Interne)" als auch in den „leistungsbezogenen (Gemeinschafts-)Programmen" die Promovierenden die Einsamkeit höher einstufen als die Promovierenden in den „lehrplanorientierten Programmen (für Externe)". Die Erkenntnisse aus dem Kapitel „Mehr Struktur, weniger Abbruch?" lassen darauf schließen, dass eine bessere Einbindung in die Strukturen der Promotionsprogramme, zu denen die Betreuung, aber eben auch die Peer-Relations gehören, ein wesentlicher Faktor bei der Verhinderung bzw. Minimierung von Abbruchgedanken darstellt. Dabei darf nicht aus den Augen verloren werden, dass für „externe" Promovierende die Einbindung eine andere Bedeutung haben kann als für „intern" Promovierende. Zudem scheint ein Promovieren in „Gemeinschaft" kein Garant dafür zu sein, dass die Promovierenden nicht trotzdem die Geselligkeit mit anderen Promovierenden vermissen, ihr Netzwerk im wissenschaftlichen Umfeld für zu klein halten oder ihre Familienangehörigen vermissen. Strukturiert Promovierende sind demnach auch in Gemeinschaft (manchmal) einsam. Die Ergebnisse aus den multivariaten Modellen belegen dazu, dass eine Reflexion über den Abbruch der Promotion in einer „schlechten" organisationalen Einbindung nicht nur dazu führt, dass die Promovierenden überhaupt an den Abbruch denken, sondern diesen auch häufiger und intensiver in Erwägung ziehen (vgl. Kapitel 2.4.6).

Erweitert man diese Erkenntnisse um die Ergebnisse aus den Gruppendiskussionen, wird deutlich, dass es sich bei einem Promovieren in Gemeinschaft um zwei (parallel ablaufende) Prozesse handelt: das *Lernen in der Gruppe* und das *Lernen über die Gruppe* (Girgensohn-Marchand, 1999, S. 77).

Während die Promotionsprogramme als ein „öffentlicher" Raum fungieren, der es den Promovierenden erlaubt, sich zu sehen, sich zu treffen und sich mit den anderen auszutauschen, bildet der private Raum („*zu Hause*") dazu das Gegenteil. Der Raum des Promotionsprogramms ermöglicht demnach Interaktion, Austausch und schnelle Rückmeldungen etc. Die wesentliche Unterstützungsleistung der strukturierten Promotionsprogramme besteht also darin, Promovierende zusammenzubringen und ihnen einen – mal mehr, mal weniger strukturierten – gemeinsamen Raum zu schaffen, in dem sie von- und miteinander lernen können („*Lernen in der Gruppe*"). So bietet die Gruppe der Promovierenden zum Beispiel bei Schwierigkeiten mit der Dissertation Unterstützung innerhalb der Programme, die sowohl emotional als auch instrumentell – im Sinne von Informationen oder praktischer Hilfe (Laireiter, 2009, S. 89) – ausfallen kann. Andererseits können die Promovierenden diesem Raum oder „Käfig" nicht ohne weiteres entkommen, denn die ständige Sichtbarkeit (Transparenz) verhindert ein „*Wegschlüpfen*". Die Promovierenden sind dazu angehalten, anwesend zu sein, sich zu präsentieren und Ergebnisse abzuliefern. Sie finden also nicht nur Unterstützung, sondern werden auch kontrolliert bzw. überwacht. Um sich selbst als Gruppe innerhalb der Programme zu erhalten, handelt die Gruppe – oder Einzelne repräsentativ für die Gruppe – bzgl. der Abbruchgedanken von Mitpromovierenden teilweise grenzüberschreitend („*Lernen über die Gruppe*"). Dies konnte zwar nur in Ansätzen im Material rekonstruiert werden, aber hier stellt sich für mich die Frage, ob die Methode der Gruppendiskussionen ein Tabuthema aufgedeckt hat, das es in Einzelinterviews genauer zu untersuchen gilt. Wie nimmt zum Beispiel das Individuum, in Reflexion zur Gruppe, Konflikte oder Grenzüberschreitungen wahr (vgl. Kapitel 3.3.2)? Wird das *Lernen über die Gruppe* am eigenen Leib erfahren und die Erfahrungen – vor allem wenn diese negativ sind/waren – bleiben unreflektiert, kann von den Promovierenden nicht erwartet werden, dass sie „einfühlsamer, vertrauensvoller, intern kontrollierter, d. h. unabhängiger von anderen sind und sich selbst und andere mehr akzeptieren bzw. respektieren" (ebd., S. 78). Die Promovierenden beim *Lernen in der Gruppe* sich selbst zu überlassen, während sie gleichzeitig *über die Gruppe lernen*, kann dazu führen, dass aus etwas, das als Mannschaftssport konzipiert wurde, wieder Einzelkämpfe werden. Das Gruppen- bzw. Arbeitsklima kann kippen, wenn die Selbstkontrolle zu einer (negativ wahrgenommenen) Fremdkontrolle wird. Die Promovierenden befinden sich gemeinsam in einem gläsernen Käfig und jeder kann sich in die Entscheidungen des anderen oder in die Nutzung des Raums einmischen – diese mitbestimmen, beeinflussen und so kontrollieren (vgl. Kapitel 3.3.2). Es bedarf demnach gerade in strukturierten Promotionsprogrammen einer (An-)Leitung der Gruppe, denn das

Promovieren findet auch weiterhin in einem „Elfenbeinturm" bzw. einem gläsernen Käfig statt, nur dass die Promovierenden in diesem Käfig nicht allein sind, sondern sich den Raum mit anderen teilen (müssen).

Wie wichtig die Gruppe der Promovierenden in der (Neu-)Organisation der Promotion über strukturierte Promotionsprogramme ist, zeigt sich auch in den anderen Erkenntnissen dieser Arbeit.

4.2 Strukturierte Promotion(sprogramme) zwischen Organisation und Gruppe

Versteht man die Strukturreform der Promotion als eine (Neu-)Organisation von Promotion im deutschen Hochschulraum, sind die Programme der „strukturierten Promotionsförderung" das Ergebnis, welches sich in einer Organisation – in einem „zur Struktur geronnenen Regelsystem" – verfestigt hat. Die Programme dieser (Neu-)Organisation, so genannte „strukturierte Promotionsprogramme", wie Graduiertenkollegs, Graduiertenschulen oder Promotionsstudiengänge, in denen die Promovierenden „strukturiert" promovieren, können also als Organisationen begriffen werden, die über – mal mehr, mal weniger – Ausstattung und Struktur verfügen und sich über Mitgliedschaften, Grenzen und Ziele bestimmen lassen. Die Forschungsarbeit „Lost in Structure" zeigt auf, in welcher Weise sich für die Promovierenden die Frage nach der (Neu-)Organisation der Promotion in den so genannten strukturierten Promotionsprogrammen stellt:

Gerade die programmatischen Faktoren, wie z. B. die Betreuung, die Anzahl verpflichtender Tätigkeiten während der Promotion und die Anzahl der angebotenen Veranstaltungen, haben nachweislich die größten Effekte auf die Abbruchgedanken der Promovierenden in den quantitativen Analysen. Als Quintessenz der quantitativen Ergebnisse lässt sich festhalten, dass es beim Vorhandensein, der Häufigkeit und Intensität von Abbruchgedanken weniger um strukturelle oder individuelle Defizite geht, sondern vielmehr um Defizite in der (Neu-)Organisation der Promotion und deren Vermittlung zwischen Struktur und Individuum. Gleichzeitig wird anhand der qualitativen Ergebnisse deutlich, dass die strukturierten Promotionsprogramme nicht so angelegt werden, dass eine Karriere – im Sinne von Aufstiegsmöglichkeiten – innerhalb dieser Programme möglich ist, sondern sie sind in der Logik des projektförmigen „Normalmodells der Forschung" (Torka, 2006, S. 63) konzipiert. Die sprachliche Rahmung der Forschungsvorhaben als „Projekte" unterstreicht die Begrenzung durch eine Kopplung zeitlicher und finanzieller Ressourcen, die auf eine Output-Orientierung ausgerichtet ist. Die strukturierte Promotionsförderung (z. B. ein Stipendium über drei Jahre) und deren Programme (z. B. neun Jahre) sind demnach endlich. Während die Rekrutierung aus

4 Lost in Structure? – Zusammenfassung und Diskussion

den eigenen Reihen vom Studium in die Promotion noch einer Ausbildung oder einem Aufstieg in die nächste Qualifikationsstufe in einer Organisation entspricht, zeigt sich bereits anhand der Leaky Pipeline, dass die Schere in der Postdoc-Phase hin zur Professur aufgrund des Hausberufungsverbots einen internen Aufstieg innerhalb der (eigenen) „Hochschule als Organisation" (Pellert, 1999; Kehm, 2012; Wilkesmann und Schmid, 2012; Zechlin, 2012) unmöglich macht. Der Übergang von einer Mitgliedschaft in einem strukturierten Promotionsprogramm hin zu einem Mitglied der Universität – „innerhalb der Organisation von einem wissenschaftlichen Prädoc- zu einem Mitarbeiter der Postdoc-Phase" ist jedoch möglich und üblich (Hüther und Krücken, 2012, S. 30 f.). Das Abhängigkeitsverhältnis zwischen Promovierenden und Betreuungspersonen bleibt insofern in strukturierten Promotionsprogrammen erhalten, als dass die ProfessorInnen (als Vorgesetzte) Einfluss darauf haben, wer die begehrten Stellen nach Auslaufen der strukturierten Promotionsförderung erhält. Das Abhängigkeitsverhältnis verlagert sich nur von der Abhängigkeit in der Betreuung auf die Abhängigkeit der Promovierenden von ihren Betreuungspersonen bezüglich ihrer weiteren Förderung: ihrer Zukunft in der Wissenschaft. Ferner ist durch die strukturierten Promotionsprogramme der informelle Zugang zur Promotion zwar transparenten und kompetitiven Verfahren gewichen, dennoch haben die Programme die Möglichkeit, BewerberInnen und auch Mitglieder auszuschließen (Kündigung, Bewilligung des Stipendiums kann zurückgezogen werden etc.), weil diese den Mindestanforderungen nicht entsprechen oder Handlungen und Pflichten zur Erreichung der Ziele nicht erfüllt werden. Beides, sowohl die Personalmacht als auch die Organisationsmacht, sprechen dafür, strukturierte Promotionsprogramme als (vollständige) Organisationen zu definieren. Die projektförmige Konzeption würde diesem Schluss allerdings widersprechen und eher für eine unternehmerische (Neu-)Organisation der Promotion sprechen, die sich in ihren Zielen bestimmten Marktzwängen unterwirft (z. B. Outputorientierung, Leistung, Kontrolle, Standardisierung etc.), aber dennoch Wissen durch Forschung produziert. Strukturierte Promotionsprogramme sind als Projekte (politische Programme) entworfen worden, die in Ausstattung und Struktur an einer Organisation angelehnt sind (Raum und Zeit) und die sich über deren Mitglieder – die Promovierenden – aufrechterhalten und strukturieren (Kontrolle und Druck). Und gerade die vage Ausrichtung der Strukturierung durch Raum und Zeit ermöglicht eine Ausdifferenzierung von unterschiedlichen Typen von strukturierten Promotionsprogrammen, von leistungsbezogenen (Gemeinschafts-)Programmen, über lehrplanorientierte Programme (für „Externe") bis hin zu offenen Programmen (für „Interne").

Die Analysen geben ebenfalls Aufschluss darüber, welche besondere Rolle ihre Mitglieder – die Promovierenden selbst – in strukturierten Promotionsprogrammen als Organisation(en) übernehmen. Es wurde die Frage gestellt: Wie beschreiben die Promovierenden die Struktur ihrer strukturierten Promotionsprogramme und wie positionieren sie sich zu dieser? Erfahrungsgemäß finden die Promovierenden in den strukturierten Promotionsprogrammen einerseits eine bestimmte Struktur vor und müssen andererseits eine Struktur (zumindest teilweise) selbst herstellen. Sie wirken also an der Strukturierung von bestimmten Arbeitsbedingungen aktiv mit. Das heißt, dass Promovierende aus strukturierten Promotionsprogrammen Mitglieder der Organisation sind und gleichzeitig ein wesentliches Element ihrer Organisationsstruktur darstellen. Sie erhalten die Organisation als soziale Kontrollinstanz aufrecht, verifizieren und strukturieren diese. Das heißt, dass es sich nicht nur um ein Zusammenspiel von Kernelementen handelt, wie zum Beispiel bei den Auswirkungen der (finanziellen) Ausstattung der Programme auf die Anzahl ihrer Mitglieder (z. B. die Anzahl der Stipendien), sondern dass auch die Mitglieder als ein Element der Organisationsstruktur fungieren. Wenn die Gruppe jedoch selbst ein Teil der Organisation(sstruktur) ist, sind es somit auch die Promovierenden selbst, die den Druck im Raum erzeugen (vgl. Kapitel 3.3.1 und 3.3.2). Während mit den strukturierten Promotionsprogrammen neben einer gesteigerten Anzahl von Promotionen das Ziel verfolgt wird, die Promotionszeiten zu verkürzen, müssen sich die Peers, während des Promovierens, innerhalb der Organisation als soziale Gruppe formieren. Die Gruppe kann dabei zum einen zur Selbstvergewisserung, zum anderen als Kontrollinstanz zur ständigen Überprüfung des Outputs dienen. Die Peers bieten so nicht nur neben emotionaler auch instrumentelle Unterstützung – im Sinne von Informationen oder praktischer Hilfe (Laireiter, 2009, S. 89) –, wenn es zum Beispiel Schwierigkeiten bei der Dissertation gibt, sondern die (Neu-)Organisation der Promotion schafft auch eine direktere Konkurrenz unter den Promovierenden und ihren Forschungsvorhaben. Sowohl in den strukturierten Promotionsprogrammen als Organisation als auch in der Peer-Group werden dabei (Un-)Sicherheiten produziert, in deren Spannungsverhältnis bei den Promovierenden die Entscheidung für einen Abbruch unter bestimmten Umständen vielleicht (immer) näher liegt als ein Durchhalten um jeden Preis.

4.3 Standardisierung durch die (Neu-)Organisation der Promotion

Im Diskurs um die strukturierte Promotionsförderung geht es um eine Strukturierung im Sinne einer stärkeren Standardisierung (Oppermann und Schröder, 2013, S. 24). Wie sich diese Standardisierung bei der (Neu-)Organisation der Promotion ausgestaltet, blieb bisher unbeantwortet („vage"). Die vorliegende Untersuchung zeigt, dass die Standardisierung bei der (Neu-)Organisation der Promotion in so genannten strukturierten Promotionsprogrammen, wie Graduiertenkollegs, Graduiertenschulen oder Promotionsstudiengängen, durch den Aspekt der Kontrolle (erst) ermöglicht wird – Kontrolle, die durch eine Verbindung zwischen zeitlicher und räumlicher Begrenzung entsteht und einerseits den Versuch darstellt, das Risiko von Unsicherheit(en) im Promotionsprozess zu minimieren und Vorhersagbarkeit zu suggerieren. Andererseits bleibt bei einer Standardisierung der Promotion kein Platz für Fehler und/oder Kreativität. Kann demnach bei der (Neu-)Organisation der Promotion sowohl von einer Homogenisierung der Promovierenden als auch von einer Homogenisierung der Forschungsvorhaben gesprochen werden?

Für den Zugang durch transparente und kompetitive Auswahlverfahren in der strukturierten Promotionsförderung hat sich bei den quantitativen Ergebnissen dieser Arbeit gezeigt, dass es sich nicht nur um ein recht homogenes Bild der strukturiert Promovierenden insgesamt handelt, sondern sich auch bei einer Fragestellung, die eine Differenz ins Forschungsfeld hineingibt, nur wenige soziodemografische Merkmale herauskristallisieren, die überhaupt Gruppenunterschiede deutlich machen. So konnte zum Beispiel der Zusammenhang zwischen Abbruchgedanken und dem Geschlecht der Promovierenden in den quantitativen Analysen reproduziert werden. Während sich in den quantitativen Analysen das Geschlecht, als individuelles Kriterium der Promovierenden, noch als Differenzkategorie abgebildet hat, ist es hingegen in den Gruppendiskussionen kein Thema mehr. So wird das Geschlecht von den Promovierenden – trotz eines Leitfadens (Korff und Roman, 2013, S. 229), der die Geschlechterfrage sogar in den Mittelpunkt stellt – weder bzgl. der Bedingungen in strukturierten Promotionsprogrammen noch beim Thema Abbruch bzw. Abbruchgedanken als eine Unterschiede hervorbringende Kategorie angesprochen oder reflektiert. Gleiches gilt für andere individuelle Kriterien, wie das Alter und das Vorhandensein von (einem) Kind(ern), die sich in den quantitativen Analysen ausschließlich auf die Intensität der Abbruchgedanken von Promovierenden aus strukturierten Promotionsprogrammen auswirkten. Die einzige Differenz, die von den Promovierenden in den Gruppendiskussionen aufgegriffen oder vielmehr (kollektiv) nicht in Frage gestellt wird, ist die Unterscheidung zwischen der Individualpromotion und der strukturierten Promotion. Kritisch hinterfragt werden sollte an dieser Stelle, ob durch die eingebrachte These in den Gruppendiskussionen ggf. andere Differenzen überlagert werden. So wäre denkbar, dass die Methode der Gruppendiskussion in Kombination mit der eingebrachten These „Strukturierte Promovierende brechen weniger häufig ihre Promotion ab als Individualpromovierende" in den (realen) Gruppen eine Verstärkung des Wir-Gefühls erzeugt hat. Dies könnte anhand von Realgruppen, die „nur" den gemeinsam geteilten Erfahrungshorizont einer „strukturierten Promotion" teilen, jedoch nicht Mitglieder desselben Promotionsprogramms sind, überprüft werden.

Es lässt sich insgesamt festhalten, dass die Merkmale der strukturiert Promovierenden eine hohe Homogenität aufweisen. Dies ist sicherlich auch ein das Wir-Gefühl stärkender Aspekt, der den Prozess der Gruppenbildung im „gläsernen Käfig" sowie die Kommunikations- und Interaktionsprozesse erleichtert. Dennoch stellt sich die Frage, ob es sich vielleicht um eine (künstlich hergestellte) Homogenität der Promovierenden durch eine Standardisierung des Promotionsprozesses handelt.

Mit der vorliegenden Analyse kann das Desiderat bzgl. der Frage, wie das Mehr an Standardisierung im Promotionsprozess hergestellt wird, beantwortet werden: Es handelt sich um eine Standardisierung durch Kontrolle. Oder differenzierter: Die Standardisierung wird bei der (Neu-)Organisation der Promotion durch den Aspekt der Kontrolle (erst) ermöglicht. Die Zeit ist dabei das Instrument zur Kontrolle von geleisteter Arbeit. Als Grundlage der Kontrolle, um einen Vergleich zwischen den Promovierenden (Konkurrenz) vornehmen zu können, dient ausschließlich die Einschätzung von Quantitäten – Zeit und Masse – und weniger die Qualität des Outputs. Gleichzeitig sind nicht nur die Forschungsvorhaben, sondern auch die strukturierte Promotionsförderung an sich als Zeitraum projektförmig angelegt. Das Ziel muss bereits vor Beginn, z. B. in Form von einem Exposé, vor Eintritt in das Programm, feststehen. Damit wird von vornherein eine Erwartbarkeit, Erreichbarkeit und Abschließbarkeit suggeriert (Torka, 2006, S. 63). Für Fehler oder Versuche bleibt also keine Zeit. Wird dieser Gedanke vorangetrieben, stellt sich die Frage, ob in dieser Form der Promotion bestimmte Methoden überhaupt noch zum Einsatz kommen, da diese z. B. ‚nicht zielgerichtet genug' im Vorgehen sind, zu ‚kompliziert' sind oder ein ‚Einkreisen' der Ergebnisse zu viel Zeit in Anspruch nimmt. Denn „angesichts der steigenden Fülle des an sich Möglichen [wird die zur Verfügung stehende Zeit, hier sogar klar begrenzt auf einen Zeitraum von ca. drei Jahren, als] „defizitär, als knapp […], erlebt" (Hahn, 1987, S. 127). Viele Probleme müssen gleichzeitig behandelt bzw. Entscheidungen müssen gleichzeitig und unter Zeitknappheit möglichst schnell getroffen werden. Das kann wiederum bedeuten, dass Entscheidungen unter Unsicherheit gefällt werden (Schimank, 2005). Die Kategorie der Kontrolle stellt den Versuch dar, das Risiko dieser Unsicherheit zu minimieren. Durch die (Neu-)Organisation der Promotion entsteht also eine Verbindung zwischen den Kategorien Raum, Zeit und Kontrolle. So kann über die Enge oder Nähe der Promovierenden, die sich durch die Räumlichkeit(en) bei der (Neu-)Organisation der Promotion ergibt, sogar eine „bessere" Kontrolle ermöglicht werden.

Die Frage nach dem *Wie* bzw. *Worüber* kontrolliert wird, beantwortet allerdings noch nicht die Frage, *Wer* die Kontrolle ausübt. Die Betreuungspersonen kontrollieren zum einen den Zugang zu den Räumlichkeiten der strukturierten Promotionsprogramme, entscheiden also darüber, wer auserwählt wird und wer nicht.

Zum anderen beobachten und/oder überprüfen sie während des (gesamten) Zeitraums, den die Promovierenden in dem gläsernen Käfig verbringen, (regelmäßig) wo ihre Schützlinge gerade stehen. Durch den gemeinsamen Raum haben die Betreuungspersonen alle Promovierenden besser (und gleichzeitig) im Blick und die Transparenz des Raumes – der gläserne Käfig – macht eine Kontrolle zu jeder Zeit möglich.

Aber nicht nur die Betreuungspersonen kontrollieren, sondern auch die Peers fungieren als Kontrollinstanz. Das Moment der ständigen Sichtbarkeit oder Sichtbarmachung (Transparenz), sich ständig (vor allen) präsentieren zu müssen, ermöglicht es den Peers, Selbst- und Fremdkontrolle auszuüben. Die Peers und die Betreuungspersonen reduzieren so die Unsicherheit (der Promovierenden) innerhalb der Programme, gleichzeitig ist diese doppelte Kontrollstruktur durch die Betreuungspersonen und die Peers für die Promovierenden unberechenbar, da sie nicht wissen, wann sie von wem kontrolliert, beobachtet oder bewertet werden. Dieses Modell der Disziplinierung und Selbstdisziplinierung erinnert an ein panoptisches Prinzip (Foucault, 1994/2003), welches, wenn man es weiterdenkt, durch die Transparenz der strukturierten Promotionsprogramme nicht nur der Kontrolle der Promovierenden, sondern im Umkehrschluss auch der Kontrolle der Betreuungspersonen dienen kann/soll. Für die Überprüfung dieser These müsste allerdings die Perspektive auf die Betreuungspersonen und vor allem auf das Individuum innerhalb der Gruppe (Peer-Group und Betreuungsteam) ausgeweitet werden.

Eine Standardisierung der Promovierenden über eine Kontrolle beim Zugang zu den strukturierten Promotionsprogrammen und die Verbindung zwischen Raum, Zeit und Kontrolle bzw. einer doppelten Kontrollstruktur kann also zu einer Standardisierung der Promotion führen, die darauf ausgerichtet ist, Überraschungen, sogar „Neues" möglichst zu eliminieren und damit die Wahrscheinlichkeit eines vorhersagbaren Ziels der Reise (Brüsemeister, 2007, S. 280 ff.) zu erhöhen.

4.4 No Exit!

Der Abbruch der Promotion wurde als „invisible problem" beschrieben (Ali und Kohun, 2006, S. 22), bei dem nicht nur der entscheidende (quantitative) Faktor zur Untersuchung des Phänomens fehlt – nämlich die Zahlen –, sondern in Deutschland gibt es bisher auch kaum (qualitative) Erkenntnisse über die Gründe und Bedingungen, die zu einem Abbruch der Promotion führen. Das mag zum Teil an den diversen Schwierigkeiten liegen, denen sich die ForscherInnen bei der Untersuchung des tatsächlichen Abbruchs stellen müssen – angefangen bei den fehlenden Informationen über die Grundgesamtheit der Promovierenden bis hin zu der Frage, wie Abbruch definiert werden kann. In Deutschland wird daher hauptsächlich das Phänomen des potenziellen Abbruchs untersucht: die Abbruchgedanken von Promovierenden. Im Umfeld der Hochschule(n) darf über bestimmte Dinge jedoch nicht nachgedacht, geschweige denn geredet werden. So ist scheinbar nicht nur der Abbruch, sondern bereits die Erwägung dessen ein Tabu (Schröder, 2003). Die Abbruchquote ist zwar ein Thema, dem im Diskurs um die Promotion Raum gegeben wird, aber auf der individuellen Ebene will niemand die Person sein, die das Tabu bricht bzw. sich durch Offenlegung (in der Gruppe) angreifbar macht. Die (wissenschaftliche) Sozialisation hin zu einer „Wissenschaft als Lebensform" (Mittelstraß, 1982) führt zu einem Durchhalten um jeden Preis, nach dem Motto: Was ich angefangen habe, bringe ich auch zu Ende.

Um den hohen Abbruchquoten in der Promotionsphase entgegenzuwirken, wurde der in diesem Zusammenhang eher defizitär diskutierten Individualpromotion die so genannte strukturierte Promotion(sförderung) zur Seite gestellt. Während das Modell der Individualpromotion für ein Promovieren „in Einsamkeit und Freiheit" (Schelsky, 1963; Engler, 2001; Tiefel, 2006) steht, geht es in der strukturierten Promotion (meist) um ein Promovieren in Gemeinschaft. Die Peers bekommen somit in den strukturierten Promotionsprogrammen eine andere und wesentlichere Bedeutung als in der Individualpromotion. So hat sich zwar in den quantitativen Analysen gezeigt, dass die Peers bei der Einbindung in die strukturierten Programme keine entscheidende Rolle spielen (vgl. Kapitel 2.4). In der qualitative Analyse konnte jedoch herausgearbeitet werden, dass sie den Zeitraum, den die strukturierten Promotionsprogramme ihnen zur Verfügung stellen, ganz entscheidend mitgestalten und die Peers sind es auch, die ihre Mitpromovierenden vom Abbruch abhalten (vgl. Kapitel 3.3.2).

Aber nicht nur die Gruppe, sondern auch die Finanzierung der Promotion (über Stipendium oder Beschäftigungsverhältnis) im Rahmen der Programme hat Auswirkungen auf die Abbruchgedanken von Promovierenden. In den quantitativen Analysen konnte zwar keinerlei Effekt der Finanzierung auf die Abbruchgedanken der Promovierenden nachgewiesen werden, allerdings zeigte sich in der qualitativen Analyse, dass der Verpflichtungscharakter der Stipendien bzw. der dadurch ausgelöste Druck anhand der Theorie reziproken Handelns (Gouldner, 1960) erklärt werden kann. Diese Theorie geht davon aus, dass die kulturübergreifende Norm „if you want to be helped by others you must help them" (ebd., S. 173) zur Stabilität des Promotionsprogramms beiträgt. Das heißt aber auch, dass aufgrund der verinnerlichten Norm der Gegenseitigkeit und des Vertrauensvorschusses ein Abbruch des Stipendiums bzw. des Promotionsprogramms keine Option darstellt, da dieses sich nicht mit den Wertvorstellungen der Promovierenden vereinbaren ließe (Berger, 2006, S. 85). Der Austritt aus dem strukturierten Promotionsprogramm als Organisation über die Auflösung der vertraglichen Bindung

– des Stipendienvertrags oder über die Exmatrikulation aus dem Promotionsstudiengang – stellt sich in den Ergebnissen der Arbeit zwar als eine gewisse Hürde dar, der Ausstieg aus der Gruppe scheint jedoch eine wesentlich schwierigere Hürde zu sein.

Den Promotionsabbruch bzw. die Abbruchgedanken als ein Tabu zu begreifen, bietet eine Erklärungsperspektive dafür, dass es sich um kein selbstläufiges Thema in den Gruppendiskussionen mit Promovierenden aus strukturierten Promotionsprogrammen handelt, sondern um ein Thema, das erst von außen durch den/die InterviewerIn eingebracht werden musste. Die Ergebnisse zeigen, dass den Abbruchgedanken kein Platz im *Raum* der strukturierten Promotion gewährt wird bzw. die Promovierenden können – zumindest in der Peer-Group – nur in ganz bestimmter Weise über den Abbruch der Promotion sprechen. Es wird entweder nicht „ehrlich" darüber gesprochen oder das Sprechen über den Abbruch wird in Geschichten/„Storys" verpackt. In keinem Fall werden die eigenen Gedanken oder Erfahrungen preisgegeben. Darüber hinaus wird ein (kollektives) Muster in der Gruppe wirksam, das sich bei den Promovierenden in der Wahrnehmung von Druck manifestiert, einem Druck, dem die Promovierenden im „Behälter" der strukturierten Promotionsprogramme nicht ausweichen können, da keine Exit-Option vorgesehen ist.

Die Gruppe hat eine klare Vorstellung davon, wann und wofür man das Promotionsprogramm verlassen darf und wann nicht; ein möglicher Abbruch bzw. Abbruchgedanken gehören erwiesenermaßen nicht dazu. Strukturierte Promotionsprogramme als Organisationen basieren zwar auf der freiwilligen Anerkennung von Regeln, diese Regeln werden im Falle dieser Programme jedoch von den Mitgliedern – den Promovierenden selbst – aufgestellt und durchgesetzt. So werden während der unterschiedlichen Phasen „im Leben einer Gruppe" (von Rosenstiel, 2003, S. 285) die Rollen und Spielregeln festgelegt. Gleichzeitig fungiert die Gruppe als moralische Instanz, die festlegt und überprüft, wie die Mitglieder der Gruppe denken und handeln *sollten* (ebd., S. 286 f.; Selman, 1982, S. 239). Nach der Gliederung von Tuckman (1965) folgt auf die Kennenlernphase („Forming"), in der sich die Mitglieder ein genaueres Bild voneinander machen, der Prozess der Rollenzuweisung – das Aushandeln oder Erkämpfen von Macht- und Einflusspositionen („Stroming"). Während der Phase des „Norming" kommen die Mitglieder der Gruppe aufgrund der gemeinsam geteilten Ziele oder Orientierungen, der gegenseitigen Kontrolle, einer sozialen Perspektivübernahme und einem Handeln nach moralischen Alltagsregeln, wie „Sei zu anderen so, wie du willst, dass sie zu dir seien" (Selman, 1982, S. 241), zu bestimmten Spielregeln. Eine Regel dabei ist, dass kein Mitglied im gläsernen Käfig die Gruppe verlassen darf. Die Gruppe beeinflusst die Entscheidungen ihrer Mitglieder, indem sie Unterstützung (an)bieten, aber auch soziale Kontrolle ausüben. Die eigentliche(n) Gruppenleistung(en) erfolgt erst in der abschließenden Phase des „Performing", in der sich alle Mitglieder der Gruppe nun kennen, ihre Positionen eingenommen haben und sich implizit oder explizit an die Spielregeln halten (von Rosenstiel, 2003, S. 287).

Eine Mitgliedschaft in einem strukturierten Promotionsprogramm und damit auch die Zugriffsmöglichkeiten der Organisation sind zeitlich, sachlich und sozial begrenzt, aber die Mitgliedschaft in der Gruppe der Peers kann hingegen (total) vereinnahmend sein. Das bedeutet, dass ein Ausstieg aus der Gruppe wesentlich schwieriger ist als ein Ausstieg aus der Organisation bzw. dem Programm. Gleichzeitig stelle ich die These auf, dass die Gruppen in strukturierten Promotionsprogrammen nicht (immer) aus den Phasen des „Storming" und „Norming" herauskommen, weil die individuellen Ziele – die Fertigstellung der Dissertation – die Gruppenziele (immer) überlagern.

Entgegen der Annahme am Ende der quantitativen Analyse, dass unter bestimmten Bedingungen ein Abbruch näher liegt als ein Durchhalten um jeden Preis, machen die qualitativen Ergebnisse deutlich, dass eine Entscheidung für ein Durchhalten um jeden Preis in einer Gruppe von strukturiert Promovierenden unter allen Umständen (immer) näher liegt als ein (potenzieller) Abbruch der Promotion. Bezogen auf den Abbruch oder Abbruchgedanken von Promovierenden in strukturierten Promotionsprogrammen kann daher nicht von einem „Lost in Structure" im Sinne eines „Verlorenseins" gesprochen werden, sondern das „Lost" muss vielmehr als ein „versunken sein", „vertieft sein" oder „vereinnahmt sein" verstanden werden.

5 Intent to Stay – Empfehlungen

Was kann aus den Erkenntnissen zum Abbruch bzw. den Abbruchgedanken von Promovierenden aus strukturierten Promotionsprogrammen gewonnen werden? Anders formuliert: Was wissen wir über *das Bleiben* („Intent to Stay"), wenn wir die Erkenntnisse über *das Gehen* („Intent to Leave") berücksichtigen? Was können wir zur (Neu-)Organisation der Promotion beitragen, damit die Vorteile nicht nur die (angeblichen) Defizite der Individualpromotion, sondern auch die neuen Defizite, wie z. B. eine nicht vorhandene organisationale Reflexion der Peer-Relations, überwiegen?

Die Arbeit hat gezeigt, dass die Komponenten des „Bauplans" der (Neu-)Organisation, wie kompetitive Auswahlverfahren, eine höhere Betreuungspersonenanzahl, verpflichtende Kooperation(en) sowie eine verpflichtende Kursphase und eine (mehr oder weniger) sichere Finanzierung zu mehr organisationalen Vorgaben und damit auch zu mehr Struktur bzw. zu einer anderen Organisationsstruktur, als es bei der Individualpromotion der Fall ist, beitragen. Dennoch hat sich gezeigt, dass trotz der (Neu-)Organisation der Promotion die strukturierte Promotion ein Prozess bleibt, der individuell gestaltet wird und daher anpassungsfähig, offen – vage – bleiben muss, damit sich jede/jeder Promovierende und jede Betreuungsperson hineindefinieren kann. Die Ergebnisse machen auch deutlich, dass der Zeitraum einen eindeutigen Rahmen braucht, mit dem die Promovierenden „rechnen" können und der ihnen im unsicheren Forschungsprozess und für eine unsichere Zukunft bestimmte Sicherheiten bietet. Zugleich hat sich herauskristallisiert, dass sich die Problemstellung weder auf das Individuum noch auf die Struktur der Programme beziehen lässt, sondern vielmehr auf die (Neu-)Organisation, bei der es um die Vermittlung zwischen Individuum bzw. zwischen der Gruppe der Promovierenden und der Organisationsstruktur der Promotionsprogramme geht. Im Sinne einer unternehmerischen (Neu-)Organisation der Promotion zur Steigerung der Produktivität und um der Gefahr entgegenzuwirken, dass die Gruppe sich nur noch mit sich selbst beschäftigt (Katz, 1982), braucht es eine organisationale Reflexion des Spannungsverhältnisses zwischen Individuum, Gruppe und Organisation.

Folgende Empfehlungen ergeben sich demnach aus dem Forschungsvorhaben „Lost in Structure" für strukturierte Promotionsprogramme:
- Gerade die Projektförmigkeit bei der (Neu-)Organisation der Promotion benötigt für die jeweilige Neubildung einer Gruppe unterstützende Maßnahmen, wie z. B. (ein) Teamentwicklungstraining(s) (Comelli, 1994/ 1997; Kauffeld und Grote 2001).
- Um eine Gruppenleistung zu ermöglichen („Performing"; von Rosenstiel, 2003, S. 285 ff.), bedarf es einer klaren Ausformulierung der Gruppenziele im Abgleich zu den individuellen Zielen der Promovierenden.
- Zur Reduzierung von Unsicherheit(en) sollten alle zu erledigenden Aufgaben, die während des Promotionsprozesses zusätzlich auf die Promovierenden zukommen, wie z. B. die Homepage auf dem neuesten Stand zu halten, Organisationen von gemeinsamen Treffen oder Workshops, Putzplan für gemeinsam genutzte Räume etc., offen gelegt und Personen zugeteilt werden. Die Zuteilung sollte gleichmäßig, nach einem festgelegten Rotationsprinzip erfolgen oder einer/einem vorher gewählten oder eingesetzten KoordinatorIn zugeteilt werden.
- Zur Reduzierung von Unsicherheiten bei den Promovierenden bzgl. des „Schattens der Zukunft" können Karriereberatung oder ein im Promotionsprogramm verankertes MentorInnenprogramm (Bernstein und Kaye, 1986), losgelöst vom Bewertungssystem, eingesetzt werden.
- Aufgrund des weiterhin bestehenden Abhängigkeitsverhältnisses zwischen Betreuungspersonen und Promovierenden (bzgl. Bewertung und Zukunftsaussichten) bedarf es einer „neutralen" dritten Partei, wie z. B. Postdocs, Promotionsbeauftragte, Mentoren etc., die beratend und/oder vermittelnd den Promovierenden und den Betreuungspersonen an die Seite gestellt werden.
- Eine „neutrale" dritte Partei, die zur Verschwiegenheit verpflichtet ist, ermöglicht es den Promovierenden vielleicht auch Themen ansprechen zu können, die tabuisiert sind, wie z. B. Abbruchgedanken.

Ziel der Forschungsarbeit war es die Abbruchgedanken von Promovierenden in strukturierten Promotionsprogrammen zu untersuchen und herauszustellen, welche Bedingungen sich hemmend oder fördernd auf die Abbruchgedanken in solchen Programmen auswirken. Die Empfehlungen plädieren dabei für eine Loslösung von der wahrgenommenen Kontrolle hin zu einer organisationalen Reflexion. Dies bedeutet letztendlich nichts anderes als ein (wiederholtes) Plädoyer für die Offenlegung (Transparenz) der „unsichtbaren" Mechanismen und „unsagbaren" Themen im Promotionsprozess, bei der die Promovierenden nicht sich selbst überlassen werden, sondern organisational unterstützt werden.

Literatur

Abels, G. (2002). *Forschungsbericht zur Situation von Promovierenden an der Fakultät für Soziologie unter besonderer Berücksichtigung promovierender Frauen.* Verfügbar unter Universität Bielefeld: http://www.uni-bielefeld.de/soz/frauen/pdf/Abschlussbericht.pdf [08.02.2014]
Abraham, M. & Büschges, G. (2009). *Einführung in die Organisationssoziologie* (4. Aufl.). Wiesbaden: VS Verlag für Sozialwissenschaften.
Ali, A. & Kohun, F. (2006). Dealing with Isolation Feelings in IS Doctoral Programs. *International Journal of Doctoral Studies, 1,* 21-33.
Ali, A. & Kohun, F. (2007). Dealing with Social Isolation to Minimize Doctoral Attrition – A Four Stage Framework. *International Journal of Doctoral Studies, 2,* 34-49.
Allmendinger, J. (Hrsg.). (2005). *Karriere ohne Vorlage. Junge Akademiker zwischen Hochschule und Beruf.* Hamburg: edition Körber-Stiftung.
Allmendinger, J. (2007). *Es muss wehtun.* Verfügbar unter http://www.zeit.de/2007/30/Es_muss_wehtun [28.11.2012]
Allmendinger, J. & Schorlemmer, J. (2010). Karrierewege in der wissenschaftlichen Nachwuchsförderung. In M. Wintermantel (Hrsg.), *Promovieren heute. Zur Entwicklung der deutschen Doktorandenausbildung im europäischen Hochschulraum,* (S.124-136). Hamburg: edition Körber-Stiftung.
Altbach, P. (2007). Doctoral Education: Present realities and Future Trends. In J. Forest & P. Altbach (Hrsg.), *International Handbook of Higher Education* (S. 65-46). Wiesbaden: Springer.
Angerer, T., Foscht, T. & Swoboda, B. (2006). Mixed Methods – Ein neuerer Zugang in der empirischen Marketingforschung. *Der Markt, 45*(3), 115-127.
Axelrod, R. (2005). *Die Evolution der Kooperation.* München: Oldenbourg.
Baader, M. S. & Schröer, W. (2013). Strukturierte Promotionsförderung als Laboratorium des Universitätsumbaus – zur Zukunft der Chancengleichheit in der Organisation von Promotion. In S. Korff & N. Roman (Hrsg.), *Promovieren nach Plan? Chancengleichheit in der strukturierten Promotionsförderung* (S. V-X). Wiesbaden: Springer VS.
Baader, M. S., Korff, S. & Schröer, W. (2013). Ein Köcher voller Fragen – Instrument zur Selbstevaluation. In S. Korff & N. Roman (Hrsg.), *Promovieren nach Plan? Chancengleichheit in der strukturierten Promotionsförderung* (S. 207-226). Wiesbaden: Springer VS.
Backhaus, K., Erichson, B., Plinke, W. & Weiber, R. (2008). *Multivariante Analysemethode. Eine anwendungsorientierte Einführung* (12. Aufl.). Berlin: Springer.
Baird, L. L. (1990). DISCIPLINES AND DOCTORATES: The Relationships Between Program Characteristics and the Duration of Doctoral Study. *Research in Higher Education, 31,* 369-1985.
Bean, J. (1980). Dropouts and Turnover: The Synthesis and Test of a Casual Model of Student Attrition. *Research in Higher Education, 12,* 155-187.
Bean, J. (1982). Student Attrition, Intentions, and Confidence: Interaction Effects in a Path Model. *Research in Higher Education, 17,* 291-320.
Bentler, P. M. & Speckart, G. (1981). Attitudes „cause" behavior: A structural equation analysis. *Journal of Personality and Social Psychology, 40,* 226-238.

Berger, F. (2006). Zur Wirkung unterschiedlicher materieller Incentives in postalischen Befragungen. Ein Literaturbericht. *ZUMA Nachrichten, 58*(30), 81-100.
Berning, E. & Falk, S. (2006). Promovieren an den Universitäten in Bayern. Praxis – Modelle – Perspektiven. Verfügbar unter http://www.ihf.bayern.de/uploads/media/ihf_studien_hochschulforschung-72.pdf [08.02.2014]
Bess, J. L. (1978). Anticipatory Socialization of Graduate Students. *Research in Higher Education, 8*, 289-317.
Bielby, W. T. (2000). Geschlecht und Karriere: Ist die Wissenschaft ein Sonderfall? In B. Krais (Hrsg.), *Wissenschaftskultur und Geschlechterordnung. Über die verborgenen Mechanismen männlicher Dominanz in der akademischen Welt* (S. 55-81). Frankfurt: Campus.
Bilstein, J. & Pöschl, D. (2013). Soziale Absicherung und Strukturierung der Promotionsphase. In A. Keller, D. Pöschl & A. Schütz (Hrsg.), *Baustelle Hochschule. Attraktive Karrierewege und Beschäftigungsbedingungen gestalten* (S. 175-182). Bielefeld: W. Bertelsmann.
Blau, P. M. (1964). *Exchange and Power in social Life.* New York: John Wiley & Sons.
Bloor, M., Frankland, J., Thomas, M., & Robson, K. (2001). *Focus Groups in Social Research.* London: Sage Publications.
Böhnisch, L., Lenz, K. & Schröer, W. (2009). *Sozialisation und Bewältigung. Eine Einführung in die Sozialisationstheorie der zweiten Moderne.* Weinheim: Juventa.
Bohnsack, R. (2008).
Bohnsack, R., Przyborski, A. & Schäffer, B. (Hrsg.). (2010). *Das Gruppendiskussionsverfahren in der Forschungspraxis* (2. Aufl.). Opladen & Farmington Hills: Barbara Budrich.
Bosbach, E. (2008). U.S.Arts and Figures. Promotion und Beruf von Geisteswissenschaftlern in den USA. Verfügbar unter http://www.ratswd.de/download/RatSWD_RN_2008/RatSWD_RN_17.pdf [08.02.2014]
Bosbach, E. (2009). *Von Bologna nach Boston? Perspektiven und Reformansätze in der Doktorandenausbildung anhand eines Vergleichs zwischen Deutschland und den USA.* Leipzig: Akademische Verlagsanstalt.
Bourdieu, P. (1983). Ökonomisches Kapital, kulturelles Kapital, soziales Kapital. In R. Kreckel (Hrsg.), *Soziale Ungleichheiten* (S. 183-198). Göttingen: Schwartz.
Bowen, W. & Rudenstine, N. (1992). *In Pursuit of PhD.* New Jersey: Princeton University Press.
Bowen, P. & Levinson, S. C. (1978). *Politeness: Some Universal of Language Usage.* Cambridge: C. U. P.
Braid, L. L. (1997). Completing the Dissertation: Theory, Research, and the Practice. *New Directions for Higher Education, 99*, 99-105.
Breneman, D., Jamison, D. & Radner, R. (1976). The Ph.D. Production Process. In J. Froomkin, D. Jamison & R. Radner (Hrsg.), *Education as an Industry* (S. 1-52). New York: Harper Business.
Briede, U. (2006). Promovieren mit Kind. In C. Koepernik, J. Moes & S. Tiefel (Hrsg.), *GEW-Handbuch Promovieren mit Perspektive. Ein Ratgeber von und für DoktrandInnen* (S. 111-122). Bielefeld: W. Bertelsmann.
Brosius, F. (2011). *SPSS 19.* Heidelberg: Verlagsgruppe Hüthig-Jehle-Reh.
Brüsemeister, T. (2007). Die Gesellschaft als organisierte Erwartungs-Enttäuschungs-Spirale – George Ritzers These der McDonaldisierung. In U. Schimank & U. Volkmann (Hrsg.), *Soziologische Gegenwartsdiagnosen I. Eine Bestandsaufnahme* (S. 275-289). Wiesbaden: VS Verlag für Sozialwissenschaften.
Bryman, A. (2004). *Social Research Methods* (4th Edition). Oxford: Oxford University Press.
Bundesministerium für Bildung und Forschung (2008). *Bundesbericht zur Förderung des Wissenschaftlichen Nachwuchses (BuWiN).* Bonn: Bundesministerium für Bildung und Forschung.
Burckhardt, A. (Hrsg.). (2008). *Wagnis Wissenschaft. Akademische Karrierewege und das Fördersystem in Deutschland.* Leipzig: Akademische Verlagsanstalt.

Burkhardt, A., König, K. & Krempkow, R. (2008). „Dr. Unsichtbar" im Visier. Erwartungen an die Forschung zum wissenschaftlichen Nachwuchs. *Die Hochschule, 1,* 74-90.
Cabrera, A. F., Stampen, J. O. & Hansen, W. L. (1990). Exploring the Effects of Ability to Pay on Persistence in College. *The Review of Higher Education, 13,* 303-336.
Cabrera, A. F., Nora, A. & Castaneda, M. B. (1993). College Persistence: Structural Equations Modeling Test of an Integrates Model of Student Retention. *The Journal of Higher Education, 64,* 123-139.
Chen, R. (2012). Institutional Characteristics and College Student Dropout Risks: A Multilevel Event History Analysis. *Research in Higher Education, 53,* 487-505.
Comelli, G. (1994). Teamentwicklung – Training von „family groups". In L. M. Hofmann & E. Regnet (Hrsg.), *Innovative Weiterbildungskonzepte* (S. 61-84). Göttingen: Verlag für Angewandte Psychologie.
Comelli, G. (1997). Gruppendynamische Turbulenzen im Verlauf einer Umorganisation: Vorbereitung und Moderation eines Teamprozesses. In M. Reiß, L. von Rosenstiel & A. Lanz (Hrsg.), *Change Management* (S. 399-424). Stuttgart: Schäffer-Poeschel.
Costa, P. T. & McCrae, R. (1985). *The NEO Personality Inventory – Manual, Phychological Assessment Resources,* Odessa.
Costa, P. T. & McCrae, R. (1992). *Revised NEO Personality Inventory (NEO-PI-R) and NEO Five-Factor Inventory (NEO-FFI) professional manual.* Odessa, FL: Psychological Assessment Resources.
Cyert, R. M. & March, J. G. (1963). *A Behavioral Theory of the Firm.* Englewood Cliffs: Prentice-Hall.
de Jong-Gierveld, J. & Kamphuis, F.H. (1985). The development of a Rasch-Type loneliness-scale. *Applied Psychological Measurement, 9,* 289-299.
de Jong-Gierveld, J. & van Tilburg, T. G. (1999). Living arrangements of older adults in the Netherlands and Italy: Coresidence values and behaviour and their consequences for loneliness. *Journal of Cross-Cultural Gerontology, 14,* 1-24.
de Jong-Gierveld, J. & van Tilburg, T. G. (2006). A 6-item scale for overall, emotional, and social loneliness: Confirmatory tests on survey data. *Research on Aging, 28,* 582-598.
Deutsche Forschungsgemeinschaft (2011). *Gemeinsam zum Doktortitel – Promotionen im Rahmen von Graduiertenkollegs und Sonderforschungsbereichen im Vergleich.* Verfügbar unter http://www.dfg.de/download/pdf/dfg_im_profil/evaluation_statistik/programm_evaluation/ib04_2011.pdf [06.02.2014]
Deutsche Forschungsgemeinschaft (2012). *Merkblatt. Graduiertenkollegs und Internationale Graduiertenkollegs.* Verfügbar unter http://www.dfg.de/formulare/50_07/50_07_de.pdf [06.02.2014].
Deutsche Physikalische Gesellschaft e. V. (2007). Doktor Bologna? Physiker fordern: Die Promotion soll weiterhin ausdrücklich der Forschung dienen. Pressemitteilung vom 14.05.2007. Verfügbar unter: https://www.dpg-physik.de/presse/pressemit/2007/dpg-pm-2007-010.html [07.02.2014]
Diaz-Bone, R. & Künemund, H. (2003). Einführung in die binär logistische Regression. Verfügbar unter http://www.rainer-diaz-bone.de/Logreg.pdf [06.02.2014]
Dillman, D. A. (1978). *Mail and Telephone Survey: The Total Design Method.* New York: John Wiley & Sons.
Dörre, K. & Neis, M. (2010). *Das Dilemma der unternehmerischen Universitäten. Hochschulen zwischen Wissensproduktion und Marktzwang.* Berlin: edition sigma.
Dünne, J. & Günzel, S. (Hrsg.). (2006). *Raumtheorie. Grundlagentexte aus Philosophie und Kulturwissenschaft.* Frankfurt/Main: Suhrkamp.
(DUZ)-SPECIAL (2004). Zur Situation Promovierender in Deutschland. Ergebnisse der bundesweiten THESIS-Doktorandenbefragung 2004. *Beilage zur duz* (3. Dezember 2004), 1-32.

Eaton, S. & Bean, J. (1995). An Approach/Avoidance Behavioral Model of College Student Attrition. *Research in Higher Education, 36,* 617-645.

Earl-Novell, S. (2006). Determining the Extent to Which Program Structures and Integration Mechanisms Facilitate or Impede Doctoral Student Persistence in Mathematics. *International Journal of Doctoral Studies, 1,* 45-57.

Ehrenberg, R. & Mavros, P. (1995). Do Doctoral Students' Financial Support Pattern Affect Their Times-To-Degree and Completion Probabilities? *The Journal of Human Resources, 30,* 581-609.

Elias, N. (1984). *Über die Zeit.* Frankfurt am Main: Suhrkamp.

Engler, S. (2001). *In Einsamkeit und Freiheit. Zur Konstruktion der wissenschaftlichen Persönlichkeit auf dem Weg zur Professur.* Konstanz: UVK.

Entwistle, N. J., Meyer, J. H. F. & Tait, H. (1991). Student Failure: Disintegrated Patterns of Study Strategies and Perceptions of the Learning Environment. *Higher Education, 21,* 249-261.

Ethington, C. A. & Pisani, A. (1993). THE RA AND TA EXPERIENCE: Impediments and Benefits to Graduate Study. *Research in Higher Education, 34*(3), 343-354.

Ethington, C. A. (1990). A Psychological Model of Student Persistence. *Research in Higher Education, 31*(3), 279-293.

European University Association (2010). Salzburg II Recommendations. Europea Universities' Achievements Since 2005 in Implementing the Salzburg Principles. Verfügbar unter http://www.uni-saarland.de/fileadmin/user_upload/Sonstiges/GradUS/allerlei/Salzburg_II_Recommendations.pdf [11.02.2014]

Falkenhagen, T. (2008). *Stärken und Schwächen der Nachwuchsförderung. Meinungsbild von Promovierenden und Promovierten an der Martin-Luther-Universität Halle-Wittenberg.* Verfügbar unter http://www.hof.uni-halle.de/publikation/arbeitsbericht/starken-und-schwachen-der-nachwuchsforderung-meinungsbild-von-promovierenden-und-promovierten-an-der-martin-luther-universitat/ [06.02.2014]

Fellenberg, F. & Hannover, B. (2006). Kaum begonnen, schon zerronnen? Psychologische Ursachen für die Neigung von Studienanfängern, das Studium abzubrechen oder das Fach zu wechseln. *Empirische Pädagogik, 20*(4), 381-399.

Ferrer de Valero, Y. (2001). Departmental Factors Affecting Time-to-Dedree and Complation Rates of Doctoral Students at One Land-Grant Research Institution. *The Journal of Higher Education, 72,* 341-367.

Fiedler, W. & Hebecker, E. (2006). *Promovieren in Europa. Strukturen, Status und Perspektiven im Bologna-Prozess.* Opladen: Barbara Budrich.

Fietze, S., Holst, E. & Tobsch, V. (2009). *Persönlichkeit und Karriere – She's got what it takes.* Verfügbar unter http://www.diw.de/documents/publikationen/73/diw_01.c.340880.de/diw_sp0220.pdf [08.02.2014]

Fietze, S. (2011). *Arbeitszufriedenheit und Persönlichkeit: „Wer schaffen will, muss fröhlich sein".* Verfügbar unter http://www.diw.de/documents/publikationen/73/diw_01.c.376207.de/ diw_sp0388.pdf [08.02.2014]

Flick, U. (2011). Zum Stand der Diskussion – Aktualität, Ansätze und Umsetzungen der Triangulation. In J. Ecarius & I. Miethe (Hrsg.), *Methodentriangulation in der qualitativen Bildungsforschung* (S.19-39). Opladen: Barbara Budrich.

Foucault, M. (1991). Andere Räume. In M. Wentz (Hrsg.), *Stadt-Räume* (S. 65-72). Frankfurt am Main: Campus.

Foucault, M. (1994). *Überwachen und Strafen. Die Geburt des Gefängnisses.* Frankfurt am Main: Suhrkamp.

Foucault, M. (2003). Das Auge der Macht. In D. Defert & F. Ewald (Hrsg.), *Foucault, Michel: Schriften in vier Bänden* (S. 250-271). Frankfurt am Main: Suhrkamp.

Franz, A. (2012). Es wurde immer unschaffbarer. Promotionsabbruch als Konsequenz von Handlungsstrategien zur Reduktion von Unsicherheit. Eine Fallstudie zum Promotionsverlauf einer ausländischen Doktorandin. *Die Hochschule, 1*, 102-115.

Gabler, S. (1992). Schneeballverfahren und verwandte Stichprobendesigns. *ZUMA-Nachrichten, 31*(16), 47-69.

Georg, W. (2008). Individuelle und institutionelle Faktoren der Bereitschaft zum Studienabbruch – eine Mehrebenenanalyse mit Daten des Konstanzer Studierendensurveys. *Zeitschrift für Soziologie der Erziehung und Sozialisation, 28*(2), 191-206.

Gerdes, H. & Mallinckrodt, B. (1994). Emotional, Social, and Academic Adjustment of College Students: A Longitudinal Study of Retention. *Journal of Counseling and Development, 72*, 281-288.

Gerhardt, A., Briede, U. & Mues, C. (2005). Zur Situation der Doktoranden in Deutschland – Ergebnisse einer bundesweiten Doktorandenbefragung. *Beiträge zur Hochschulforschung, 27*, 74-95.

Gerlitz, J.Y. & Schupp, J. (2005). Zur Erhebung der Big-Five-basierten Persönlichkeitsmerkmale im SOEP. Verfügbar unter http://www.diw.de/documents/publikationen/73/diw_01.c.43490.de/rn4.pdf [08.02.2014]

GEW (2012). *Promotion im Brennpunkt. Reformvorschläge der Doktorandinnen und Doktoranden in der Bildungsgewerkschaft GEW.* Verfügbar unter http://www.gew.de/Binaries/Binary92077/Promotion_im_Brennpunkt_web.pdf [08.02.2014]

Giddens, G. (1988). *Die Konstitution der Gesellschaft. Grundzüge einer Theorie der Strukturierung.* Frankfurt am Main: Campus.

Giddens, G. (1995). *Konsequenzen der Moderne.* Frankfurt am Main: Suhrkamp.

Girgensohn-Marchand, B. (1999), Ergebnisse der empirischen Kleingruppenforschung. In B. Schäfers (Hrsg.), *Einführung in die Gruppensoziologie* (S. 54-79). Wiesbaden: Quelle & Meyer.

Glaser, B. G. & Strauss, A. L. (1998). *Grounded Theory. Strategien qualitativer Forschung.* Bern: Huber.

Golde, C. (2000). Should I Stay or Should I Go? Student Descriptions of the Doctoral Attrition Process. *The Review of Higher Education, 23,* 199-227.

Golde, C. & Dore, T. (2004). The Survey of Doctoral Education and Career Preparation. The Importance of Disciplinary Contexts. In D. Wull & A. Austin (Hrsg.), *Path to the Professoriate. Strategies for Enriching the Preparation of future Faculty* (S. 19-45). San Francisco: Jossey-Bass.

Gouldner, A. W. (1960). The Norm of Reciprocity. *American Sociological Review, 25*(2), 161-178.

Gravois, J. (2007). In Humanities, 10 Years May Not Be Enough to Get a Ph.D.Verfügbar unter http://chronicle.com/article/In-Humanities-10-Years-May/16231 [11.11.2013]

Groenemeyer, A. (Hrsg.). (2010). *Wege der Sicherheitsgesellschaft. Gesellschaftliche Transformationen der Konstruktion und Regulierung innerer Unsicherheiten.* Wiesbaden: VS Verlag für Sozialwissenschaften.

Hadjar, A. & Becker, R. (2004). Warum einige Studierende ihr Soziologie-Studium abbrechen wollen. Studienmotive, Informationsdefizite und wahrgenommene Berufsaussichten als Determinanten der Abbruchneigung. *Soziologie, 33*(3), 47-65.

Hahn, A. (1987). Soziologische Aspekte der Knappheit. *Kölner Zeitschrift für Soziologie und Sozialpsychologie, 28,* 119-132.

Hall, F., Evans, B. & Nerad, M. (2006). Feasibility of international comparisons of PhD program times-to-degree and completion rates. In G. Mullins & K. Mullins (Hrsg.), *Quality in postgraduate Research. Knowledge Creation in Testing Times* (S. 3-14). Adelaide: Australian National University.

Hauss, K., Gerhardt, A. & Mues, C. (2010). Unterschiedliche Promotionsformen, gleiche Probleme? Analysen zur Unterbrechung von Promotionsvorhaben. *Beiträge zur Hochschulforschung, 32*(2), 76-95.

Hauss, K. & Kaulisch, M. (2012). Alte und neue Promotionswege im Vergleich. Die Betreuungssituation aus der Perspektive der Promovierenden in Deutschland. In N. Huber, A. Schelling & S. Hornbostel (Hrsg.), *Der Doktortitel zwischen Status und Qualifikation* (S. 163-172). Berlin: Institut für Forschungsinformation und Qualitätssicherung.

Henniger, A. & Heynen, S. (2006). Die Gipfelstürmerinnen. In W. Fiedler, E. Hebecker & M. Maschke (Hrsg.), *Geschichten aus 1001 Promotion. Ein Promotionslesebuch* (S. 35-36). Bad Heilbrunn: Julius Klinkhardt.

Herz, A. & Korff, S. (2013). Promovieren in strukturierten Promotionsprogrammen aus Sicht der AdressatInnen – Ergebnisse der standardisierten Online-Befragung. In S. Korff & N. Roman (Hrsg.), *Promovieren nach Plan? Chancengleichheit in der strukturierten Promotionsförderung* (S. 75-116). Wiesbaden: Springer VS.

Herz, A., Korff, S. & Roman, N. (2012). Strukturiert, aber gerecht? Auf der Spur nach Strukturen in Programmen strukturierter Promotion. *Erziehungswissenschaften, 45*, 46-60.

Hockey, J. (1994). New Territory: problems of adjusting to the first year of a social science PhD. *Studies in Higher Education, 19,* 177-190.

Homans, G. C. (1972). *Elementarformen sozialen Verhaltens.* Opladen: Westdeutscher Verlag.

Hüther, O. & Krücken, G. (2012). Hierarchie ohne Macht? Karriere- und Beschäftigungsbedingungen als ‚vergessene' Grenzen der organisatorischen Umgestaltung der deutschen Universitäten. In U. Wilkesmann & C. Schmid (Hrsg.), *Hochschule als Organisation* (S. 27-39). Wiesbaden: VS Verlag für Sozialwissenschaften.

Jaksztat, S., Preßler, N. & Briedis, K. (2012). *Promotionen im Fokus. Promotions- und Arbeitsbedingungen Promovierender im Vergleich.* Hannover: HIS.

Jørgensen, T. E. (2010). Die stille Revolution. Europäische Doktorandenprogramme zwischen Lissabon und Bologna. In M. Wintermantel (Hrsg.), *Promovieren heute. Zur Entwicklung der deutschen Doktorandenausbildung im europäischen Hochschulraum* (S. 84-93). Hamburg: edition Körber-Stiftung.

Junge, M. & Lechner, Götz (Hrsg.). (2004). *Scheitern. Aspekte eines sozialen Phänomens.* Wiesbaden: VS.

Kamens, D. (1971). The College ‚Carter' and College Size: Effects on Occupational Choice and College Attrition. *Sociology of Education, 44,* 270-296.

Katz, R. (1982). The effects of group longevity on project communication and performance. *Administrative Science Quarterly, 27,* 81-104.

Kauffeld, S. & Grote, S. (2001). Teams in Organisationen: Diagnose und Entwicklung. *Zeitschrift für Personalführung, 1,* 26-33.

Kehm, B. (2012). Hochschulen als besondere und unvollständige Organisationen? – Neue Theorien zur ‚Organisation Hochschule'. In U. Wilkesmann & C. Schmid (Hrsg.), *Hochschule als Organisation* (S. 17-25). Wiesbaden: VS Verlag für Sozialwissenschaften.

Keller, E. (2010). Ein Trend, drei Gründe. *duz Magazin, 66*(3), 15.

Kessl, F. & Krasmann, S. (2005). Sozialpolitische Programmierungen. In F. Kessl, C. Reutlinger, S. Maurer & O. Frey (Hrsg.), *Handbuch Sozialraum* (S. 227-245). Wiesbaden: VS Verlag für Sozialwissenschaften.

Korff, S., Oppermann, C., Roman, N. & Schröder, J. (2011). Bleibt alles anders? – Chancengleichheit in der strukturierten Promotionsförderung an deutschen Hochschulen. In B. Blätter, A. Franzke & A. Wolde (Hg.), *Neue Karrierewege für Frauen an der Hochschule?* (S. 143-161). Sulzbach: Ulrike Helmer.

Korff, S., Roman, N. & Schröder, J. (2012). Inside the Blackbox – Chancengleichheit in der strukturierten Promotionsförderung. In S. Beaufays, A. Engels & H. Kahlert (Hg.). *Einfach Spitze?*

Neue Geschlechterperspektiven auf Karrieren in der Wissenschaft (S. 25-56). Frankfurt a.M.: Campus.
Korff, S. & Roman, N. (2013). *Promovieren nach Plan? Chancengleichheit in der strukturierten Promotionsförderung*. Wiesbaden: Springer VS.
Korte, H. & Schäfers, B. (Hrsg.). (2002). *Einführung in Hauptbegriffe der Soziologie*. Opladen: Leske und Budrich.
Krais, B. (2000). Das soziale Feld Wissenschaft und die Geschlechterverhältnisse. Theoretische Sondierungen. In B. Krais (Hrsg.), *Wissenschaftskultur und Geschlechterordnung. Über die verborgenen Mechanismen männlicher Dominanz in der akademischen Welt* (S. 31-54). Frankfurt: Campus.
Krais, B. & Beaufays, S. (2005). Wissenschaftskultur und Geschlechterordnung: Verborgene Mechanismen der Macht. In U. Vogel (Hrsg.), *Was ist weiblich – was ist männlich? Aktuelles zur Geschlechterforschung in den Sozialwissenschaften* (S. 135-151). Bielefeld: Kleine.
Krawietz, J., Raithelbuher, E. & Roman, N. (2013). Übergänge an der Hochschule. In W. Schröer, B. Stauber, A. Walther, L. Böhnisch & K. Lenz (Hrsg.), *Handbuch Übergänge* (S. 651-687). Weinheim: Beltz Juventa.
Kruse, V. & Barrelmeyer, U. (2012). *Max Weber. Eine Einführung*. Stuttgart: UVK.
Laireiter, A. (2009). Soziales Netzwerk und soziale Unterstützung. In K. Lenz & F. Nestmann (Hrsg.), *Handbuch persönliche Beziehungen* (S. 75-99). Weinheim: Juventa.
Lange, F. R., Lüdtke, O. & Asendorpf, J. B. (2001). Testgüte und psychometrische Äquivalenz der deutschen Version des Big Five Inventory (BFI) bei jungen, mittelalten und alten Erwachsenen. *Diagnostica, 47*, 111-121.
Lange, F. R. & Lüdtke, O. (2005). Der Big Five-Ansatz der Persönlichkeitsforschung: Instrumente und Vorgehen. In S. Schumann (Hrsg.), *Persönlichkeit. Eine vergessene Größe der empirischen Sozialforschung* (S. 29-39). Wiesbaden: VS Verlag für Sozialwissenschaften.
Langewiesche, D. (2007). Ende einer Lebensform. Welche Folgen hat der Umbau der europäischen Hochschullandschaft? *Süddeutsche Zeitung, 29. Dezember 2007*, 17.
Lange-Vester, A. & Teiwes-Kügler, C. (2013). *Zwischen W3 und Hartz IV. Arbeitssituation und Perspektiven wissenschaftlicher Mitarbeiterinnen und Mitarbeiter*. Opladen: Barbara Budrich.
Leavitt, H. J. (1965). Applied Organizational Change in Industry: Structural, Technological and Humanistic Approaches. In J. G. March (Hg.), *Handbook of Organizations* (S. 1144-1170). Chicago: Rand McNelly.
Lee, T., & Mowday, R. (1987). Voluntarily Leaving an Organization: An Emperical Investigation of Steers and Mowday´s Model of Turnover. *The Academy of Management Journal, 30*, 721-743.
Löw, M. (2012). *Raumsoziologie*. Frankfurt am Main: Suhrkamp.
Lovitts, B, & Nelson, C. (2000). The Hidden Crisis in Graduate Education: Attrition From Ph. D. Programs. *Academe, 86* (6), 44-50.
Lovitts, B. E. (2001). *Leaving the Ivory Tower: The Causes and Consequences of Departure from Doctoral Study*. London: Rowman & Littlefield Publishers, Inc.
Luhmann, N. (1976). *Funktionen und Folgen formaler Organisation*. Berlin: Duncker & Humboldt.
Mäkinen, J., Olkinuora, E. & Lonka, K. (2004). Students at risk: Students' general study orientation and abandoing /prolonging the course of studies. *Higher Education, 48*(2), 173-188.
Machwirth, E. (1999). Die Gleichaltrigengruppe (peer-group) der Kinder und Jugendlichen. In B. Schäfers (Hrsg.), *Einführung in die Gruppensoziologie* (S. 248-268). Wiesbaden: Quelle & Meyer.
Mau, S. & Gottschall, K. (2008). Strukturierte Promotionsprogramme in den Sozialwissenschaften. *Soziologie, 37*, 41-60.

Matuschek, S. (2011). Zerreißprobe. Zur gegenwärtigen Hochschulreform. In C. Jamme & A. von Schröder (Hrsg.), *Einsamkeit und Freiheit. Zum Bildungsauftrag der Universität im 21. Jahrhundert* (S. 125-138). München: Wilhelm Fink.
Mayntz, R. (1963). *Soziologie der Organisation*. Reinbek bei Hamburg: Rowohlt.
Metz-Göckel, S., Möller, C. & Auferkorte-Michaelis, N. (2009). *Wissenschaft als Lebensform – Eltern unerwünscht? Kinderlosigkeit und Beschäftigungsverhältnisse des wissenschaftlichen Personals aller nordrhein-westfälischen Universitäten*. Opladen: Barbara Budrich.
Mersch, B. & van Bebber, F. (2010). Die Meister sterben aus. *duz Magazin, 66*(3), 10-14.
Meuser, M. (2004). *Geschlecht und Arbeitswelt – Doing Gender in Organisationen*. Verfügbar unter http://www.dji.de/fileadmin/user_upload/kjhgender/Vortrag290404meuser.pdf [06.02.201]
Mittelstraß, J. (2010). Der Königsweg zur Promotion. In M. Wintermantel (Hrsg.), *Promovieren heute. Zur Entwicklung der deutschen Doktorandenausbildung im europäischen Hochschulraum* (S. 35-41). Hamburg: edition Körber-Stiftung.
Mittelstraß, J. (1982). *Wissenschaft als Lebensform. Reden über philosophische Orientierungen in Wissenschaft und Universität*. Frankfurt am Main: Suhrkamp.
Moes, J. (2010). Die strukturierte Promotion in Deutschland. In M. Wintermantel (Hrsg.), *Promovieren heute. Zur Entwicklung der deutschen Doktorandenausbildung im europäischen Hochschulraum* (S. 42-52). Hamburg: edition Körber-Stiftung.
Müller-Jentsch, W. (2003). *Organisationssoziologie. Eine Einführung*. Frankfurt am Main: Campus.
von Münch, I. (2006). *Promotion*. Tübingen: Mohr Siebeck.
Muir, D. E. & Weinstein, E. A. (1962). The social debt: An investigation of lower-Class and middle-class norms of social obligation. *American Sociological Review, 27*, 532-539.
Nassehi, A. (2008). *Die Zeit der Gesellschaft* (2. Aufl.). Wiesbaden: VS Verlag für Sozialwissenschaften.
Nazarkiewicz, K. (2010). Gesprächsführung als Trainingsmethode in interkulturellen Weiterbildungsveranstaltungen. In G. G. Hiller & S. Vogler-Lipp (Hrsg.), *Schlüsselqualifikation Interkulturelle Kompetenz an Hochschulen* (S. 87-105). Wiesbaden: VS Verlag für Sozialwissenschaften.
Neis, K. (2009). Immer der Karotte nach. Ist die Wissenschaft eine prekäre Profession? *Zeitschrift für Nachwuchswissenschaftler, 1*(1), 84-89.
Nerad, M. & Miller, D. (1997). The Institution Cares: Berkeley's Efforts to Support Dissertation Writing in the Humanities and Social Sciences. *New Directions for Higher Education, 99*, 75-90.
Oppermann, C. & Schröder, J. (2013). Die Rezeptur der strukturierten Promotionsförderung oder der Wandel muss kommen – eine diskursanalytische Rekonstruktion der Konstrukte „strukturierte Promotionsförderung" und „Chancengleichheit". In S. Korff & N. Roman (Hrsg.), *Promovieren nach Plan? Chancengleichheit in der strukturierten Promotionsförderung* (S. 15-39). Wiesbaden: Springer VS.
van Ours, J. C. & Ridder, G. (2003). Fast track or failure: a study of the graduation and dropout rates of Ph D students in economics. *Economics of Education Review, 22*, 157-166.
Pellert, A. (1999). *Die Universität als Organisation. Die Kunst, Experten zu managen*. Wien: Böhlau.
Pike, G., Kuh, G., & Gonyea, R. (2003) – The Relationship between Institutional Mission and Students' Involvement an Educational Outcomes. *Research in Higher Education, 44*, 241-261.
Pohlmann, M. & Markova, H. (2011). *Soziologie der Organisation. Eine Einführung*. Konstanz und München: UVK Verlagsgesellschaft.
Preisendörfer, P. (2008). *Organisationssoziologie. Grundlagen, Theorien und Problemstellungen*. Wiesbaden: VS Verlag für Sozialwissenschaften.
Przyborski, A. (2004). *Gesprächsanalyse und dokumentarische Methode. Qualitative Auswertung von Gesprächen, Gruppendiskussionen und anderen Diskursen*. Wiesbaden: VS Verlag für Sozialwissenschaften.

Przyborski, A. & Wohlrab-Sahr, M. (2009). *Qualitative Sozialforschung. Ein Arbeitsbuch* (2. Aufl.). München: Oldenburg.
von Rahden, W. & Dinkloh, W. (2011). Das Alter (in) der Wissenschaft. Einführung und Dokumentation. *Gegenworte: Hefte für den Disput über Wissen, 25*, 3-7.
Reichert, S. & Tauch, C. (2003). *Trends 2003. Fortschritte auf dem Weg zum Europäischen Hochschulraum.* Verfügbar unter http://www.eua.be/eua/jsp/en/upload/Zusammenfassung.1064413695906.pdf [08.02.2014]
von Rosenstiel, L. (2003). *Grundlagen der Organisationspsychologie. Basiswissen und Anwendungshinweise.* Stuttgart: Schäffer-Poeschel.
Rzepka, V. (2013). *Die Ordnung der Transparenz. Jemery Bentham und die Genealogie einer demokratischen Norm.* Berlin: Lit.
Sarcletti, A. & Müller, S. (2011). Zum Stand der Studienabbruchforschung. Theoretische Perspektiven, zentrale Ergebnisse und methodische Anforderungen an künftige Studien. *Zeitschrift für Bildungsforschung, 1*, 235-248.
Schäfers, B. (2002). Die soziale Gruppe. In H. Korte & B. Schäfer (Hrsg.), *Einführung in Hauptbegriffe der Soziologie* (S. 127-142). Opladen: Leske und Budrich.
Scheiterer, U. (2008). Concluding Summary. From Fellows Function: Resaerch, the Knowledge Economy, and the Features of Doctoral Education. *Higher Education in Europe, 33*(1), 149-157.
Schelsky, H. (1963). *Einsamkeit und Freiheit. Idee und Gestalt der deutschen Universität und ihrer Reformen.* Reinbek bei Hamburg: Rowohlt.
Schimank, U. (2005). *Die Entscheidungsgesellschaft. Komplexität und Rationalität der Moderne.* Wiesbaden: VS Verlag für Sozialwissenschaften.
Scott, W. R. (2003). *Organizations: Rational, Natural, and Open Systems* (International Edition), Prentice Hall.
Schmidt, W. (2011). *Rushhour des Lebens: „Vereinbarungskarrieren" im Brennpunkt des Konflikts zwischen Berufs- und Familienorientierung.* Berlin: Alert.
Schmidt, B. & Richter, A. (2008). Unterstützender Mentor oder abwesender Aufgabenverteilter? – Eine qualitative Interviewstudie zum Führungshandeln von Professorinnen und Professoren aus der Sicht von Promovierenden. *Beiträge für Hochschulforschung, 30*(4), 34-58.
Schröder, H. (2003). Tabu. In A. Wierlacher & A. Bogner (Hrsg.), *Handbuch interkulturelle Germanistik* (S. 307-315). Stuttgart: Metzler.
Schröder, M. & Daniel, H.-D. (1998). *Studienabbruch. Eine annotierte Bibliographie (1975-1997).* Kassel: Jenior & Preßler.
Schubert, F. & Engelage, S. (2010). Sind Kinder ein Karriereheimnis für Hochgebildete? Karriere und Familie bei Promovierten in der Schweiz. *Zeitschrift für Soziologie, 39*, 382-401.
Schreyögg, G. (2003). *Organisation. Grundlagen moderner Organisationsgestaltung. Mit Fallstudien.* Wiesbaden: Gabler.
Schroer, M. (2006). *Räume, Orte, Grenzen. Auf dem Weg zu einer Soziologie des Raumes.* Frankfurt am Main: Suhrkamp.
Schubert, F. & Engelage, S. (2011). Wie undicht ist die Pipeline? Wissenschaftskarrieren von promovierten Frauen. *Kölner Zeitschrift für Soziologie und Sozialpsychologie, 63*, 431-457.
Selman, R. (1982). Sozial-kognitives Verständnis. Ein Weg zu pädagogischer und klinischer Praxis. In D. Geulen (Hrsg.), *Perspektivübernahme und soziales Handeln* (S. 223-269). Frankfurt am Main: Suhrkamp.
Settelmeyer, A. & Erbe, J. (2010). *Migrationshintergrund. Zur Operationalisierung des Begriffs in der Berufsbildungsforschung.* Verfügbar unter http://www.bibb.de/dokumente/pdf/wd_112_migrationshintergrund.pdf [13.08.2012]

Simmel, G. (1903). Die Großstädte und das Geistesleben. In T. Petermann (Hrsg.), *Die Großstadt. Vorträge und Aufsätze zur Städteausstellung von K. Bücher, F. Ratzel, G. v, Mayr, H. Baentig, G. Simmel, Th. Petermann u. D. Schäfer* (S. 185-206). Dresden: Jahn & Jaensch.

Simmel, G. (1908). *Soziologie. Untersuchungen über die Formen der Vergesellschaftung* (7. Aufl.). Berlin: Duncker & Humblot Berlin.

Smallwood, S. (2004). Doctor Dropout. High attrition from Ph.D. Programs is sucking away time, talent, and money and breaking some hearts, too. *Chronicle of Higher Education*. Verfügbar unter http://chronicle.com/article/Doctor-Dropout/33786 [08.02.2014]

Spady, W. (1970). Dropouts from Higher Education: An Interdisciplinary Review and Synthesis. *Interchange, 1*, 64-85.

Spady, W. (1971). Dropouts from higher education: Toward an empirical model. *Interchange, 2*, 38-62.

Stage, F. K. (1989a). Motivation, Academic and Social Integration, and the Early Dropout. *American Educational Research Journal, 26*(3), 385-402.

Stage, F. K. (1989b). Reciprocal Effects Between the Academic and Social Integration of College Students. *Research in Higher Education, 30*(5), 517-530.

Star, S. L. & Griesemer, J. R. (1989). Institutional Ecology, 'Translations' and Boundary Objects. Amateurs and Professionals in Berkeley's Museum of Vertebrate Zoology 1907-39. *Social Studies of Science, 19*(4), 387-420.

Stauber, B. & Walter, A. (2002). Junge Erwachsene. In W. Schröer, N. Struck & M. Wolff (Hrsg.), *Handbuch Kinder- und Jugendhilfe* (S. 113-147). Weinheim: Juventa.

Stock, W., Finegan, T. A. & Siegfried, J. (2006). Attrition in Economics Ph.D. Programs. *The American Economic Review, 96*, 458-466.

Stock, S., Schneider, P., Peper, E. & Molitor, E. (2009). *Erfolgreich promovieren: Ein Ratgeber von Promovierten für Promovierende*. Berlin: Springer.

Strauss, A. & Corbin, J. (1996). *Grounded Theory: Grundlagen Qualitativer Forschung*. Weinheim: Beltz.

Tashakkori, A. & Teddlie, C. (2003). *Handbook of Mixed Methods in Social & Behavioral Research*. Thousand Oaks: Sage.

Team Chance (2013). Wer strukturiert promoviert, promoviert im Strukturieren. In S. Korff & N. Roman (Hrsg.), *Promovieren nach Plan? Chancengleichheit in der strukturierten Promotionsförderung* (S. 199-206). Wiesbaden: Springer VS.

Teichler, U. (2010). Hochschulen: Die Verknüpfung von Bildung und Forschung. In R. Tippelt & B. Schmidt (Hrsg.), *Handbuch Bildungsforschung* (S. 421-444). Wiesbaden: VS Verlag für Sozialwissenschaften.

Thibaut, J. W. & Kelly, H. H. (1959). *The social Psychology of Groups*. New York: John Wiley & Sons.

Tiefel, S. (2006). Promovieren in Kollegs und Zentren: Entwicklung, Zielsetzungen und Angebote verschiedener Modelle strukturierter Promotion in Deutschland. In C. Koepernik, J. Moes & S. Tiefel (Hrsg.), *GEW-Handbuch Promovieren mit Perspektive. Ein Ratgeber von und für DoktorandInnen* (S. 252-264). Bielefeld: W. Bertelsmann.

Tinto, V. (1975). Dropout from Higher Education: A Theoretical Synthesis of Recent Research. *Review of Educational Research, 45*, 89-125.

Tinto, V. (1982). Limits of Theory and Practice in Student Attrition. *The Journal of Higher Education, 53*, 687-700.

Tinto, V. (1987). *Leavin College. Rethinking the Causes and Cures of Student Attrition*. Chicago und London: The University of Chicago Press.

Torka, M. (2006). Die Projektförmigkeit der Forschung. *Die Hochschule, 1*, 63-83.

Tracey, T. J. & Sedlacek, W. E. (1987). A Comparison of White and Black Student Academic Success Using Noncognitive Variables: A LISREL Analysis. *Research of Higher Education, 27*(4), 333-348.

Tuckman, B. W. (1965). Development sequence small companies. *Group and Organizational Studies, 2*, 419-427.

Tupes, E. C. & Christal, R. C. (1961/1992). Recurrent Personality Factors Based on Trait Ratings. *Journal of Personality, 60*, 225-252.

Ulmi, M. & Maurer, E. (2005). *Geschlechterdifferenz und Nachwuchsförderung in der Wissenschaft.* Verfügbar unter http://www.gleichstellung.uzh.ch/oeffentlichkeitsarbeit/publikationen/studien/SOWI_Diss_Studie3.pdf [08.02.2014]

Weber, M. (2002a). Die protestantische Ethik und der Geist des Kapitalismus. In D. Kaesler (Hrsg.). *Max Weber Schriften 1894-1922* (S. 150-226). Stuttgart: Alfred Kröner.

Weber, M. (2002b). Vorbemerkungen [zu den Gesammelten Aufsätzen zur Religionssoziologie]. In D. Kaesler (Hrsg.). *Max Weber Schriften 1894-1922* (S. 557-572). Stuttgart: Alfred Kröner.

Weber, M. (2002c). Einleitung. Die Wirtschaftsethik der Weltreligionen. Vergleichende religionssoziologische Versuche. In D. Kaesler (Hrsg.). *Max Weber Schriften 1894-1922* (S. 573-608). Stuttgart: Alfred Kröner.

Weingart, P. & Winterhager, M. (2011). Altern in und Altern der Wissenschaft. *Gegenworte: Hefte für den Disput über Wissen, 25*, 34-38.

Weis, K. (1995). *Was ist Zeit? Zeit und Verantwortung in Wissenschaft, Technik und Religion.* München: dtv.

Wenneras, C. & Wold, A. (2000). Vetternwirtschaft und Sexismus im Gutachterwesen. In B. Krais (Hrsg.), *Wissenschaftskultur und Geschlechterordnung. Über die verborgenen Mechanismen männlicher Dominanz in der akademischen Welt* (S. 107-120). Frankfurt: Campus.

Wergen, J. (2011). *Forschung und Förderung. Promovierende im Blick der Hochschulen.* Berlin: Lit.

Wiedenbeck, M. & Züll, C. (2001). *Klassifikation mit Clusteranalyse: Grundlegende Techniken hierarchischer und K-means-Verfahren.* Verfügbar unter http://www.gesis.org/publikationen/gesis-how-to/ [13.08.2012]

Wilkesmann, U. & Schmid, J. (Hrsg.) (2012). *Hochschule als Organisation.* Wiesbaden: VS Verlag für Sozialwissenschaften.

Winnacker, E.-L. (2005). Gemeinsam statt einsam. In Deutsche Forschungsgemeinschaft (Hrsg.), *Graduiertenkollegs der Deutschen Forschungsgemeinschaft* (S. 2-3). Verfügbar unter http://www.dfg.de/download/pdf/dfg_im_profil/geschaeftsstelle/publikationen/forschung_beihefter_grako_060130.pdf [01.02.2013]

Winter, M. & Würmann, C. (2012). Wettbewerb und Hochschulen. 6. Jahrestagung der Gesellschaft für Hochschulforschung in Wittenberg 2011. *Die Hochschule, 21*(2).

Wintermantel, M. (Hrsg.). (2010). *Promovieren heute. Zur Entwicklung der deutschen Doktorandenausbildung im europäischen Hochschulraum.* Hamburg: Körber-Stiftung.

Wissenschaftsrat (2002). *Empfehlungen zur Doktorandenausbildung.* Verfügbar unter http://www.wissenschaftsrat.de/download/archiv/5459-02.pdf [05.02.20114]

Wissenschaftsrat (2007). *Empfehlungen zur Chancengleichheit von Wissenschaftlerinnen und Wissenschaftlern.* Verfügbar unter http://www.wissenschaftsrat.de/download/archiv/8036-07.pdf [25.04.2012]

Wolff, S. & Puchta, C. (2007). *Realitäten zur Ansicht. Die Gruppendiskussion als Ort der Datenproduktion.* Stuttgart: Lucius & Lucius.

Wolter, A. (2011). Hochschulforschung. In H. Reinders, H. Ditton, C. Gräsel, & B. Gniewosz (Hrsg.), *Empirische Bildungsforschung. Gegenstandsbereiche* (S. 125-135). Wiesbaden: VS Verlag für Sozialwissenschaften.

Zechlin, L. (2012). Zwischen Interessenorganisation und Arbeitsorganisation? Wissenschaftsfreiheit, Hierarchie und Partizipation in der ‚unternehmerischen Hochschule'. In U. Wilkesmann & C.

Schmid (Hrsg.), *Hochschule als Organisation* (S. 41-59). Wiesbaden: VS Verlag für Sozialwissenschaften.

Abbildungsverzeichnis

Abbildung 1.1: Erklärungsperspektiven des Dropouts in der US-amerikanischen Forschung 20
Abbildung 1.2: Kernelemente von strukturierten Promotionsprogrammen als Organisation(en) 32
Abbildung 1.3: Untersuchungsdesign (Mixed Method Design) 41
Abbildung 2.1: Anzahl der BefragungsteilnehmerInnen der Online-Befragung im Befragungsverlauf (nach Themenblöcken) 47
Abbildung 2.2: Das Vorhandensein von Abbruchgedanken im Vergleich zwischen der strukturierten Promotion und der Individualpromotion 50
Abbildung 2.3: Mittelwertvergleich zwischen dem Vorhandensein, der Häufigkeit und Intensität von Abbruchgedanken nach strukturiert Promovierenden (n = 440) und Individualpromovierenden (n = 33) 51
Abbildung 2.4: Promovierende aus strukturierten Programmen mit und ohne Abbruchgedanken nach Geschlecht (n = 1081) 52
Abbildung 2.5: Mittelwertvergleich zwischen dem Vorhandensein von Abbruchgedanken, der Häufigkeit und Intensität von Abbruchgedanken nach Geschlecht (n = 440) 53
Abbildung 2.6: Line-Plot der Clustermerkmale 66
Abbildung 2.7: Anzahl verpflichtender Tätigkeiten während der Promotion im Vergleich zwischen den Typen 72
Abbildung 2.8: Einbindung und Einsamkeit im Vergleich zwischen den Typen strukturierter Promotionsprogramme 74
Abbildung 2.9: Drei Typen strukturierter Promotionsprogramme 77
Abbildung 2.10: Clusterzugehörigkeit und Vorhandensein von Abbruchgedanken sowie Häufigkeit und Intensität der Abbruchgedanken 78
Abbildung 2.11: Das Vorhandensein, die Häufigkeit und Intensität von Abbruchgedanken im Vergleich zwischen den Typen strukturierter Promotion und der Individualpromotion 81
Abbildung 2.12: Untersuchungsmodell zu Abbruchgedanken als multifaktorielles Phänomen 84
Abbildung 3.1: Modell der Bedingungen von strukturierten Promotionsprogrammen 169

Tabellenverzeichnis

Tabelle 2.1: Vergleich zwischen den Gruppen mit und ohne Abbruchgedanken nach Alter, Familienstand, Vorhandensein und Anzahl der Kinder und ihrer Herkunft (n = 1081) 54
Tabelle 2.2: Höchster Bildungsabschluss der Eltern strukturiert Promovierender (in %) 56
Tabelle 2.3: Vergleich zwischen den Gruppen mit und ohne Abbruchgedanken nach ihrem Beschäftigungsverhältnis bzw. ihrer Finanzierung (in %) 58
Tabelle 2.4: Abbruchgedanken in unterschiedlichen Fachbereichen (in %) 58
Tabelle 2.5: Clustermerkmale im Vergleich zwischen den Typen (Zeilenprozente) 65
Tabelle 2.6: Angebotene Veranstaltungen innerhalb der Typen (Mehrfachnennungen waren möglich) 65
Tabelle 2.7: Fachbereichsverteilung innerhalb der Typen strukturierter Promotionsprogramme (Spaltenprozente) 69
Tabelle 2.8: Verteilung der Programmbezeichnungen innerhalb der Typen (Spaltenprozente) 70
Tabelle 2.9: Soziodemografie der Promovierenden im Vergleich zwischen den Typen 70
Tabelle 2.10: Verpflichtende Tätigkeiten während der Promotion im Vergleich zwischen den Typen von strukturierten Promotionsprogrammen 73
Tabelle 2.11: Übersicht über die Persönlichkeitsmerkmale des Big-Five-Ansatzes 93
Tabelle 2.12: Effektrichtung bei dem binär logistischen und den linearen Regressionsmodell(en) zu den ökonomischen Einflussfaktoren auf das Vorhandensein von Abbruchgedanken (1), auf die Häufigkeit von Abbruchgedanken (2) und deren Intensität (3) 98
Tabelle 2.13: Binär logistische (Gesamt-)Regressionsmodelle zu den unterschiedlichen Einflussfaktoren auf das Vorhandensein von Abbruchgedanken (n = 687) 108
Tabelle 2.14: Lineare (Gesamt-)Regressionsmodelle zu den unterschiedlichen Einflussfaktoren auf die Häufigkeit von Abbruchgedanken (n = 289) 111

Tabelle 2.15: Lineare (Gesamt-)Regressionsmodelle zu den unterschiedlichen Einflussfaktoren auf die Intensität von Abbruchgedanken ($n = 289$)....... 114

Anhang

Statistische Kennwerte:

Samplegröße:	n
Mittelwert:	M
Standardabweichung:	SD
Minimum/Maximum:	Min / Max
Freiheitsgrade	df
t-Test:	t
Varianzanalyse:	F
Fehlerwahrscheinlichkeit:	$p^* <= 0{,}05\ (95\ \%), p^{**} <= 0{,}01\ (99\ \%), p^{***} <= 0{,}001\ (100\ \%)$

Zusammenhangsmaße

Chi-Quadrat:	χ^2
Phi-Koeffizient:	φ
Cramer's V:	$Cramer's\ V$
Eta-Quadrat:	η^2
Pearson's r (Korrelation):	r

Koeffizienten

Odds Ratio/Effekt-Koeffizient	$Exp(B)$
(stand.) Regressionskoeffizient	β
Determinationskoeffizient	R^2

Variablen-Übersicht:

Variable	Fragestellung und Ausprägung
Vorhandensein von Abbruchgedanken	Frage: Kam Ihnen im Verlauf Ihres Promotionsprozesses schon mal der Gedanke, die Promotion abzubrechen? (0) Nein/ (1) Ja
Häufigkeit von Abbruchgedanken	Fragen: Wie häufig kam Ihnen dieser Gedanke während des gesamten Promotionsprozesses? 7 stufige-Skala von 1 „selten" bis 7 „sehr oft"
Intensität von Abbruchgedanken	Frage: Wie ernsthaft ist/war Ihnen die Überlegung, die Promotion abzubrechen? 7 stufige-Skala von 1 „überhaupt nicht ernsthaft" bis 7 „sehr ernsthaft"

Geschlecht	Frage: Sind Sie…? (0) männlich/ (1) weiblich
Alter	Frage: Wann sind Sie geboren? Alter in Jahren (Alter = Befragungsjahr 2011 – Geburtsjahr)
Familienstand	Frage: Sind Sie…? (0) kein Single/ (1) Single (ohne feste/n Parter/in) (0) keine feste Beziehung/ (1) in fester Beziehung (mit gem./getrennten HH) (0) nicht verheiratet/ (1) verheiratet (in gem./getrennten HH)
Kind(er)	Frage: Haben Sie (ein) Kind(er)? (0) Nein/ (1) Ja
Bildungsniveau der Eltern	Frage: Welchen höchsten Bildungsabschluss hat Ihr Vater/Ihre Mutter? (0) Nicht-Akademikereltern/ (1) Akademikereltern
Dauer	Frage: Wann sind Sie in Ihr Promotionsprogramm eingetreten (Monat/Jahr)? Jahre im Promotionsprogramm (Dauer = Eintrittsjahr - Befragungsjahr 2011/Austrittsjahr)
Fachbereich	Frage: In welcher Fächergruppe promovieren Sie/haben Sie promoviert? (0) nicht aus den Sprach- u. Kulturwiss./ (1) aus den Sprach- u. Kulturwiss. (0) nicht aus den Rechts-, Wirtschafts- u. Sozialwiss. /(1) aus den Rechts-, Wirtschafts- u. Sozialwiss. (0) nicht aus der Mathe. u. Naturwiss./(1) aus der Mathe. u. Naturwiss. (0) nicht aus sonstigen Fachbereichen/(1) aus sonstigen Fachbereichen
Persönlichkeit	Frage: Unsere alltäglichen Handlungen werden davon beeinflusst, welche Grundüberzeugungen wir haben. Hier sind nun unterschiedliche Eigenschaften, die eine Person haben kann, aufgelistet. Ich bin jemand die/der… Big-Five Inventory SOEP (BFI-S, Schupp und Gerlitz 2005) Indexbildung (7-stufige Skala von 1 „trifft überhaupt nicht zu" bis 7 „trifft voll zu")
Berufliche Erwartungen	Frage: Welche beruflichen Erwartungen hatten Sie zu Beginn Ihrer Promotion? Ich strebe/strebte eine Professur an (7-stufige Skala von 1 „trifft überhaupt nicht zu" bis 7 „trifft voll zu")
Finanzierung bzw. Beschäftigungs-verhältnis	Frage: In welchem „Beschäftigungsverhältnis" stehen/standen Sie zu Ihrem Promotionsprogramm? (1) Befristete Stelle als wiss. MitarbeiterIn im Promotionsprogramm (2) Befristete Stelle als wiss. MitarbeiterIn außerhalb des Promotionsprogramms (3) Stipendium im Promotionsprogramm (4) Externes Stipendium (5) Keine Finanzierung (6) Sonstiges
Anzahl der Betreuungs-personen	Frage: Meine Promotion wurde von folgenden Personen betreut: (0/1) Frau/en, und zwar __(Anzahl) (0/1) Mann/Männer, und zwar __(Anzahl) (0/1) Ich habe derzeit noch keine Betreuungsperson/en Anzahl der Betreuungspersonen aufsummiert.
Häufigkeit der Betreuung	Frage: Wie bewerten Sie die Häufigkeit der Gespräche bzw. Beratungen? Gespräche und Betreuung fanden statt…

	(b) mit meiner Betreuungsperson während der Arbeit an der Promotion und zwar... (0) nicht seltener als erwünscht/ (1) seltener als erwünscht (0) nicht wie erwünscht/ (1) so häufig wie erwünscht (0) nicht häufiger als erwünscht/ (1) so häufig wie erwünscht
Anzahl verpflichtender Tätigkeiten	Frage: Welche der genannten Aktiviväten/Tätigkeiten führen/führten Sie während Ihrer Zeit im Promotionsprogramm durch? (freiwillig vs. verpflichtend) Additiver Index (min. = 0 und max. = 13; vgl. Tabelle A.1)
Anzahl der angebotenen Veranstaltungen	Frage: Welche der folgenden promotionsbegleitenden Angebote in Ihrem Promotionsprogramm – speziell für DoktorandInnen – gab/gibt es? Zählvariable gebildet (min. = 0 bis max. = 8)
Arbeitsstunden pro Woche	Frage: Wie viele Stunden arbeiten Sie pro Woche durchschnittlich an Ihrer Promotion (Schreiben, Seminare, Experimente, Vorträge)? Anzahl der Arbeitsstunden pro Woche
Genehmigung von Abwesenheitszeiten	Frage: Uns interessiert, wie in Ihrem Promotionsprogramm mit Abwesenheitszeiten umgegangen wird. Abwesenheitszeiten müssen genehmigt werden. Urlaub muss ich mir genehmigen lassen. Additiver Index (7-stufige Skalen von 1 „trifft überhaupt nicht zu" bis / „trifft voll zu" min. = 2 bis max. = 14)
Ausstattung des Arbeitsplatzes: Büroräume	Frage: Bitte machen Sie Angaben über Ihre Arbeitsplatzsituation in Ihrem Promotionsprogramm. (0) Büroräume waren verfügbar/(1) Büroräume waren nicht verfügbar
Einbindung versus Einsamkeit	Frage: Wenn Sie an Ihre Zeit im Promotionsprogramm denken, wie würden Sie die folgenden Aussagen für sich einschätzen? In Anlehnung an die Einsamkeitsskala von de Jong-Gierveld und van Tilburg (1985, 1999 und 2006)

Tabelle A.1: Additiver Index zur Anzahl der verpflichtenden Tätigkeiten während der Promotion (n = 1.040)

Verpflichtende Tätigkeiten während der Promotion	n	M	SD	Min	Max
Durchführung eigener Lehrveranstaltungen	725	,42	,494	0	1
Zuarbeit zur Lehre	430	,38	,487	0	1
Betreuung Studierender	645	,43	,496	0	1
Mitarbeit bei Projektanträgen	438	,34	,473	0	1
Publikationen zur eigenen wiss. Arbeit	842	,55	,498	0	1
Tagungsbesuche	948	,44	,497	0	1
Vorträge auf wissenschaftlichen Tagungen	856	,44	,496	0	1
Organisation von Tagungen u. Workshops	563	,34	,473	0	1
Teilnahme am DoktorandInnenkolloquium	903	,80	,400	0	1
Kooperation mit anderen WissenschaftlerInnen	680	,21	,409	0	1
Auslandspraktikum bzw. -semester	310	,17	,377	0	1
Auslandsaufenthalte für Forschung und Lehre	448	,20	,401	0	1
Mitarbeit in der wiss. Selbstverwaltung	360	,09	,293	0	1
Sonstiges	2	,50	,707	0	1
Index	1.026	3,30	2,44	0	13

Tabelle A.2: Hauptkomponentenanalyse der Einbindungs- und Einsamkeitsskala (Mustermatrix)

Items	Komponente		
	1	2	3
a. Im Promotionsprogramm hatte ich immer jemanden in erreichbarer Nähe, zu dem ich mit alltäglichen Problemen komme konnte.	,727	,283	-,181
b. Es gab ausreichend viele Peers/Promovierende, auf die ich zählen konnte, wenn ich Schwierigkeiten hatte.	,843	,108	-,044
c. Ich habe die Geselligkeit mit anderen Promovierenden vermisst. (recode)	,476	-,130	,532
d. Ich fand, mein Netzwerk im wissenschaftlichen Umfeld war zu klein. (recode)	,411	,024	,529
e. Ich hatte genügend Personen in meinem Promotionsprogramm, denen ich mich verbunden fühlte.	,810	-,072	,054
f. Ich habe einen häufigen Kontakt mit meinen Familienangehörigen und Verwandten vermisst. (recode)	-,224	,176	,809
g. Oft habe ich mich mit meinen Fragen im Promotionsprozess im Stich gelassen gefühlt. (recode)	,122	,754	,207
h. Wenn ich Hilfe von meinem Betreuer/ meiner Betreuerin brauchte, konnte ich jederzeit auf ihn/sie zählen.	,008	,884	-,033

Extraktionsmethode: Hauptkomponentenanalyse. Rotationsmethode: Oblimin mit Kaiser-Normalisierung.
a. Die Rotation ist in 6 Iterationen konvergiert.

Tabelle A.3: Binär logistische Regressionsmodelle zu den soziodemografischen Einflussfaktoren auf das Vorhandensein von Abbruchgedanken ($n = 687$)

	(1) Exp(B)/ (SE)	(2) Exp(B)/ (SE)	(3) Exp(B)/ (SE)	(4) Exp(B)/ (SE)	(5) Exp(B)/ (SE)	(6) Exp(B)/ (SE)	(7) Exp(B)/ (SE)
Frauen Ref.: Männer	1,729*** (0,160)	1,769*** (0,161)	1,801*** (0,162)	1,815*** (0,163)	1,852*** (0,164)	1,857*** (0,164)	1,873*** (0,168)
Alter			1,033 (0,021)	1,044+ (0,022)	1,054* (0,023)	1,061* (0,023)	1,048+ (0,025)	1,051+ (0,026)
in fester Beziehung				1,022 (0,185)	1,035 (0,186)	1,022 (0,187)	1,005 (0,187)	1,007 (0,188)
verheiratet Ref.: Single				0,652+ (0,243)	0,755 (0,259)	0,740 (0,260)	0,713 (0,262)	0,715 (0,263)
Kind(er) Ref.: Kein Kind					0,610 (0,316)	0,591+ (0,317)	0,589+ (0,318)	0,589+ (0,318)
Akademiker-Eltern Ref.: Nicht-Akad. E.						1,452* (0,161)	1,451* (0,161)	1,455* (0,161)
Dauer							1,069 (0,047)	1,068 (0,047)
Sprach und Kulturwissenschaft								0,953 (0,212)
Rechts-, Wirtschafts- u. Sozialwiss.								0,937 (0,218)
Sonstige Fächer Ref.: Mathe- u. Naturwiss.								0,888 (0,261)
Konstante	0,522***	0,194*	0,151**	0,115**	0,075***	0,091**	0,088**
SE	(0,126)	(0,655)	(0,696)	(0,724)	(0,752)	(0,763)	(0,775)
R^2	0,013	0,015	0,020	0,023	0,029	0,031	0,031

+ $p < 0,10$, * $p < 0,05$, ** $p < 0,01$, *** $p < 0,001$.

Tabelle A.4: Lineare Regressionsmodelle zu den soziodemografischen Einflussfaktoren auf die Häufigkeit der Abbruchgedanken ($n = 289$)

	(1) β/(SE)	(2) β/(SE)	(3) β/(SE)	(4) β/(SE)	(5) β/(SE)	(6) β/(SE)	(7) β/(SE)
Frauen	0,139*	0,151*	0,148*	0,148*	0,145*	0,145*	0,148*
Ref.: Männer	(0,209)	(0,211)	(0,212)	(0,213)	(0,214)	(0,214)	(0,221)
Alter		0,080	0,064	0,064	0,057	0,061	0,065
		(0,025)	(0,026)	(0,027)	(0,027)	(0,028)	(0,029)
in fester Beziehung			-0,083	-0,083	-0,081	-0,080	-0,079
			(0,231)	(0,231)	(0,232)	(0,233)	(0,235)
verheiratet			0,005	0,005	0,008	0,008	0,008
Ref.: Single			(0,312)	(0,324)	(0,325)	(0,326)	(0,330)
Kind(er)				0,000	0,002	0,004	0,003
Ref.: Kein(e) Kind(er)				(0,400)	(0,401)	(0,405)	(0,408)
Akademiker-Eltern					-0,030	-0,031	-0,031
Ref.: Nicht-Akad.-Eltern					(0,206)	(0,206)	(0,207)
Dauer						-0,015	-0,015
						(0,050)	(0,050)
Sprach und Kulturwissenschaft							-0,009
							(0,262)
Rechts-, Wirtschafts- und Sozialwissenschaft							-0,020
							(0,272)
Sonstige Fachbereiche							0,003
Ref.: Mathe- und Naturw.							(0,338)
Konstante	3,167***	2,097**	2,478**	2,479**	2,621**	2,603**	2,569**
SE	(0,170)	(0,805)	(0,849)	(0,869)	(0,914)	(0,918)	(0,934)
R^2	0,019	0,026	0,033	0,033	0,034	0,034	0,034

+ $p < 0,10$, * $p < 0,05$, ** $p < 0,01$, *** $p < 0,001$.

Tabelle A.5: Lineare Regressionsmodelle zu den soziodemografischen Einflussfaktoren auf Intensität der Abbruchgedanken ($n = 289$)

	(1) β/(SE)	(2) β/(SE)	(3) β/(SE)	(4) β/(SE)	(5) β/(SE)	(6) β/(SE)	(7) β/(SE)
Frauen	0,064	0,075	0,071	0,068	0,061	0,062	0,079
Ref.: Männer	(0,206)	(0,208)	(0,207)	(0,205)	(0,206)	(0,205)	(0,211)
Alter		0,069	0,040	-0,000	-0,015	0,009	0,027
		(0,025)	(0,025)	(0,026)	(0,026)	(0,027)	(0,028)
in fester Beziehung			-0,168*	-0,175**	-0,169*	-0,164*	-0,158*
			(0,225)	(0,223)	(0,223)	(0,223)	(0,224)
verheiratet			-0,021	-0,072	-0,066	-0,061	-0,052
Ref.: Single			(0,305)	(0,312)	(0,312)	(0,312)	(0,315)
Kind(er)				0,177**	0,181**	0,193**	0,189**
Ref.: Kein(e) Kind(er)				(0,385)	(0,386)	(0,388)	(0,389)
Akademiker-Eltern					-0,070	-0,073	-0,071
Ref.: Nicht-Akad.-Eltern					(0,198)	(0,197)	(0,198)
Dauer						-0,093	-0,093
						(0,048)	(0,048)
Sprach- und Kulturwissenschaft							-0,081 (0,250)
Rechts-, Wirtschafts- und Sozialwissenschaft							-0,042 (0,260)
Sonstige Fachbereiche							-0,039
Ref.: Mathe- u. Naturw.							(0,322)
Konstante	3,635***	2,744***	3,447***	3,931***	4,252***	4,156***	3,996***
SE	(0,168)	(0,793)	(0,829)	(0,837)	(0,878)	(0,879)	(0,891)
R^2	0,004	0,009	0,033	0,060	0,064	0,072	0,078

+ $p < 0,10$, * $p < 0,05$, ** $p < 0,01$, *** $p < 0,001$.

Tabelle A.6: Hauptkomponentenanalyse der Persönlichkeit (Big-Five Inventory, Mustermatrix)

Items	Komponente				
	1	2	3	4	5
Ich bin jemand der...					
b. kommunikativ, gesprächig ist.	,855	,084	,094	,097	-,067
h. aus sich herausgehen kann, gesellig ist.	,821	,013	,109	-,086	-,127
l. zurückhaltend ist.	,770	-,157	-,199	,017	,113
o. entspannt ist, mit Stress gut umgehen kann.	,105	,825	-,074	,011	,190
e. sich oft Sorgen macht.	-,058	,810	,005	,084	-,131
j. leicht nervös wird.	-,086	,809	-,016	-,052	-,098
m. rücksichtsvoll und freundlich mit anderen umgeht.	-,011	,022	,842	,049	-,070
c. manchmal etwas grob zu anderen ist.	-,092	-,050	,768	,088	,252
f. verzeihen kann.	,104	-,045	,491	-,047	-,148
g. eher faul ist.	,077	,055	,036	,750	,173
a. gründlich arbeitet.	,004	,086	,062	,747	,047
k. Aufgaben wirksam und effizient erledigt.	-,069	-,153	-,044	,652	-,334
n. eine lebhafte Fantasie, Vorstellung hat.	,046	,007	,026	-,059	-,806
d. originell ist, neue Ideen einbringt.	,119	-,083	-,159	,129	-,728
i. künstlerische Erfahrungen schätzt.	,013	,117	,170	-,087	-,668

Extraktionsmethode: Hauptkomponentenanalyse. Rotationsmethode: Oblimin mit Kaiser-Normalisierung.
a. Die Rotation ist in 8 Iterationen konvergiert.

Tabelle A.7: Binär logistische Regressionsmodelle zu den psychologischen Einflussfaktoren auf das Vorhandensein von Abbruchgedanken ($n = 687$)

	(1) Exp(B)/(SE)	(2) Exp(B)/(SE)
Neurotizismus	1,120***	1,119***
	(0,021)	(0,021)
Extraversion	1,041+	1,040+
	(0,022)	(0,023)
Offenheit für Erfahrungen	1,001	1,011
	(0,023)	(0,023)
Verträglichkeit	1,055+	1,047
	(0,028)	(0,028)
Gewissenhaftigkeit	0,963	0,967
	(0,026)	(0,026)
Berufl. Erw. Professur		0,906**
		(0,037)
Konstante	0,074***	0,095**
SE	(0,770)	(0,777)
R^2	0,040	0,047

+ $p < 0,10$, * $p < 0,05$, ** $p < 0,01$, *** $p < 0,001$.

Tabelle A.8: Lineare Regressionsmodelle zu den psychologischen Einflussfaktoren auf die Häufigkeit der Abbruchgedanken ($n = 289$)

	(1) β/(SE)	(2) β/(SE)
Neurotizismus	0,168**	0,170**
	(0,025)	(0,025)
Extraversion	-0,018	-0,020
	(0,029)	(0,029)
Offenheit für Erfahrungen	0,021	0,012
	(0,028)	(0,029)
Verträglichkeit	0,001	0,011
	(0,035)	(0,035)
Gewissenhaftigkeit	-0,025	-0,036
	(0,031)	(0,032)
Berufl. Erw. Professur		0,061
		(0,048)
Konstante	2,721**	2,640**
SE	(0,948)	(0,952)
R^2	0,030	0,034

+ $p < 0,10$, * $p < 0,05$, ** $p < 0,01$, *** $p < 0,001$.

Tabelle A.9: Lineare Regressionsmodelle zu den psychologischen Einflussfaktoren auf die Intensität der Abbruchgedanken ($n = 289$)

	(1) β/(SE)	(2) β/(SE)
Neurotizismus	-0,062	-0,063
	(0,025)	(0,025)
Extraversion	0,001	0,002
	(0,029)	(0,029)
Offenheit für Erfahrungen	0,116+	0,123+
	(0,028)	(0,028)
Verträglichkeit	0,015	0,008
	(0,034)	(0,035)
Gewissenhaftigkeit	0,019	0,027
	(0,031)	(0,031)
Berufl. Erw. Professur		-0,046
		(0,047)
Konstante	3,077***	3,138***
SE	(0,931)	(0,936)
R^2	0,020	0,022

+ $p < 0{,}10$, * $p < 0{,}05$, ** $p < 0{,}01$, *** $p < 0{,}001$.

Tabelle A.10: Binär logistisches und lineare Regressionsmodell(e) zu den ökonomischen Einflussfaktoren auf das Vorhandensein von Abbruchgedanken (1), auf die Häufigkeit von Abbruchgedanken (2) und deren Intensität (3) ($n = 687$)

	(1) Exp(B)/(SE)	(2) β/(SE)	(3) β/(SE)
Befr. Stelle als wiss. MitarbeiterIn im Promotionsprogramm	0,778 (0,481)	-0,014 (0,642)	0,005 (0,624)
Befr. Stelle als wiss. MitarbeiterIn außerhalb des Promotionsprogramms	1,240 (0,467)	0,080 (0,613)	-0,099 (0,596)
Stipendium im Rahmen des Promotionsprogramms	1,249 (0,440)	0,041 (0,581)	0,045 (0,564)
Extern gefördertes Stipendium	0,997 (0,498)	0,038 (0,659)	-0,003 (0,640)
Sonstiges	0,972 (0,587)	0,040 (0,779)	-0,009 (0,757)
Ref.: Keine Finanzierung			
Konstante	0,643 (-1,034)	3,333*** (0,565)	3,778*** (0,549)
SE			
R^2	0,005	0,005	0,016
n	687	289	289

+ $p < 0{,}10$, * $p < 0{,}05$, ** $p < 0{,}01$, *** $p < 0{,}001$.

Tabelle A.11: Binär logistische Regressionsmodelle zu den programmatischen Einflussfaktoren auf das Vorhandensein von Abbruchgedanken ($n = 687$)

	(1) Exp(B)/ (SE)	(2) Exp(B)/ (SE)	(3) Exp(B)/ (SE)	(4) Exp(B)/ (SE)	(5) Exp(B)/ (SE)	(6) Exp(B)/ (SE)	(7) Exp(B)/ (SE)
Anzahl der Betreuungspersonen	0,947 (0,079)	0,929 (0,081)	0,913 (0,082)	0,939 (0,083)	0,932 (0,084)	0,932 (0,084)	0,931 (0,084)
Betreuung seltener		2,882*** (0,168)	2,856*** (0,169)	2,709*** (0,171)	2,704*** (0,171)	2,706*** (0,171)	2,696*** (0,171)
Betreuung häufiger Ref.: wie erwünscht		1,822 (0,394)	1,666 (0,398)	1,683 (0,400)	1,648 (0,402)	1,657 (0,403)	1,650 (0,403)
Anzahl verpfl. Tätigkeiten während der Promotion			1,108** (0,034)	1,113** (0,034)	1,112** (0,034)	1,114** (0,035)	1,115** (0,035)
Anzahl der angebotener Veranstaltungen				0,874** (0,050)	0,870** (0,050)	0,871** (0,050)	0,871** (0,050)
Arbeitsstunden pro Woche					1,004 (0,006)	1,004 (0,007)	1,004 (0,007)
Genehmigung von Abwesenheit						0,991 (0,040)	0,993 (0,041)
Büroräume nicht vorhanden Ref.: vorhanden							1,199 (0,247)
Konstante	0,812	0,566**	0,419***	0,831	0,745	0,754	0,719
SE	(-1,154)	(-2,943)	(-3,960)	(-0,556)	(-0,766)	(-0,726)	(-0,837)
R^2	0,001	0,044	0,054	0,062	0,063	0,063	0,063

+ $p < 0,10$, * $p < 0,05$, ** $p < 0,01$, *** $p < 0,001$.

Tabelle A.12: Lineare Regressionsmodelle zu den programmatischen Einflussfaktoren auf die Häufigkeit der Abbruchgedanken ($n = 289$)

	(1) β/(SE)	(2) β/(SE)	(3) β/(SE)	(4) β/(SE)	(5) β/(SE)	(6) β/(SE)	(7) β/(SE)
Anzahl der Betreuungspersonen	0,012 (0,103)	0,010 (0,102)	-0,000 (0,101)	0,011 (0,103)	0,011 (0,104)	0,011 (0,104)	0,010 (0,105)
Betreuung seltener		0,151* (0,201)	0,137* (0,199)	0,133* (0,199)	0,134* (0,200)	0,133* (0,200)	0,133* (0,201)
Betreuung häufiger Ref.: wie erwünscht		0,115+ (0,485)	0,106+ (0,479)	0,107+ (0,479)	0,107+ (0,482)	0,107+ (0,483)	0,107+ (0,484)
Anzahl verpfl. Tätigkeiten während der Promotion			0,167** (0,040)	0,173** (0,041)	0,173** (0,041)	0,171** (0,041)	0,173** (0,042)
Anzahl der angebotene Veranstaltungen				-0,065 (0,060)	-0,066 (0,060)	-0,066 (0,061)	-0,065 (0,061)
Arbeitsstunden pro Woche					0,005 (0,007)	0,003 (0,007)	0,005 (0,008)
Genehmigung von Abwesenheit						0,007 (0,047)	0,009 (0,048)
Büroräume nicht vorhanden Ref.: vorhanden							0,015 (0,295)
Konstante	3,456***	3,180***	2,816***	3,111***	3,093***	3,084***	3,059***
SE	(0,232)	(0,252)	(0,279)	(0,386)	(0,444)	(0,451)	(0,463)
R^2	0,000	0,029	0,057	0,061	0,061	0,061	0,061

+ $p < 0,10$, * $p < 0,05$, ** $p < 0,01$, *** $p < 0,001$.

Anhang 213

Tabelle A.13: Lineare Regressionsmodelle zu den programmatischen Einflussfaktoren auf die Intensität der Abbruchgedanken ($n = 289$)

	(1) β/(SE)	(2) β/(SE)	(3) β/(SE)	(4) β/(SE)	(5) β/(SE)	(6) β/(SE)	(7) β/(SE)
Anzahl der Betreuungspersonen	0,059 (0,101)	0,061 (0,101)	0,055 (0,101)	0,048 (0,103)	0,049 (0,104)	0,048 (0,104)	0,052 (0,104)
Betreuung seltener		0,029 (0,199)	0,020 (0,198)	0,022 (0,199)	0,022 (0,199)	0,021 (0,200)	0,023 (0,200)
Betreuung häufiger		-0,040 (0,479)	-0,045 (0,478)	-0,046 (0,478)	-0,045 (0,481)	-0,045 (0,482)	-0,046 (0,483)
Ref.: wie erwünscht							
Anzahl verpfl. Tätigkeiten während der Promotion			0,109+ (0,040)	0,105+ (0,040)	0,106+ (0,041)	0,104+ (0,041)	0,100 (0,042)
Anzahl der angebotene Veranstaltungen				0,039 (0,060)	0,040 (0,060)	0,040 (0,060)	0,038 (0,061)
Arbeitsstunden pro Woche					-0,008 (0,007)	-0,011 (0,007)	-0,016 (0,008)
Genehmigung von Abwesenheit						0,013 (0,047)	0,008 (0,047)
Büroräume nicht vorhanden Ref.: vorhanden							-0,046 (0,295)
Konstante	3,580***	3,541***	3,311***	3,139***	3,167***	3,152***	3,229***
SE	(0,227)	(0,249)	(0,278)	(0,385)	(0,443)	(0,450)	(0,462)
R^2	0,003	0,006	0,018	0,019	0,019	0,020	0,022

$+ p < 0,10$, $* p < 0,05$, $** p < 0,01$, $*** p < 0,001$.

Tabelle A.14: Häufigkeitsauszählung der angebotenen Veranstaltungen in strukturierten Promotionsprogrammen (Mehrfachnennungen möglich, in Prozent $n = 1.081$)

	%	(n)
DoktorandInnenkolloquium	92,1	(982)
spezielle Vorlesungen/Seminare	91,6	(976)
Veranstaltungen zum wiss. Arbeiten	88,0	(931)
Methodenseminare/-workshops	85,4	(903)
interdisziplinäre Forschungskolloquien	75,6	(776)
Angebote zum Forschungsmanagement	61,9	(641)
praxis- u. berufsbezogene Veranstaltungen	58,5	(604)
Sonstiges	3,4	(37)

Tabelle A.15 Binär logistisches und lineare Regressionsmodell(e) zur (sozialen) Einbindung und Einsamkeit und deren Effekte auf das Vorhandensein (1), die Häufigkeit (2) und die Intensität (3) von Abbruchgedanken

	(1) $Exp(B)/(SE)$	(2) $\beta/(SE)$	(3) $\beta/(SE)$
Einbindung Peer-Relations	1,053 (0,073)	-0,070 (0,084)	-0,089 (0,085)
Einbindung Betreuung	0,534*** (0,077)	-0,265*** (0,090)	-0,139* (0,091)
Einsamkeit	1,269** (0,074)	0,143* (0,087)	0,036 (0,088)
Konstante SE	1,614 (1,462)	4,050*** (0,374)	4,414*** (0,379)
R^2	0,090	0,094	0,029
n	687	289	289

+ $p < 0,10$, * $p < 0,05$, ** $p < 0,01$, *** $p < 0,001$.

Transkriptionszeichen:

Großbuchstaben	Betonung eines Wortes
/ oder //	Wort- oder Satzabbruch
(.)	kurze Pause
(...)	lange Pause
(Lachen)	Beschreibung des Lachens
(unv.)	unverständliche Worte oder Passagen
[...]	Auslassungen
[Name des Programms]	Anonymisierung bzw. Ergänzungen

Tabelle A.16: Codes (OT)

Kategorie	„Raum"	„Kontrolle"	„Geld"	„Zeit"
	Verortung, Einbindung, Anbindung, Orientierung und Struktur	Gruppe, Kontakt, Austausch, Unterstützung, Gewissheit Sicherheit und Betreuung	Unterstützung, Absicherung, Stipendium und Finanzierung (Bringschuld, Zugzwang)	Termine, Dauer, Jahre, Unsicherheit, Ungewissheit, Zukunft und Perspektive
„Druck"	funktionaler Druck	sozialer Druck	investiver Druck	kausaler Druck

VS Forschung | VS Research
Neu im Programm Soziologie

Ina Findeisen
Hürdenlauf zur Exzellenz
Karrierestufen junger Wissenschaftlerinnen und Wissenschaftler
2011. 309 S. Br. EUR 39,95
ISBN 978-3-531-17919-3

David Glowsky
Globale Partnerwahl
Soziale Ungleichheit als Motor transnationaler Heiratsentscheidungen
2011. 246 S. Br. EUR 39,95
ISBN 978-3-531-17672-7

Grit Höppner
Alt und schön
Geschlecht und Körperbilder im Kontext neoliberaler Gesellschaften
2011. 130 S. Br. EUR 29,95
ISBN 978-3-531-17905-6

Andrea Lengerer
Partnerlosigkeit in Deutschland
Entwicklung und soziale Unterschiede
2011. 252 S. Br. EUR 29,95
ISBN 978-3-531-17792-2

Markus Ottersbach /
Claus-Ulrich Prölß (Hrsg.)
Flüchtlingsschutz als globale und lokale Herausforderung
2011. 195 S. (Beiträge zur Regional- und Migrationsforschung) Br. EUR 39,95
ISBN 978-3-531-17395-5

Tobias Schröder / Jana Huck /
Gerhard de Haan
Transfer sozialer Innovationen
Eine zukunftsorientierte Fallstudie zur nachhaltigen Siedlungsentwicklung
2011. 199 S. Br. EUR 34,95
ISBN 978-3-531-18139-4

Anke Wahl
Die Sprache des Geldes
Finanzmarktengagement zwischen Klassenlage und Lebensstil
2011. 198 S. r. EUR 34,95
ISBN 978-3-531-18206-3

Tobias Wiß
Der Wandel der Alterssicherung in Deutschland
Die Rolle der Sozialpartner
2011. 300 S. Br. EUR 39,95
ISBN 978-3-531-18211-7

Erhältlich im Buchhandel oder beim Verlag.
Änderungen vorbehalten. Stand: Juli 2011.

Einfach bestellen:
SpringerDE-service@springer.com
tel +49(0)6221/345–4301
springer-vs.de

Springer VS

VS Forschung | VS Research
Neu im Programm Politik

Michaela Allgeier (Hrsg.)
Solidarität, Flexibilität, Selbsthilfe
Zur Modernität der Genossenschaftsidee
2011. 138 S. Br. EUR 39,95
ISBN 978-3-531-17598-0

Susanne von Hehl
Bildung, Betreuung und Erziehung als neue Aufgabe der Politik
Steuerungsaktivitäten in drei Bundesländern
2011. 406 S. (Familie und Familienwissenschaft) Br. EUR 49,95
ISBN 978-3-531-17850-9

Isabel Kneisler
Das italienische Parteiensystem im Wandel
2011. 289 S. Br. EUR 39,95
ISBN 978-3-531-17991-9

Frank Meerkamp
Die Quorenfrage im Volksgesetzgebungsverfahren
Bedeutung und Entwicklung
2011. 596 S. (Bürgergesellschaft und Demokratie Bd. 36) Br. EUR 39,95
ISBN 978-3-531-18064-9

Martin Schröder
Die Macht moralischer Argumente
Produktionsverlagerungen zwischen wirtschaftlichen Interessen und gesellschaftlicher Verantwortung
2011. 237 S. (Bürgergesellschaft und Demokratie Bd. 35) Br. EUR 39,95
ISBN 978-3-531-18058-8

Lilian Schwalb
Kreative Governance?
Public Private Partnerships in der lokalpolitischen Steuerung
2011. 301 S. (Bürgergesellschaft und Demokratie Bd. 37) Br. EUR 39,95
ISBN 978-3-531-18151-6

Kurt Beck / Jan Ziekow (Hrsg.)
Mehr Bürgerbeteiligung wagen
Wege zur Vitalisierung der Demokratie
2011. 214 S. Br. EUR 29,95
ISBN 978-3-531-17861-5

Erhältlich im Buchhandel oder beim Verlag.
Änderungen vorbehalten. Stand: Juli 2011.

Einfach bestellen:
SpringerDE-service@springer.com
tel +49 (0)6221 / 345 – 4301
springer-vs.de

Springer VS